El arte de invertir

Biografía

Alejandro Estebaranz es ingeniero de formación. Empezó su carrera como inversor particular hace más de diez años, mientras lo compaginaba con la ingeniería. En 2014 se inició en la inversión profesional con el proyecto del fondo de inversión True Value. Actualmente es presidente y director de inversiones de True Value Investments SGIIC S. A., empresa que gestiona más de 300 millones de euros. Paralelamente, Alejandro crea contenido sobre inversiones y bolsa en su canal de YouTube, @Artedeinvertir, así como en otras redes sociales, donde cuenta con más de 1 millón de seguidores en total. También imparte formación en la escuela online Arte de Invertir, que ganó el Premio Rankia a la Mejor Academia de Formación en 2022.

𝕏 @alex_estebaranz

▶ @Artedeinvertir

Alejandro Estebaranz

El arte de invertir

De 0 a 300: cómo pasé de invertir por afición
a gestionar más de 300 millones de euros

DEUSTO

La lectura abre horizontes, iguala oportunidades y construye una sociedad mejor.
La propiedad intelectual es clave en la creación de contenidos culturales porque
sostiene el ecosistema de quienes escriben y de nuestras librerías.
Al comprar este libro estarás contribuyendo a mantener dicho ecosistema vivo y
en crecimiento.
En **Grupo Planeta** agradecemos que nos ayudes a apoyar así la autonomía creativa
de autoras y autores para que puedan seguir desempeñando su labor.
Dirígete a CEDRO (Centro Español de Derechos Reprográficos) si necesitas fotocopiar,
escanear, distribuir o poner a disposición algún fragmento de esta obra (www.cedro.org;
91 702 19 70 / 93 272 04 45).
Queda expresamente prohibida la utilización o reproducción de este libro o de cualquiera
de sus partes con el propósito de entrenar o alimentar sistemas o tecnologías de
inteligencia artificial.

© Alejandro Estebaranz, 2023
© Centro Libros PAPF, S. L. U., 2023
   Deusto, un sello editorial de Centro Libros PAPF, S. L. U.
   Avda. Diagonal, 662-664, 08034 Barcelona (España)
   www.edicionesdeusto.com
   www.planetadelibros.com

Adaptación de la cubierta: Booket / Área Editorial Grupo Planeta a partir
   de la idea original de Sylvia Sans Bassat
Primera edición en Colección Booket: octubre de 2025
Segunda impresión: febrero de 2026

Depósito legal: B. 13.854-2025
ISBN: 978-84-234-3953-9
Impreso en España

Sumario

1

Mi historia en Bolsa

Un objetivo apasionante

Los primeros años de mi vida se podrían parecer a los de cualquier joven de clase media en España. Nací y crecí en Aranda de Duero, una pequeña ciudad en la provincia de Burgos, a unos cuarenta y cinco minutos de la capital burgalesa. Mis padres tenían un pequeño negocio de alimentación. Gracias a ellos y a mi abuelo materno, que también sacó adelante a la familia trabajando por su propia cuenta, tengo el gen emprendedor.

No era un estudiante particularmente brillante, pero me esforcé lo suficiente como para conseguir una beca universitaria después de terminar el bachillerato. En aquella época, el dinero abundaba en España, y, si bien es cierto que las becas no se otorgaban sin más ni más, digamos que no era una tarea muy difícil obtener una. Me inscribí en la carrera de Ingeniería Mecánica en la Universidad de Burgos con dieciocho años. A esa edad no sabía muy bien lo que quería en la vida (no creo que nadie lo sepa), pero había escuchado que había oportunidades laborales si estudiaba Ingeniería. No tenía idea de qué otra cosa podía hacer, así que allá fui.

Mis años universitarios transcurrieron sin eventos reseñables. Después de acabar los estudios, volví a mi ciudad natal e inicié el camino habitual de muchos recién graduados sin experiencia: me presenté para un puesto de becario en una gran empresa. Así que mi vida profesional se inició en Michelin, el conocido fabricante de neumáticos, donde desempeñaba mis labores en el área de ingeniería. Sin embargo, poco tiempo después empecé a tener la sensación de no encajar en aquel sistema. Aunque la empresa siempre me trató bien y mis compañeros eran agradables, lo cierto es que no me gustaba mi trabajo. Supongo que es fácil sentirse insignificante dentro de una gran corporación.

Pese a que aún no sabía lo que quería en la vida, sabía que aquello no me hacía feliz. Había visto cómo era realmente el mundo laboral, y no me gustaba. Quería hacer algo diferente, trabajar para mí mismo en algo apasionante. Empezó a rondarme la idea de emprender, tal y como hicieron mi abuelo y, luego, mis padres; pero tampoco sabía en qué hacerlo.

Así que mi experiencia en Michelin duró más bien poco. No sabía qué camino seguir. Estaba como al principio, vivía con mis padres y no tenía empleo, pero aproveché el tiempo libre para ocuparme en actividades productivas, como leer. Me pasaba horas y horas leyendo biografías de empresarios exitosos, libros de negocios, de desarrollo personal. Aprendí mucho, y, poco a poco, esto fue alimentando mi imaginación. Es importante no quedarse inmóvil ante las dificultades, tener curiosidad por aprender y mantener vivo el deseo de mejorar.

Aunque leer es algo que puede cambiar nuestra vida, sólo leer no basta. Hay que emprender la siguiente acción. El corto período de mi vida laboral no había sido en vano; aparte del aprendizaje (porque de todo se aprende algo), me sirvió para ahorrar un pequeño capital de menos de cinco dígitos. Sabía que emprender cualquier negocio real con ese capital era muy complicado, quizá no imposible, pero sí muy difícil, así que, temporalmente, hice a un lado esta alternativa y decidí volver a estudiar.

Me inscribí para cursar Ingeniería en Organización Industrial, otra vez en la Universidad de Burgos. Esta carrera, una mezcla de Administración de Empresas e Ingeniería, se ajustaba más a la vertiente empresarial y económica que me gustaba. No obstante, si bien era una carrera más interesante para mí, yo seguí aprendiendo por mi propia cuenta, con libros e internet.

Como ya imaginarás, esta decisión me llevó a decidir trasladarme de ciudad, y creo que eso fue un acierto, porque me permitió cambiar de entorno vital. Algo que le aconsejo a cualquier persona que quiera hacer grandes cambios en su vida es cambiar de ciudad. El entorno habitual influye mucho en la dirección que tome nuestra vida. Es complicado cambiar de hábitos y rutinas, así como de ideas, si uno no sale de su zona de confort (como, por ejemplo, exponiéndose a un nuevo entorno). Esto no quiere decir que uno tenga que dejar atrás su pasado y sus vínculos; más bien se trata de seguir adelante para avanzar hasta el siguiente nivel.

Igual que cuando estudié mi primera carrera, el tiempo estaba pasando sin que ocurriera nada particularmente especial; hasta que, en una madrugada de insomnio, allá por 2009, descubrí un documental en YouTube que trataba de la vida de Warren Buffett. En ese documental se explicaba cómo Warren Buffett se había convertido en una de las personas más ricas del mundo empezando a invertir con sólo 1.000 dólares[1] de la época y usando un estilo de inversión llamado *value investing* (inversión en valor). (Piensa que, ajustados por la inflación, 1.000 dólares de entonces serían unos 10.000 dólares en el presente.)

Además, el documental explicaba que invertir en Bolsa es una forma pasiva de emprender, ya que uno no tiene que encargarse del día a día de un negocio, sino que simplemente tiene que ser un buen analista de negocios, para invertir en aquellas empresas o activos que tienen un futuro prometedor. Más que un descubrimiento, aquello fue una revelación.

Ahora bien, para vivir de la Bolsa hace falta más capital que 10.000 euros, o bien tener un negocio de gestión de capital, en el que otras personas ponen el capital y uno mismo recibe una remuneración por invertirlo y gestionarlo. Esto último fue lo que hizo Warren Buffett en los primeros años de su carrera para acelerar su proceso de generación de capital. Pero, en aquellos años,

1. Siempre que no se indique lo contrario, los datos en dólares se refieren a dólares estadounidenses (USD).

yo ni de lejos me imaginaba a mí mismo teniendo una sociedad gestora de capitales o trabajando como gestor profesional de fondos; me enfocaba en la vía de vivir de mi propio capital, así que me puse a trabajar en ello.

Acelerar el proceso

En mi búsqueda de maneras de acelerar el proceso, me tropecé con los típicos anuncios de internet sobre *trading*, CFD, apalancamiento, análisis técnico... Todo prometía rentabilidades rápidas y relativamente fáciles. Pensemos que esto era hace más de diez años; entonces no existían escuelas online de calidad como Arte de Invertir. Si alguien quería aprender a invertir, había una enorme diferencia entre hacerlo con libros o con másteres universitarios de más de 20.000 euros, que no cualquiera estaba en posición de costear. Opté por la alternativa más asequible, y empecé mi andadura bursátil en el campo de la especulación.

Sin embargo, después de un tiempo como *trader*, me di cuenta de que la estrategia del corto plazo no estaba funcionando, o al menos no para mí. Tenía la sensación de que esto no iba con mi personalidad, así que decidí tomar el otro camino, el del *value investing* y el largo plazo, tal y como hizo Warren Buffett.

En esa época, paralelamente a mis inicios en *trading*, empecé a trabajar en Nicolás Correa, una empresa de Burgos dedicada a la fabricación de equipamiento industrial (y que, por cierto, cotiza en Bolsa). Pensaba que quizá así, trabajando en una empresa más pequeña y «familiar», la vida laboral sería diferente, pero ciertamente la experiencia no cambió mucho. De nuevo, no se trató de una mala experiencia, sino de una experiencia en la que yo no encajaba.

No obstante, siempre debemos procurar ver el lado positivo de las cosas y pensar que estamos en proceso de... Aquél era un trabajo que me permitía ahorrar dinero para hacer mis primeras inversiones; mientras tanto, en mi tiempo libre seguía aprendiendo y leyendo todo lo que podía acerca del tema. En aquella época, mi obsesión por el ahorro era extrema. Compartía vivienda en Burgos, una ciudad que de por sí ya era muy barata; estuve muchos años sin irme de vacaciones, no gastaba dinero ni en grandes lujos ni en cosas que no eran de lujo, pero tampoco de primera necesidad, como ropa a la última moda o visitas a la peluquería (yo mismo me cortaba el pelo). Cada euro contaba si quería tener la libertad de dedicarme a lo que realmente me gustaba. Esto es algo complicado, y entiendo que no todos estemos dispuestos a tomar medidas tan estrictas, sobre todo cuando uno tiene veintipocos años y sus amigos tienen todo el tiempo del mundo para hacer las cosas típicas de la juventud.

Recuerdo que compré más de cincuenta libros sobre Bolsa (la mayoría de segunda mano, de unos dos euros de precio) en webs como AbeBooks.com, donde se pueden encontrar auténticas joyas. Las páginas están algo amarillentas, pero la información es la misma que en un libro nuevo que puede costar veinte o treinta euros.

Otra de mis obsesiones era el tiempo. Quería alcanzar mi objetivo lo más rápido posible; pero cuando uno pretende hacerlo bien y sin usar atajos, sólo queda esforzarse. Si estaba haciendo deporte, escuchaba audiolibros sobre Bolsa; si tenía que esperar antes de una consulta médica, llevaba un Kindle para leer los informes anuales de empresas. De esta forma no desaprovechaba ese tiempo. No usaba redes sociales, pues consideraba que, si no era para aprender o producir algo que me ayudara a acercarme a mi meta, eran una pérdida de tiempo. Si tenía que conducir durante varias horas, escuchaba audiolibros o *conferences calls* de resultados de empresas. Puedes pensar que todo aquello era una exageración, pero no te imaginas lo que estas pequeñas acciones pueden hacer por tu futuro.

Charlie Munger, el socio de Warren Buffett, una persona a la que admiro mucho y que también empezó desde cero, explicaba que hacer los primeros 100.000 dólares de capital es un reto, y doy fe de ello. No sólo es alcanzar el primer capital, sino alcanzar un punto de inflexión de conocimientos acerca de inversiones que nos den la seguridad de que somos ganadores. Eso es lo que yo quería lograr.

El proceso iba despacio, pero estaba contento, porque aprendía mucho y sabía que algún día esos conocimientos me serían de utilidad. Soy de la opinión de que una persona formada en muchos temas, que haya leído mucho y demás, quizá pueda perderlo todo en la vida, pero, si conserva el conocimiento, siempre podrá navegar cualquier tipo de situación y resurgir.

Un día, leyendo acerca de la vida y los inicios de sir John Templeton, tuve otro momento revelador. John Templeton fue un famoso inversor del siglo xx, considerado el inventor de la industria de los fondos de inversión. Fundó el Growth Templeton Fund, que tuvo rendimientos anuales del 15 por ciento durante más de treinta y ocho años.

Durante sus primeros años de universidad, Templeton empezó a jugar al póker de forma semiprofesional; lo hacía para financiar sus estudios y también para disponer de capital para invertir posteriormente.

Otros grandes inversores, como Peter Lynch, Warren Buffett o David Einhorn, también han manifestado practicar esta actividad. De hecho, Einhorn es un habitual de las series mundiales de póker que se celebran cada año en Las Vegas, y de media obtiene buenos resultados.

Recientemente vi un documental en HBO acerca del gran inversor Carl Icahn, de quien, por cierto, se dice que fue la inspiración para crear el personaje de Gordon Gekko en la famosa película de Oliver Stone *Wall Street*, de 1987. Icahn también practicó la actividad del póker en su juventud, para generar ingresos mientras cursaba sus estudios universitarios.

El póker y la inversión tienen muchas cosas en común. En primer lugar, en ambas actividades, la herramienta de trabajo es el dinero. El póker es el único juego de casino donde es posible ser ganador a largo plazo, ya que se juega contra otras personas, y el casino tan sólo cobra una comisión. Es exactamente igual que en la Bolsa, donde, en vez de haber un casino, hay un bróker que facilita la actividad a cambio de cobrarte una comisión cada vez que decides participar en el mercado. En ambos casos hay una estrategia ganadora a largo plazo, pero puede que no funcione a corto plazo. Esto es precisamente lo que atrae a millones de personas a la Bolsa o al mundo de los juegos de naipes con apuestas:

la posibilidad de poder ganar sin apenas conocimientos..., e incluso de ganar a los profesionales. No obstante, en ambos casos, no se trata de actividades en las que el éxito dependa del azar, sino de la habilidad.

En un deporte como el ajedrez, el principiante siempre pierde contra el profesional; tiene cero posibilidades, por eso el ajedrez no atrae al público en general. En Bolsa hay momentos en los que todos pueden ganar; incluso alguien podría tener mejor rendimiento en un año que el mismísimo Warren Buffett, el mejor inversor de todos los tiempos. Un principiante puede llegar a ganar sin apenas conocimientos, pero, en períodos de cinco o diez años, es muy difícil que un principiante sin conocimientos tenga mejores resultados que Warren Buffett.

Te preguntarás por qué te estoy explicando todo esto. Bueno, casi por caprichos del destino, una mañana de domingo estaba leyendo el suplemento de un periódico, donde entrevistaban a una serie de chavales que decían ganarse la vida jugando a los naipes por internet. Al principio me parecía la clásica estafa para que la gente abra cuentas en casinos online, pero siempre hay que tener la mente abierta, tanto en la vida como en la Bolsa.

Después de investigar un poco, vi que era factible. Compré varios libros y me apunté a la escuela online de uno de los entrevistados, con un poco de escepticismo, lo confieso; pero lo cierto es que todo lo que aprendí ahí parecía de sentido común y era real. La idea de poder acelerar un poco el proceso parecía factible. Siendo honestos, el póker no me apasionaba, pero tenía la ventaja de que se podía ganar algo de dinero con poco capital inicial.

La gran desventaja del póker, respecto a la Bolsa, es que los conocimientos que hacen falta para ganar 10.000 euros son muy diferentes a los que hacen falta para ganar 100.000 euros, y requiere mucho más tiempo de trabajo. Sin embargo, por propia experiencia te puedo decir que, en Bolsa, una vez que eres ganador, las técnicas para ganar 100.000 euros o 1 millón de euros son muy similares. Es una actividad muy *escalable*, como se suele decir hoy en día.

Deposité 1.000 euros en un casino online, y en dos meses los perdí. Me tomé un descanso y volví a depositar otros 1.000 euros, pero nuevamente fue un intento fallido.

Mientras tanto, cada vez me sentía más desmotivado en mi empleo, y eso se hacía evidente en mi desempeño; así que no tardó en llegar el día en que amablemente me invitaron a abandonar la empresa...

Creo que fue justo. Seguramente había otras personas a las cuales les motivaba más ese puesto de trabajo, y yo no me veía haciendo aquello muchos años. A menudo se dice que en la vida todo ocurre por algo; después de ser despedido, tuve mucho tiempo para pensar. El hecho de no estar obligado a una rutina laboral diaria me ayudó mucho a ordenar mis ideas. Estaba desempleado por segunda vez, pero me sentía entusiasmado respecto al futuro. Mucha gente ve como un fracaso no dedicarse a lo que ha estudiado, pero no hay nada de malo en ello; la vida es corta, y es mejor hacer aquello que nos motive. Esto puede sonar al típico discurso motivacional, pero si la gente fuera realmente consciente de que un día va a morir y que todo es *game over*, enfocaría las cosas de forma diferente. Esto no significa que tengamos que vivir como si fuéramos a morir mañana, simplemente es cuestión de preguntarnos qué es lo que queremos realmente, y, luego, actuar.

En fin, de repente tenía mucho tiempo libre, pero no tenía ingresos; mi capital ahorrado iba menguando, y yo no quería ser de esos hijos que vuelven al nido familiar. Durante los siguientes dos meses me dediqué a tiempo completo a aprender el arte del naipe. Dicen que a la tercera va la vencida, así que deposité otros 1.000 euros en el casino online, y, a partir de entonces, los siguientes meses fueron positivos. Usé el dinero generado para empezar a invertir en Bolsa.

Puede que sientas curiosidad por saber cómo lo conseguí. Aunque de esto podríamos hablar largo y tendido, en resumen, cuando uno juega online, la técnica es jugar 8-10-12 partidas a la vez, pero invirtiendo muy poco dinero (entre 50 y 100 euros) en cada partida. De esta forma se reduce la variabilidad, porque en un mes se juegan muchas manos, quizá 30.000 o 40.000, y ahí es donde el largo plazo empieza a jugar a nuestro favor y la varianza es mucho menor. Además, los jugadores que participan en los niveles inferiores (donde se invierte poco dinero) son más inexpertos; por lo tanto, si te has esmerado en aprender, juegas con ventaja. Gracias a la tecnología y al uso de cierto software de recopilación de datos (legales) se puede jugar ese volumen de manos al mes, empleando unas cuatro o cinco horas al día.

El póker fue una buena escuela; en lo psicológico y respecto al control de emociones, es mucho más intenso que la Bolsa. Aprendí a mantener una estrategia que es ganadora a largo plazo, a pesar de que no esté funcionado a corto plazo; exactamente lo mismo que hay que hacer en Bolsa.

Lo que hace el principiante, tanto en la Bolsa como en el póker, es cambiar continuamente la estrategia guiado por sus emociones o sus miedos. Se ve influenciado al cien por cien por lo que está pasando a corto plazo.

Mi aventura en el naipe llegaría a su fin en 2012, después de que el gobierno decidiera regular el juego online, que hasta entonces se encontraba sin regulación. La nueva ley hacía que dedicarse a esta actividad no fuera tan factible, y muchas personas abandonaron esta ocupación. Por otra parte, el póker no era mi objetivo vital, sino un medio que me ayudaría a estar más cerca de mi objetivo, que era poder invertir a tiempo completo. Mi capital seguía siendo pequeño, de menos de seis cifras; pero, desde luego, el naipe había contribuido en el proceso. Tú puedes seguir una vía más tradicional para llegar al que sea su objetivo; no necesariamente tienes que seguir este mismo camino. He conocido a muchos ingenieros, médicos, empresarios... que han construido su capital a partir de ahorros provenientes de su trabajo o actividad y que, además, compaginan estas ocupaciones con la inversión.

True Value

Por tercera vez, yo estaba en una situación en la que era necesario hacer cambios. Así que pensé que no había mejor momento que ése para poner a prueba mi capacidad de generar ingresos única y exclusivamente de la Bolsa, usando el capital que había acumulado hasta entonces (unos 100.000 euros).

Poder vivir de la Bolsa depende obviamente del capital que tengamos para invertir, pero también de los gastos que conlleve el poder mantener nuestro estilo de vida. Si tú tienes un estilo de vida que cuesta 10.000 euros al mes, claramente necesitarás un capital mayor para invertir y generar esos ingresos. Por el contrario, si reduces el coste de su estilo de vida, necesitarás menos capital para invertir y generar ingresos suficientes. Por entonces, mis gastos mensuales eran de menos de 600 euros; como ya dije, Burgos era una ciudad muy barata para vivir, y donde la mayoría del año el clima es invernal. Es decir, allí, el clima no invitaba mucho a salir de casa y gastar dinero; y, para mí, ése era un ambiente perfecto para iniciar cualquier tipo de proyecto que demandara concentración y ahorro. Hay que ver el lado bueno de las cosas; mucha gente no consideraría mudarse a una ciudad como Burgos o a cualquier otra pequeña ciudad donde no hay demasiado «entretenimiento», pero, si quieres estar enfocado y sacar un gran proyecto adelante, es una gran opción, ya que el entorno te condiciona a dedicarte a tus objetivos y a tu crecimiento individual.

En los años 2011, 2012 y 2013, la Bolsa estaba muy barata, y, aunque mis conocimientos y mi experiencia eran muy bajos, resultaba fácil encontrar buenas inversiones. El último año antes de iniciar True Value, en 2013, tuve un rendimiento superior al 60 por ciento. Mi expectativa para vivir de la Bolsa era ganar un 10-15 por ciento anual; con algo de reinversión, me salían los números. Había conseguido mi objetivo; ahora, el siguiente nivel era ampliar mis horizontes.

Comencé a publicar mis análisis de acciones y los resultados de mi cartera personal en un blog, porque había escuchado que era una buena idea para hacer *networking* y conocer a otras personas. No había pasado tanto tiempo cuando, un buen día, recibí un mensaje de José Luis, mi socio actual en True Value; él había leído mi blog y le había gustado mi forma de ver las inversiones. José Luis ya se dedicaba al asesoramiento patrimonial/fiscal, y me dijo que sus clientes podrían estar interesados en proporcionar el capital inicial que hace falta para poner en marcha un fondo de inversión. En España se necesitan 3 millones de euros y 100 partícipes; la segunda parte es más fácil, porque cada partícipe puede depositar tan sólo 10 euros de inversión.

Sinceramente, al principio todo me sonaba extraño; me costaba creer que aquello me estuviera pasando... Pensé: «Seguramente hay mil personas mejores que yo en España, con más experiencia y más contactos para iniciar un proyecto así... ¡Esto debe de ser una estafa!».

Estuve a punto de no acudir a la primera reunión con José Luis. Me sentía escéptico, tenía muchas dudas. Finalmente me presenté, y de inmediato nos caímos bien. En la segunda mitad de 2013 comenzamos los preparativos de True Value con la ayuda de la gestora Alphaplus, que más tarde lanzaría el fondo. En enero de 2014 comenzamos a operar. Me sentía motivado. Ahí estábamos, enfrentándonos al mercado con las mismas herramientas que usaban muchos grandes inversores a los que admiraba y con un proyecto emocionante. Pero el camino apenas empezaba, y había mucho que demostrar.

Año 2014

La primera cartera que tuvimos en True Value era una amalgama de *small caps*, empresas de *oil & gas* (petróleo y gas) y situaciones especiales. Los primeros seis meses de vida del fondo fueron de aprendizaje; no generamos beneficios, pero tampoco pérdidas, y simplemente nos estábamos acostumbrando al funcionamiento de un fondo. Después del verano de 2014, comenzaría la volatilidad. El petróleo comenzó a bajar con fuerza, porque estábamos en un entorno de exceso de oferta, así que decidimos que el fondo debía vender sus posiciones relacionadas, aunque eso suponía una pequeña pérdida. Probablemente fue gracias a esta decisión por lo que True Value sigue existiendo hoy en día. El *oil & gas* tenía mucho peso en nuestra cartera.

Siendo inversor privado, yo había ganado mucho dinero en

este sector durante los años previos; pero, al ser un sector tan cíclico, hay que ser muy flexible con las posiciones.

No quiero que se malinterprete esto: si no hubiésemos vendido esas posiciones, el fondo hubiese tenido un mal año o dos. Objetivamente, eso no es algo grave, pero los tres primeros años de un fondo son determinantes para su éxito y para que gane tracción entre los inversores. En los primeros años, en True Value era motivo de celebración que alguien invirtiera 50.000 euros.

Después del verano, los mercados se desplomaron más de un 10 por ciento por el miedo al ébola; mucha gente lo ha olvidado, pero en esa época era el pánico de turno. Aprovechamos para comprar las acciones de la aerolínea Hawaiian Holdings (HA), que cotizaban a menos de 15 dólares. Esta posición tenía un peso en cartera cercano al 10 por ciento, que es el máximo legal que permite el regulador.

También compramos acciones de Constellation Software (CSU) a un precio por debajo de 250 dólares. CSU ha sido una de nuestras mejores inversiones, y de ella hablaré en más de una ocasión en este libro, porque hemos acabado multiplicando por diez veces nuestro dinero en los ocho años que llevamos invertidos en la compañía.

Una vez que se recuperó el mercado, estas dos posiciones aportaron un gran rendimiento, porque tenían un peso importante en la cartera, y pudimos acabar el año con un 14 por ciento de rentabilidad. No estaba mal para ser el primer año jugando en primera división. Empezábamos a crecer. Para final de año ya había más de 500 partícipes y 5 millones de euros de capital.

Año 2015

Trasladamos el fondo a la gestora Renta4. Era un paso lógico, ya que su amplia red de comercialización minorista podría ayudarnos a crecer; no obstante, los resultados tendrían que acompañarnos. Durante la primera mitad de 2015, los mercados fueron moderadamente alcistas; las posiciones ganadoras del año anterior seguían funcionando y tenían buenas perspectivas. A mitad de año descubrimos las *small caps* de Francia, que estaban extremadamente baratas y eran negocios de calidad. Comenzamos a acumular acciones, aprovechando que el fondo aún era pequeño; esto nos permitía movernos con mucha flexibilidad en el mercado. En ese momento, la situación en China y Grecia se empezó a poner caliente, y entonces pensamos que el fondo debía tener algo más de liquidez y acciones más estables, por si las cosas se ponían peor.

Esto nos ayudó mucho cuando se inició un nuevo período bajista en la segunda mitad de 2015, que por cierto se prolongó hasta el primer trimestre de 2016. Hubo pánico en las acciones con un alto peso en los principales índices. Recuerdo que, una mañana, Apple, la acción con más volumen negociado de toda la Bolsa, abrió la sesión perdiendo un 20 por ciento. A la compañía no le ocurría nada; simplemente había miedo a raíz de malas noticias en los mercados asiáticos. Gracias a que nuestras acciones de pequeñas compañías no estaban dentro de los grandes índices y que podíamos movernos rápidamente debido a nuestro tamaño, no nos vimos muy afectados y pudimos generar de nuevo un 13 por ciento de rentabilidad anual, en un año en el que muchos fondos perdieron dinero. En ese año, el fondo había crecido hasta 10 millones de euros bajo gestión, con más de 1.000 partícipes.

Año 2016

El año 2016 supondría un punto de inflexión por varios motivos. El primer trimestre comenzó siendo bajista, y el fondo cayó un 10 por ciento. Aquí comenzó mi historia de amor con una pequeña compañía francesa llamada Umanis (ALUMS), una acción que literalmente cambió mi vida.

Warren Buffett suele decir que, a lo largo de tu carrera como inversor, sólo necesitas veinte buenas inversiones para hacerte muy rico. Pues ésta fue una de las primeras veinte para mí, y disfrute mucho el proceso, por cómo se dieron los hechos. El fondo había comprado una pequeña posición a 2 euros en 2015. Me gustaba la empresa, pero era muy pequeña, tenía menos de 30 millones de euros de capitalización. Gracias a las caídas de principios de 2016, la acción bajo hasta niveles de 1-1,20 euros sin noticias previas; no obstante, la compañía seguía publicando buenos resultados. Decidí estudiar más a fondo esas acciones. Había cosas que no me cuadraban, como, por ejemplo, que el fundador estuviera acumulando acciones de la empresa, pero, al mismo tiempo, sus informes indicaban que el negocio no iba tan bien como esperaban. En Bolsa, siempre hay que entender los incentivos y seguir el dinero. Si el fundador estaba comprando acciones tan agresivamente, es porque pensaba que la compañía valía más. Esto despertó aún más mi curiosidad.

Tras varias noches de desvelo escudriñando los informes de la compañía, descubrí que el fundador estaba presentando las cuentas de tal forma que los beneficios del negocio parecieran inferiores a los reales (más adelante verás por qué). Así que el fondo comenzó a comprar acciones a diario; durante cuatro meses, hasta junio de 2016. Entonces, el fundador lanzó una oferta de recompra de acciones a 2 euros por acción para todo aquel que quisiera vender. Muchos accionistas vendieron, pero nosotros hicimos lo opuesto. Compramos más acciones hasta llegar casi al límite legal del 10 por ciento.

Unos meses antes de todo aquello, abrí el canal de YouTube que llamé Arte de Invertir. Mi objetivo era fomentar la cultura financiera y dar un poco de orientación a la gente que quisiera aprender a invertir por sí misma o en un fondo. Hoy en día es habitual que todas las gestoras de fondos de inversión tengan presencia en las redes sociales y en YouTube, pero, en aquella época, todo el mundo me decía que *eso* no quedaba profesional en la imagen de un gestor de fondos. En este sentido, me siento orgulloso de haber sido pionero. No dejé que el pensamiento limitado de otros me influyera. Las redes sociales y YouTube me han permitido ayudar a muchas personas, y, por supuesto, éstas ayudaron al crecimiento de True Value en los años posteriores.

Me enfoqué en hacer contenido de Bolsa. Hablaba de temas que hasta entonces eran menos accesibles para el gran público.

Además, mostraba el trabajo que hacía True Value o por qué el fondo había hecho ciertas inversiones; básicamente para que el partícipe tuviera más información.

Un día se me ocurrió grabar un vídeo en el que explicaba lo que estaba pasando en las acciones de Umanis. Mi intención era compartir el proceso de análisis a modo educativo. El vídeo se hizo viral entre los entusiastas de la Bolsa y terminó llegando al fundador de la compañía. Sé de primera mano que su primera reacción al verlo fue pensar que tenía un topo en la empresa, alguien infiltrado que nos había revelado sus planes. Pero lo cierto es que sus planes estaban en las cuentas de la compañía, y, si sabías interpretar esas cuentas, esos planes se podían deducir fácilmente.

Mi hipótesis era que el fundador pretendía hacer creer al público que la compañía se encontraba en una situación más desfavorable de la que en realidad estaba; de esta forma, el precio de las acciones no subiría, y él podría aumentar gradualmente su participación a precios muy bajos.

La operación de recompra funcionó, y él pudo aumentar su participación; pese a ello, True Value ya era el segundo mayor accionista, con una participación cercana al 5 por ciento. En este punto, mi preocupación era una posible oferta de exclusión de Bolsa a precio muy bajo. Así que estudié la ley francesa que afectaba a las ofertas de exclusiones en Bolsa. Esta ley explicaba que, si un accionista minoritario controlaba más del 5 por ciento de las acciones, sus derechos estaban totalmente protegidos en el caso de que otro accionista (en este caso, el fundador) quisiera excluir a la empresa de Bolsa a un precio muy bajo. En este escenario, se podía solicitar una valoración externa para que la compañía se valorase a un precio justo. En aquel momento, la valoración justa era muy superior a 1,20 euros. Ambas partes lo sabíamos. Las acciones ya habían empezado a subir.

El fundador empezó a mover sus hilos y se puso en contacto con nosotros a través de un bróker francés llamado Gilbert Dupont; su objetivo era organizar una reunión. No soy muy partidario de conocer a los equipos directivos, porque si son «vendemotos» te van a influenciar, y, si la empresa es buena, seguramente analizando sus informes, los de sus rivales y los de la industria puedes llegar a la misma conclusión, con el consiguiente ahorro de tiempo y energía. Warren Buffett opina lo mismo.

Entre unos compromisos y otros, la reunión se fue retrasando. El fundador cada vez estaba más impaciente, viendo cómo las acciones ya habían escalado a los 4 euros. Esto complicaba la ejecución de sus planes.

Mientras tanto, en noviembre de 2016 conocí a la que sería mi mujer. (Sí, este dato es relevante en la historia.) En diciembre, decidimos hacer un viaje de novios a París para las fiestas de final de año; aparte de compartir unos días juntos, mi intención era aprovechar la estancia en esa ciudad para visitar la sede de Umanis y hablar con el fundador. Por fin, concertamos una reunión.

En esa época del año, París es muy bonita, a pesar del frío. Lo estábamos pasando genial visitando la ciudad. Hacía dos meses que nos habíamos conocido, y nos sentíamos eufóricos, como en un mundo aparte, tan aparte que se me olvidó acudir a la reunión...

Al día siguiente, escribí al Departamento de Relación con Inversores de la compañía, para disculparme y considerar la posibilidad de improvisar una reunión ese mismo día, pues tenía que volver a Madrid en breve y no habría más ventanas de oportunidad. La reunión no se pudo llevar a cabo, y dimos por zanjado el tema, pero la historia continuaría en 2017.

Por otra parte, una gran inversión que nos ayudó mucho a finales de 2016 fue CRH Medical, una pequeña compañía canadiense del sector de la salud que estaba creciendo mucho y estaba muy barata. Compramos a una media de 3 dólares por acción, y casi de inmediato, en el último trimestre del año, las acciones subieron a más de 8 dólares. Gracias a Umanis, CRH y otras posiciones ganadoras de menor tamaño, el fondo tuvo de nuevo un rendimiento anual de doble dígito, del 16 por ciento, en un año también muy complicado para la mayoría de los fondos, debido a eventos como el Brexit o la victoria de Donald Trump en las elecciones de Estados Unidos.

Muchas de nuestras acciones pequeñas se mantenían ajenas a estos hechos, ya que eran situaciones especiales (como la de

Umanis), empresas de calidad (como Constellation Software, Boyd Group) o empresas muy baratas (como CRH). Los inversores seguían llegando al fondo, y el patrimonio superó los 16 millones de euros.

Año 2017

El año 2017 comenzó siendo alcista; había un buen caldo de cultivo, porque los dos años anteriores habían sido difíciles y las valoraciones aún eran atractivas. Para sorpresa de muchos, la victoria de Donald Trump, que inicialmente se veía como algo negativo, crearía un gran mercado alcista, gracias en parte a sus cambios regulatorios y a las bajadas de impuestos.

En este año lanzamos la escuela online Arte de Invertir, y fue todo un éxito. A partir de entonces, la escuela siguió creciendo simplemente con el boca a boca y con las recomendaciones de los alumnos.

Umanis seguía subiendo en Bolsa. Muchas de las *small caps* de Francia y Canadá continuaban dando buenos resultados, y en el primer trimestre ya ganábamos un 10 por ciento en el año. Las entradas de capital en el fondo se aceleraban y acabamos la primera mitad del año con 50 millones de euros de patrimonio.

En el primer trimestre de 2017, el fundador de Umanis decidió cambiar su estrategia. Teniendo en cuenta que su plan de comprar la empresa barata ya no era factible, decidió hacer lo opuesto: promocionar la empresa. Los analistas empezaron a hablar positivamente de la compañía, los informes de la compañía se publicaban también en inglés para llegar a más inversores, y en las presentaciones de resultados se publicaban previsiones excepcionales de crecimiento y márgenes. El mercado respondió positivamente y las acciones subieron en vertical desde 4 euros a 12 euros el mismo año. El fondo pasó a ser vendedor forzado. Nuestra inversión había ido tan bien que Umanis había pasado a tener un porcentaje demasiado alto en la cartera (más allá del permitido por el regulador). Umanis nos aportó una rentabilidad fantástica.

Durante ese año, casi todo subió en Bolsa. Era uno de esos años en los que incluso tratando de perder dinero a propósito no lo consigues. El fondo acabó con una rentabilidad del 21 por ciento.

En este punto, muchos inversores que habían invertido en los inicios del fondo estaban cerca de doblar su dinero. Conseguimos el premio Rankia al mejor fondo de renta variable del año 2017. Finalizamos el año con más de 160 millones de euros bajo gestión y más de 8.000 partícipes.

Año 2018

La única buena noticia del año 2018 es que me casé. Como en toda buena historia, tiene que haber un momento en el que aparezcan las dificultades y el drama. En Bolsa suele ser justo después de haber conseguido tus mejores resultados, cuando las valoraciones y la confianza son más altas.

Seguimos teniendo entradas de capital hasta superar los 200 millones de euros. Debido al tamaño que había alcanzado el proyecto, dimos el siguiente paso, que era constituir nuestra propia empresa gestora de fondos. Fue un proceso regulatorio largo, que duraría un año y que nos daría la libertad de lanzar nuevos fondos y controlar más el proceso de inversión.

El año 2018 comenzó siendo volátil, por las subidas de tipos de interés para frenar la inflación y porque llevábamos más de diez años con tipos extremadamente bajos. El temor a una recesión ya se advertía en los mercados y en la economía en general. Esta clase de procesos reflexivos son peligrosos, porque son como la profecía autocumplida. Si de repente la gente piensa que puede haber una recesión, se frenan las inversiones y la gente gasta menos; esto contrae la economía y, efectivamente, acabamos teniendo una recesión.

En el cuarto trimestre de 2018, el mercado dijo basta ante las subidas de tipos y se derrumbó casi en línea recta día tras día, durante tres meses. Para entonces, el fondo ya había aligerado peso en muchas *small caps* que, tras cuatro años buenos, estaban a precios exigentes. Pero, con 200 millones de euros, el fondo se movía mucho más lento que cuando tenía 5 millones de euros. (Más adelante, en este libro, te explicaré porque operas con ventaja sobre los profesionales al tener un capital pequeño.)

Nuestras *small caps* se resintieron más que el mercado en general, y algunos índices de *small caps*, como el CAC Small Caps francés, bajaron más de un 30 por ciento en pocos meses. Este pánico generalizado —diferente al de 2015, que afecto a empresas indexadas— eliminó la liquidez del sistema.

La gente retiraba su dinero de los fondos de inversión; éstos se veían forzados a vender sus posiciones en *small caps* para garantizar esas retiradas; las ventas afectaban sobremanera los precios de las acciones; estas bajadas provocaban más pánico entre los inversores, los cuales seguían vendiendo sus acciones y fondos, creando así un círculo vicioso.

Esto crearía un escenario con gran potencial futuro, pero, a corto plazo, los flujos de capital y miedo mandan en la Bolsa.

El fondo perdió un 20 por ciento en el año. Por primera vez tuvimos salidas netas de capital, y el fondo acabó el año con 150 millones de euros bajo gestión.

A finales de 2018, de nuevo había acciones muy baratas; pero cuanto más barato estaba el fondo, más vendían los partícipes, especialmente aquellos que habían llegado recientemente a la caza de rentabilidades rápidas. Daba igual lo mucho que intentásemos explicarles la importancia del largo plazo. Muchos días había salidas de hasta 1 millón de euros. Si el partícipe quería su dinero, el fondo era vendedor forzado para garantizar el reembolso. Esto es lo que sucede a gran escala en el mercado, y es lo que empuja las cotizaciones a la baja; es el clásico comportamiento de masas. Si comprendes esto y lo usas a tu favor (si no tienes que responder ante nadie ni tienes por qué ser vendedor forzado), puedes ganar mucho dinero en Bolsa, porque, en estos casos, las empresas están bien, y las bajadas son sólo cuestión de miedo.

He de reconocer que 2018 fue un año en el que cometí varios errores. Veníamos de hacer cuatro años muy buenos con el fondo, más los años previos como inversor particular; en ningún año había perdido dinero. Todos somos seres humanos, y es peligroso «dormirse en los laureles». Sin estos errores, estimo que hubiéramos acabado el año un poco menos perjudicados, quizá un –13 por ciento, pero aun así hubiera sido un año difícil.

Año 2019

La Reserva Federal manifestó que, en vista de la debilidad de la economía, no subirían más los tipos. Los mercados entraron en un valle, se estabilizaron y, rápidamente, retornaron a la senda alcista.

Tratamos de rotar algo la cartera para aprovechar las oportunidades. Pero tampoco hizo falta hacer mucho; lo que había bajado en 2018 se recuperó sin más en 2019. Así de caprichosa es la Bolsa.

Este mismo año recibimos la autorización de la Comisión Nacional del Mercado de Valores (CNMV) para registrar (n.º 275) lo que ahora es True Value Investments, SGIIC, S. A. Nunca me hubiera imaginado alcanzar un hito tan grande... Es tremendamente complicado conseguir esta clase de licencias, de las cuales apenas se otorgan unas pocas cada año. Hay que demostrar altos conocimientos y habilidades como inversor y tener un buen historial.

Fue un momento difícil, porque nos enfrentábamos a mayores gastos como empresa, y las salidas de capital continuaban, pese a que el mercado seguía recuperándose. La mentalidad del inversor inexperto en esos momentos es la de aprovechar cada pequeño rebote para vender y «minimizar» pérdidas. Por este motivo, la mayoría de la gente no gana dinero en Bolsa. Cuanto más ha subido la Bolsa, más segura les parece y más invierten, pero es entonces cuando las cosas pueden cambiar de dirección. Simplemente porque, a corto plazo, el flujo de capital manda y detrás del público en general ya no hay nadie más que pueda inyectar dinero al sistema.

Sin embargo, incluso una persona que invierta en mal momento, si aprovecha las bajadas para aumentar su posición, tendrá un buen rendimiento futuro. Pero el principiante hace lo opuesto. En este libro hablaremos de esto en detalle, con ejemplos reales para que lo comprendas y lo puedas usar a tu favor.

Acabamos el año con una rentabilidad del 19 por ciento y recuperamos la mayoría de las pérdidas de 2018, pero con 130 millones de euros bajo gestión. Aproximadamente más del 30 por ciento de los partícipes que invirtieron en máximos se habían marchado en menos de un año, pese a que siempre insistimos en que se debe invertir con un horizonte superior a cinco años.

Año 2020

El año 2020 empezó siendo muy alcista, y el fondo estaba de nuevo en máximos históricos en los primeros dos meses del año; seguía habiendo muchas empresas baratas debido al colapso del cuarto trimestre de 2018.

Lo que sucedió en marzo de 2020 por la COVID-19 pasará a los libros de historia de la Bolsa. Se podría escribir un libro completo. Fueron semanas de mucho trabajo, porque había que actuar rápido. Cuando se anunciaron los confinamientos, todo colapsó; algunas empresas del fondo bajaron hasta un 30 por ciento en un solo día.

El pánico era tan fuerte que, en cuestión de veinte días, el fondo perdió todo lo que había ganado en los seis años previos. Sin embargo, estos momentos de pánico son los mejores, porque es cuando más diferencia hay entre el valor y el precio de muchas acciones. El nivel de oportunidades que había entonces era ridículo. El hecho de que muchas compañías solventes y sin deuda ganarían menos dinero en un año como 2020 no justificaba en absoluto caídas del 60-80 por ciento.

El valor teórico de una acción es la suma de sus beneficios durante los próximos veinte o treinta años; si un año gana menos dinero, su valor teórico sólo baja un 3-5 por ciento, pero no un 80 por ciento. Además, la COVID-19 tenía solución, bien por una vacuna o por la inmunidad generalizada, o de grupo, con lo cual la Bolsa estaría volátil durante un tiempo, pero acabaría recuperándose. Era momento de salir a pescar...

La mejor operación que hice en esos momentos fue comprar todas las acciones que pude de dos empresas, Aercap y Air Lease, que habían bajado de 60 dólares a menos de 10 dólares. Estas empresas alquilan aviones, un negocio estable por lo general.

Todo aquello relacionado con el turismo bajaba con fuerza por razones obvias. Sin embargo, en las primeras semanas de la COVID-19, los gobiernos anunciaron enormes ayudas a las aerolíneas; esto significaba que los clientes de Aercap y Air Lease podrían seguir pagando alquileres; por lo tanto, estas compañías no iban a quebrar. Compramos el máximo legal de cada una, casi un 20 por ciento del total del fondo (poco más de 25 millones de euros). Al cabo de menos de tres meses pasaron de 10 dólares a más de 30 dólares. Sólo con estas dos operaciones casi habíamos recuperado todas las pérdidas provocadas por la COVID-19. Por otra parte, aprovechamos para comprar acciones de Goeasy, una empresa de préstamos *subprime* que había bajado de 60 dólares a 15 dólares. Aquí también nuestra posición estaba casi en el máximo legal. Al cabo de menos de doce meses, las acciones subieron a más de 100 dólares.

En entornos como éste, un inversor privado como tú puede hacerse de oro si tiene la formación y los conocimientos necesarios, ya que tiene libertad para comprar todo lo que quiera. Un fondo, por el contrario, tiene muchas restricciones. Si juegas al tenis contra Rafa Nadal, jamás ganarás; pero si a Rafa le dan una sartén para jugar y a ti una buena raqueta, probablemente le ganarás. Irónicamente, cuanto más dinero se gestiona en Bolsa, peor es la raqueta que se puede usar. He tenido la suerte de pasar por todas las fases: invertir con 10.000 euros, con 1 millón de euros y con 300 millones de euros. Te aseguro que tu ventaja como inversor privado es enorme.

Durante este año lanzamos el nuevo fondo True Value Small Caps, en un momento muy complicado en el que había que ser valientes; y gracias a que empezó con un tamaño muy pequeño, de 5 millones de euros, era como volver a mis inicios: podía moverme como un ninja en los mercados.

En 2020, este fondo ganó un 60 por ciento, y True Value, el fondo original, ganó un 17 por ciento, marcando nuevos máximos históricos. Aun así había miedo y no había entradas netas de capital, a pesar de que era un buen momento para invertir. A final de año lanzamos el nuevo fondo True Capital para invertir en grandes compañías más estables, pero con una expectativa menor de retorno; es un producto pensado para un inversor más conservador.

Año 2021

En 2021 vivimos grandes subidas en la Bolsa. Los bancos centrales prometieron que habría tipos al cero por ciento y dinero fácil por muchos años; esto desató una de las mayores burbujas recientes que se recuerdan. Era una locura..., desde los foros de Reddit a la burbuja de criptomonedas, ámbito en el que algunas nuevas criptomonedas se multiplicaron por más de cuarenta veces en pocas semanas. Vivimos la burbuja de las acciones tecnológicas, de vehículos eléctricos, de energías renovables... Básicamente, todo subía; era uno de esos años en los que todo el mundo ganaba dinero, como en 2017.

Traté de mantenerme al margen, porque hay un riesgo de pérdida permanente de capital, y la primera premisa de la Bolsa es no perder dinero, que es muy diferente a no tener volatilidad. La volatilidad es algo inherente a la Bolsa, pero la gente a menudo la confunde con el riesgo. En el confinamiento de marzo de 2020 hubo mucha volatilidad, pero, en ese momento, el riesgo era más bajo que nunca, porque el precio de las acciones era ridículo en muchos casos.

Como era de esperar, las entradas de capital en los fondos volvieron al calor de las buenas rentabilidades. True Value Small Caps ganó un 45 por ciento en el año; y True Value, un 35 por ciento. Acabamos el año con más de 300 millones de euros bajo gestión y con todos los fondos en máximos históricos.

Año 2022

En el año 2022 aparecía en escena la inflación, y la anterior promesa de dinero barato y durante mucho tiempo por parte de los bancos centrales sería papel mojado. El aumento de costes en las empresas, los mayores tipos de interés y las valoraciones más altas provocaron que los mercados acabaran con bajadas medias del 20 por ciento; en algunos casos, como en el Nasdaq, las caídas superaron el 30 por ciento.

Muchos de los activos de la burbuja del año 2021, como las criptomonedas, las acciones sin beneficios o las de empresas con valoraciones de fantasía, bajaron entre un 60 por ciento y un 90 por ciento desde máximos. Curiosamente, si analizas esas acciones, verás que todavía están caras, a pesar de haber tenido grandes caídas. Éste es el riesgo del que hablaba antes, que es muy diferente a la volatilidad. En muchos casos, estos activos tendrán pérdidas permanentes o tardarán décadas en recuperarse.

De nuevo, en estos eventos de falta liquidez, las empresas medianas y pequeñas de los fondos han sufrido y se encuentran con valoraciones muy atractivas, como en 2018. Soy muy positivo con su futuro a 3-5 años; obviamente, no sé qué deparará 2023, pero el potencial está ahí. En el momento de escribir estas líneas (diciembre de 2022) las entradas de capital se han frenado y han comenzado unas ligeras salidas; empieza a depurarse el sistema de nuevo. Los mismos ciclos de siempre.

Finalmente recibimos una OPA a 17 euros por Umanis, ya que el fundador se iba a jubilar y decidió vender la empresa a buen precio a una gran compañía de Canadá. Fue un viaje bonito desde los 1,20 euros a los que cotizaba en 2016.

Lanzamos el nuevo fondo True Value Compounders para invertir en compañías de alto crecimiento, y el fondo cuenta ya con 50 millones de euros bajo gestión.

Es probable que True Value Small Caps y Compounders acaben el año 2022 con pérdidas del 33 por ciento, y True Value, con pérdidas de en torno al 25 por ciento. True Capital bajará alrededor de un 9 por ciento.

A pesar de ser un año igual de complicado que 2018, estoy contento, porque los errores de inversión han sido muchos menos; seguramente en 2023 se vivan momentos de fuertes salidas de capital por la desilusión de las «manos débiles», que habían acudido al calor de las rentabilidades de 2021.

Esto son buenas noticias, si es que decides formarte y tomar ventaja respecto a las oportunidades que seguramente van a aparecer en el futuro. Si realmente tienes un enfoque a largo plazo, no es tan difícil ganar un buen dinero en este deporte de la Bolsa.

Nuestro canal de YouTube Arte de Invertir superó la cifra de 900.000 suscriptores y más de 50 millones de visualizaciones, algo que nunca me hubiera imaginado. Es una gran satisfacción encontrarme con personas por la calle que me cuentan cómo, gracias al canal, empezaron a tener la curiosidad de invertir, o que, gracias a los vídeos y directos que hacemos, ahora ven la Bolsa desde un punto de vista más lógico.

Por otra parte, recibimos el premio Rankia a la mejor escuela de inversión gracias a la calidad del contenido de nuestras formaciones.

Ésta es mi historia, y para mí ha sido un viaje increíble. Recuerdo que, cuando empecé en Bolsa, miraba los listados de los principales accionistas de las compañías cotizadas y me preguntaba si algún día aparecería en ellos. Ahora, diez años después, True Value aparece en algunas de esas listas como uno de los mayores accionistas. He podido conocer en persona a algunos de los mejores inversores de España y Europa. He podido experimentar lo que significa invertir con cientos de millones de euros, viviendo tanto la responsabilidad que conlleva como la satisfacción que supone, si es que amas el mundo de la inversión. He conocido a empresarios increíbles con el simple objetivo de aprender de ellos, ya que son personas excepcionales.

He ganado y a veces he perdido, pero he aprendido muchas cosas por el camino. Creo que he alcanzado eso que llaman la realización en el ámbito profesional. Es difícil decir que uno es feliz el cien por cien del tiempo de su vida, pero la Bolsa y las inversiones me han dado muchos momentos de felicidad y un sentido en la vida.

Thomas Chalmers, economista y filósofo escocés del siglo XIX, decía: «El objetivo de la vida consiste en tener algo que hacer, alguien a quien amar y alguna cosa que esperar». He cumplido las dos primeras, y espero que el futuro traiga sorpresas interesantes.

Si puedo darte un consejo desde la experiencia que he podido acumular hasta ahora, te diría que busques algo por lo que vivir, ya sea la Bolsa o cualquier otro proyecto que te motive. Quiere a alguien con locura, ya sea a tu pareja, tus hijos, tu familia o tus amigos, o incluso a tu mascota. Y, finalmente, ten ilusión por el futuro. Por muy complicada que sea tu vida ahora mismo, todo tiene solución, menos la muerte.

Te agradezco que hayas invertido tu dinero en este libro, pero sobre todo tu energía y tu tiempo, que son más valiosos. Espero que te ayude a mejorar tus habilidades para la inversión. He tratado de resumir las ideas de la mejor forma posible, ilustrándolas con muchos ejemplos reales y prácticos, al igual que hacemos en nuestra escuela de inversión, para que aceleres así tu aprendizaje.

Un saludo y buena inversión.

Aviso legal. *Todo lo que estás a punto de leer a continuación no supone una recomendación de compra o venta de acciones. Tú debes ser responsable de tus propias decisiones de inversión. Invertir en Bolsa tiene riesgos que debes conocer. Las opiniones aquí expresadas son subjetivas y están basadas en datos disponibles para el público en general. En la actualidad, True Value Investments, SGIIC, cuenta con posiciones en algunos de los valores mencionados en este libro.*

2

Finanzas personales para empezar a construir riqueza en Bolsa

La Bolsa es un entorno que no dejará de sorprenderme, donde el ser humano puede pasar de la euforia total a la depresión en el mismo día. En la Bolsa suceden cosas increíbles que jamás se verían en el mundo real de los negocios.

En Bolsa, el comportamiento de rebaño puede crear grandes oportunidades que, si son aprovechadas por el inversor informado, pueden tener una recompensa muy elevada y generar fortunas. En la Bolsa se han construido fortunas legendarias como la de Warren Buffett, que empezó a invertir con 1.000 dólares a los trece años de edad y se ha convertido en una de las personas más ricas del mundo en la actualidad. No obstante, los mercados financieros también han sido fuente de pérdidas para muchos pequeños inversores que se sienten seducidos por esta emocionante profesión.

Según los datos publicados por los reguladores de algunos de los brókeres más importantes de minoristas, entre el 75 y el 95 por ciento de los «inversores» pierde dinero en Bolsa. Esta clase de inversores es lo que denomino *turistas de la Bolsa*. Cuando un turista visita un entorno desconocido, es habitual que acabe pagando más dinero que un residente local por una experiencia similar o, en muchos casos, peor. Un turista puede acabar siendo víctima de pequeños engaños cuando viaja, ya que realmente desconoce la dinámica cotidiana del lugar que ha ido a visitar; por el contrario, una persona local, informada y que conoce el lugar en cuestión siempre va a tomar mejores decisiones y va a tener una mejor experiencia. Esto sería un inversor informado en Bolsa.

El turista de la Bolsa comete prácticamente todos los errores que se dan en los mercados, desde invertir por recomendaciones de amigos, familiares, *influencers*, medios de comunicación, etcétera, hasta vender por pánico en los peores momentos. Luego, tenemos el clásico «invertir en lo que mejor ha funcionado a corto plazo», pero siempre llegando tarde a la fiesta. Lo cierto es que todo se reduce al error más importante que hay detrás de estos comportamientos: invertir sin tener unos conocimientos y una formación suficientes. Este libro está pensado como una guía de inicio.

La buena noticia es que, para que tú empieces a tener beneficios en Bolsa, no tienes que acertar siempre o ser un superdotado; simplemente tienes que evitar los comportamientos habituales de los turistas de la Bolsa. Más adelante, en este libro, veremos ejemplos reales y algunas anécdotas que te ayudarán a comprender mejor lo que no se debe hacer cuando se invierte en Bolsa.

Durante los siete años que llevo formando alumnos, y paralelamente a mi actividad de gestor profesional, he visto casos de todo tipo. Permíteme compartir contigo una de estas anécdotas.

Recuerdo el caso de un alumno, al que llamaremos Luis, que contactó con el equipo de nuestra escuela en busca de consejo. Comentaba que, sin tener conocimiento alguno de inversiones y atendiendo a las recomendaciones de un supuesto «experto» de la Bolsa, que le aseguraba que la economía se hundiría a causa de la crisis por la COVID-19, invirtió gran parte de su dinero comprando un ETF bajista 3× sobre el índice Russell 2000, allá por el primer trimestre de 2020. Este ETF tiene un apalancamiento que multiplica los beneficios o las pérdidas por tres cada vez que el índice en referencia se mueve en una dirección u otra, y parte de la hipótesis de que el mercado de *small caps* (compañías con capitalizaciones entre 100 millones y 5.000 millones de euros en Bolsa) experimentará un descenso.

Dos años después, el índice cotiza cerca de los 2.000 puntos. En condiciones normales, esto implicaría perder un 50 por ciento de tu dinero; sin embargo, en un ETF bajista apalancado 3×, las pérdidas se multiplican por tres y es como si estuvieras invirtiendo con deuda, en contra de una cesta de 2.000 acciones en un mercado que no paró de subir en los meses posteriores. De hecho, esta clase de productos ha perdido el 95 por ciento de su valor en los últimos cinco años; sin duda, una apuesta bajista que se pagó cara por especular desde el desconocimiento.

Luis reconocía no entender el producto financiero en el que estaba invirtiendo, y para entonces ya había perdido la mayor parte de su dinero; la única salida posible era vender y, con el poco dinero restante, volver a empezar, esta vez haciendo las cosas bien.

El dinero significa tiempo que hemos intercambiado o gastado para ganarlo, y el tiempo nunca vuelve; por eso, todos los inversores exitosos insisten en invertir principalmente para no perder y en que las ganancias vendrán después. Personalmente, es una lección que me ha costado mucho dinero aprender y que quiero compartir contigo en este libro para que no te suceda lo mismo.

Esta anécdota nos lleva a nuestra primera lección. Si estás empezando en Bolsa, por favor, no hagas apuestas bajistas ni contra la Bolsa (los índices), y mucho menos en acciones individuales. Tampoco te dejes seducir por ciertos mensajes, como, por ejemplo, que cuando baja la Bolsa también puedes ganar dinero invirtiendo en corto.[2] Esta clase de herramientas pueden ser útiles, desde luego, pero cuando tengas mucha ex-

---

2. Invertir en corto es una técnica de inversión que nos permite beneficiarnos cuando el precio de cotización de una acción baja en Bolsa. Involucra un préstamo de acciones que tiene un coste anual. Se considera una forma de invertir más arriesgada, ya que la potencial perdida es ilimitada, y el hipotético beneficio es limitado al cien por cien, que es lo máximo que puede bajar una acción.

periencia y amplios conocimientos; incluso algunos de los mejores inversores, como Warren Buffett o Peter Lynch, nunca han usado la inversión en corto debido al riesgo que supone, y en parte por este motivo sus resultados han sido espectaculares.

Paul Tudor Jones está en la liga de los mejores especuladores en Bolsa de toda la historia, con grandes éxitos. Sus fantásticos resultados le llevaron a construir una gran fortuna desde cero. Recientemente se ha dedicado a difundir sus conocimientos sobre Bolsa y a labores filantrópicas.

Paul Tudor Jones contaba que, durante una de las primeras clases con sus alumnos, mostraba un sencillo gráfico en el que sólo se podía ver un precio al alza durante muchos años. Preguntaba a cada uno de los alumnos para que respondieran de forma instantánea cuál era el primer impulso que sentían al ver aquel gráfico: ¿creían que el precio seguiría subiendo?, ¿o por el contrario su intuición les hacía pensar que bajaría? Cabe mencionar que los alumnos no contaban con más datos que la observación del propio gráfico.

Gráfico 2.1. Test de alumnos de Paul Tudor Jones

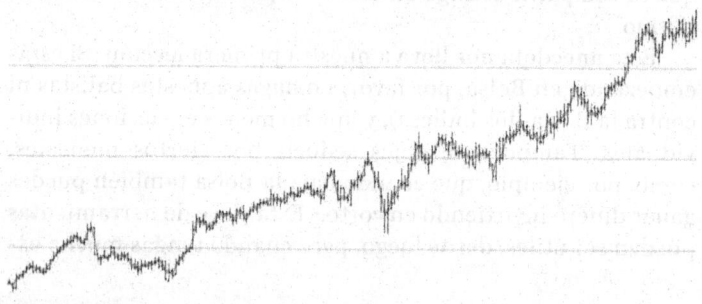

Fuente: TIKR (tikr.com).

Paul Tudor Jones explicaba que aquellos que pensaban que el precio seguiría subiendo contaban con ventaja, porque esta respuesta indicaba una personalidad optimista. Sin embargo, los que pensaban que bajaría tendrían que trabajar en ser más optimistas.

En Bolsa es muy importante ser optimista. Prepárate para lo peor, pero espera lo mejor.

Históricamente, la Bolsa se ha revalorizado de media un 9 por ciento anual durante más de doscientos años. Hay una serie de razones estructurales para que esto haya sido así y siga siéndolo en el futuro. En términos nominales, la economía global crece al 4-5 por ciento de media al año, y en Bolsa cotizan las empresas más grandes del mundo que capitalizan ese crecimiento con unas ventas y beneficios que crecen de media a ese 4-5 por ciento anual; pero, además, las empresas cotizadas producen beneficios con una media de rentabilidad del 5 por ciento en la actualidad. Estos beneficios son repartidos en forma de dividendos y recompras de acciones, o también pueden usarse para comprar otras empresas, y de esta forma hacer que los beneficios crezcan a un ritmo mayor. Gracias a estos dos componentes, crecimiento y beneficios, la Bolsa ha dado históricamente un 9 por ciento anual.

Aunque las noticias digan lo contrario, el mundo cada vez es mejor y continuará evolucionando en el futuro; por eso es muy importante que te mantengas positivo. Los niveles de pobreza nunca han sido tan bajos como en la actualidad, y, en el mundo, el número de personas que se incorporan a la clase media aumenta. Esto significa que esas personas consumirán, y el consumo representa el 70 por ciento de la economía; con lo cual las empresas capitalizarán esas tendencias con mayores beneficios empresariales que finalmente serán reflejados en su comportamiento en Bolsa. El número de personas que son clase media ha pasado de ser sólo el 27 por ciento al 47 por ciento desde 2009 hasta la actualidad, y se espera que sea de más del 61 por ciento en 2030.

Gráfico 2.2. Crecimiento de la clase media en el mundo

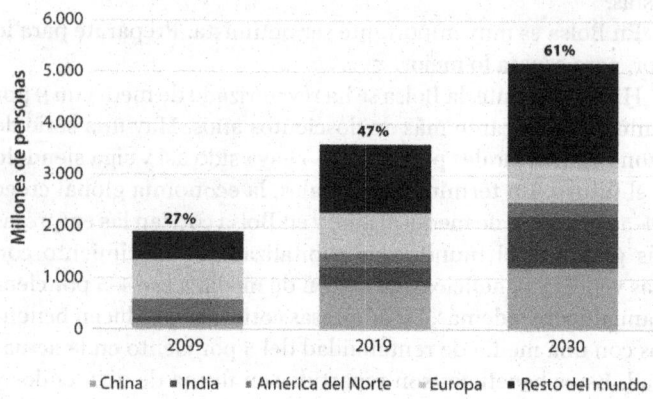

Datos sobre las barras: Porcentaje del total de la población

Fuente: CaixaBank Research.

El mundo cada vez es más seguro; el número de conflictos armados y de dictaduras está en mínimos históricos. Esto es bueno para el comercio y la prosperidad económica. Por este motivo, apostar en contra de la Bolsa o de acciones no es una buena idea, salvo en ocasiones coyunturales y siempre y cuando se disponga de un conocimiento profundo.

Si aplicas una inversión con sentido común, estarás en la senda de obtener al menos ese 9 por ciento anual; y si quieres dedicar más tiempo y energía a adquirir un mayor conocimiento y experiencia, la recompensa puede ser más elevada.

Mucha gente me suele preguntar cómo logré mi libertad financiera operando en la Bolsa. Antes de ver cómo se puede generar rentabilidades superiores a ese 9 por ciento, según mi experiencia es pertinente hablar de conceptos básicos sobre las finanzas personales y el interés compuesto.

El interés compuesto fue descrito por Einstein como la octava maravilla del mundo, y lo que puede hacer por tu dinero también lo es. El interés compuesto es el efecto por el cual una inversión se revaloriza. Digamos que empezamos a invertir 1.000 euros y que el primer año obtenemos una rentabilidad del 30 por ciento; el primer año tendríamos entonces un total de 1.300 euros (1000 × 1,30). Suponiendo que en el siguiente año invertimos nuevamente el total de nuestro dinero, es decir, 1.300 euros, y volvemos a obtener un 30 por ciento de rentabilidad anual, entonces en el segundo año tendríamos 1.690 euros (1300 × 1,30), ya que la rentabilidad se genera a partir de un capital inicial mayor. A largo plazo, esta dinámica tiene un efecto descomunal sobre nuestro dinero. En internet puedes buscar fácilmente calculadoras de interés compuesto y hacer tus modelos, usando tres variables: capital inicial, ahorro anual y rentabilidad esperada. Voy a darte algunos datos para ilustrarlo mejor.

Cualquiera puede generar riqueza en Bolsa con tiempo, disciplina y conocimiento. Invertir todos los meses 100 euros al 9 por ciento anual durante cincuenta años equivale a un capital de 1 millón de euros. Puedes consultar webs que disponen de calculadoras de interés compuesto —por ejemplo, moneychimp.com— y simular tus propios escenarios.

Una persona que empieza, por ejemplo, con un capital de 20.000 euros y ahorra 250 euros al mes para incrementar su inversión, en treinta años puede alcanzar la cifra de 700.000 euros.

Imagen 2.1. Simulación del interés compuesto

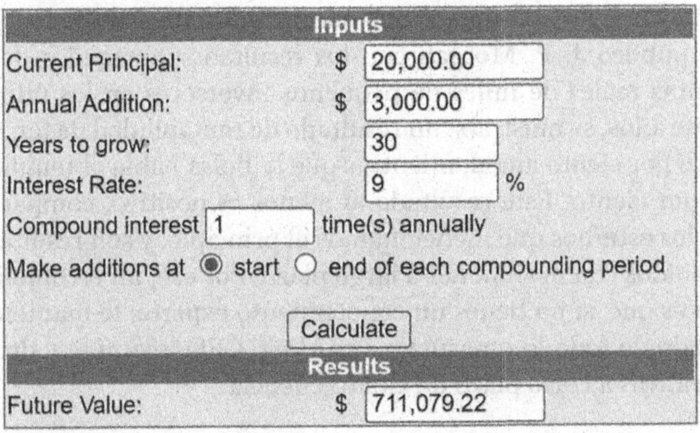

Inputs		
Current Principal:	$	20,000.00
Annual Addition:	$	3,000.00
Years to grow:		30
Interest Rate:		9 %
Compound interest 1	time(s) annually	
Make additions at ⦿ start ○ end of each compounding period		
Calculate		
Results		
Future Value:	$	711,079.22

Fuente: Moneychimp.com.

Sin embargo, si hace un ligero cambio modificando únicamente la rentabilidad esperada del 9 por ciento al 12 por ciento —que podría parecer pequeña, pero, como verás, no lo es—, el resultado final es sorprendente, ya que, con el mismo capital inicial y ahorrando para poder invertir más dinero cada mes, el monto final asciende a 1,4 millones de euros, lo cual es ¡más del doble! Por este motivo insisto tanto a mis alumnos acerca de la importancia de trabajar y esforzarse para ser mejores inversores, ya que si lo hacen llegarán antes a su meta económica.

Desde la fundación de True Value-Fondo de Inversión, en 2014, hemos obtenido una rentabilidad bruta antes de comisiones superior al 12 por ciento anual. ¿El motivo? Porque seleccionando adecuadamente acciones individuales para nuestras carteras se puede llegar a obtener un resultado mejor que la media histórica de la Bolsa.

De hecho, el pequeño inversor puede obtener rentabilidades superiores a las de un fondo de inversión profesional; esto lo sé por propia experiencia, pues, antes de fundar True Value, fui un inversor privado, y he estado en ambas situaciones. En el siguiente capítulo hablaremos de estas ventajas que tienes como inversor privado y cómo puedes usarlas en tu propio beneficio.

Sin embargo, invertir en acciones individuales tiene un riesgo mayor si no sabemos lo que hacemos. En un estudio reciente que publicó J. P. Morgan con los resultados agregados de las cuentas reales de miles de pequeños inversores en los últimos veinte años, se mostraba un resultado de rentabilidad de tan sólo el 3,6 por ciento anual, mientras que la Bolsa había obtenido un 9,5 por ciento. Este resultado al menos es positivo, comparado con los estudios que mencionamos al principio, y son resultados obtenidos con inversiones a largo plazo. Por eso, mi recomendación es que, si no tienes un conocimiento experto, te mantengas alejado de todo lo que suene a *trading*, CFD, *scalping* y demás operativas a corto plazo de alta frecuencia.

Gráfico 2.3. Rendimiento medio del inversor privado. Rendimientos anualizados durante los últimos veinte años según el tipo de inversión

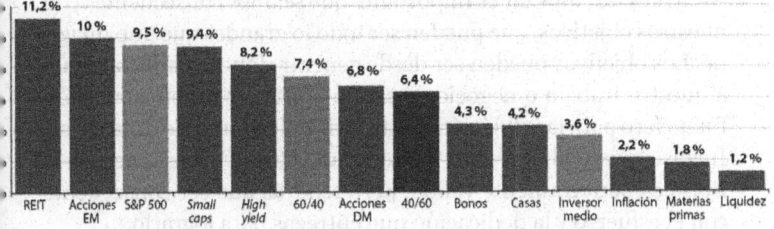

Fuente: J. P. Morgan Asset Management.

Como hemos visto, hay tres variables que influyen en la generación de riqueza mediante las inversiones: el capital inicial, el ahorro periódico invertido y la tasa de rentabilidad. El capital inicial es, como el término indica, el dinero con el que empezamos. Se suele decir que el mejor momento para invertir es cuando naciste, y que el segundo mejor momento para invertir es ahora mismo. Nunca es tarde para empezar a generar interés compuesto.

La segunda variable es el ahorro, o lo que se podría resumir como las finanzas personales. Se ha escrito mucho respecto a este tema, pero es mucho más sencillo de lo que parece. Yo mismo he pasado de la fase de tener muy poco dinero y tener que ahorrar para invertir a la fase de poder vivir de mi patrimonio y, finalmente, a la fase de tener libertad financiera. Además, he visto muchos casos de clientes de los fondos de inversión y de alumnos en diferentes fases del proceso, y he detectado qué patrones han aplicado para tener éxito en esta área.

La tercera variable es la rentabilidad, de la cual ya hemos hablado anteriormente.

Vamos a ampliar un poco más acerca de las dos primeras variables.

Desde mi punto de vista, las finanzas personales son como la forma física. Si una persona tiene sobrepeso y quiere adelgazar sin recurrir a atajos que pueden conllevar riesgos, la fórmula es simple: hacer ejercicio y comer bien. Cuanto más practique esos hábitos esa persona, más interiorizados los tendrá, y los llevará a cabo de forma natural. Lo mismo sucede cuando tú tienes un objetivo, como el de construir capital.

Antes de empezar es importante que seamos consecuentes con nuestros objetivos, que pueden ser todo lo grandes que uno imagine. Los objetivos pueden ser desde generar riqueza paralelamente a nuestro trabajo o negocio, pasando por tener un buen colchón financiero para la jubilación, hasta vivir holgadamente de la Bolsa. Incluso que tu objetivo sea aparecer en la lista Forbes gracias a la Bolsa es perfectamente válido, pero tendrás que ser consecuente con el esfuerzo y la dedicación que entregas para lograrlo.

Si quieres adelgazar veinte kilos en tres meses, es posible que lo logres, pero tendrás que esforzarte mucho más que aquel que quiere adelgazar cinco kilos en ese mismo tiempo. En tus finanzas personales sucede lo mismo.

Cuando descubrí el maravilloso mundo de la Bolsa, tenía claro que quería que éste fuera el medio para ganarme la vida. Por aquel entonces, yo no me imaginaba que llegaría a gestionar fondos de inversión ni todo lo que sucedió después; pero recuerdo ver un documental acerca de la vida de Warren Buffett que explicaba cómo se ganaba la vida, invirtiendo en acciones a largo plazo y tras empezar con un capital pequeño, y que esa historia me inspiró para comenzar. Recuerdo que la primera cuenta de inversión que abrí tendría alrededor de 10.000 euros, pero sabía que con ese capital me hallaba bastante lejos de mi objetivo, que era vivir de la Bolsa; por eso, apliqué un plan de ahorro muy estricto, para disponer de capital para invertir.

Compartía vivienda con unos amigos; procuraba no gastar en actividades como salir a comer fuera o comprar ropa a la última moda; estuve más de seis años sin tomarme vacaciones, etcétera. Lo cierto es que procuraba llevar una vida bastante austera, aunque, desde luego, asegurándome de contar con todo lo necesario. Estaba comprometido al cien por cien con mi objetivo, y sabía que la magnitud de mis aspiraciones requería un esfuerzo acorde con ella. Algunas personas incluso podrían decir que mi obsesión por el ahorro era extrema.

Éste es el camino que yo seguí, pero no quiere decir que todo el mundo tenga que seguir el mismo. De hecho, Álvaro Guzmán, de Azvalor, uno de los mejores gestores de Europa y a quien considero uno de mis mentores en el mundo de la Bolsa, suele decir: «Si quieres gambas, come gambas»; es decir, que pequeñas decisiones, como ir a comer a un restaurante o tomarse unos días de vacaciones en la playa (sin lujos exagerados), no van a influir significativamente en tu futuro financiero.

Sin embargo, procura no vivir por encima de tus posibilidades. Conozco a muchas personas que ganan sueldos de entre 60.000 y 100.000 euros anuales en grandes ciudades como Madrid y que apenas ahorran dinero. Lo habitual es que tengan una vivienda con alquiler o hipoteca de unos 3.000 euros al mes, un Mercedes de gama alta obtenido con un crédito por el que pagan 1.000 euros al mes, un colegio privado de renombre para sus hijos que supone otros 2.000 euros al mes, una persona de asistencia en el hogar..., y practican actividades de ocio que normalmente conllevan un alto coste, se visten con ropa de marca, etcétera. Y, desde luego, continúan trabajando durante horas y horas para ganar más dinero, todo con el fin de aparentar un estilo vida. Estas decisiones sí influirán en tu futuro financiero.

Si tienes, por ejemplo, unos ingresos de entre 30.000 y 40.000 euros anuales, busca una alternativa en tu ciudad (que seguro que la hay) donde puedas vivir cómodo por 1.000 o 1.200 euros de alquiler o hipoteca, un automóvil usado en buen estado que puede valer 200-300 euros al mes... Puedes seguir saliendo a cenar con tu pareja o tu familia, pero créeme que se come igual de bien en restaurantes de 20 euros que de 100-200 euros por persona. En este último supuesto que pongo como ejemplo, puedes ahorrar fácilmente el 30 por ciento del salario, mientras que en el supuesto anterior, aunque mantengas un estilo de vida considerado más elitista, realmente vivirás al día y sin capacidad de ahorro para invertir. Paralelamente, si tienes posibilidades de aumentar los ingresos provenientes de tu profesión o negocio, mucho mejor. ¡Es interés compuesto!

Ahorrar e invertir con sensatez compran tiempo en el futuro, que es lo más preciado que existe. Una persona que se encuentre en un caso similar al anterior, que ahorre 10.000 euros al año y que parta de un capital inicial de 20.000 euros, por ejemplo, si se ha preocupado un poco por aprender a invertir para hacer las cosas bien, podría tener 1 millón de euros al cabo de veinte años, si logra una media del 12 por ciento de interés anual. Ese capital de 1 millón de euros, que además puede generar rendimientos por dividendos anuales, le permitiría llevar una vida mucho más cómoda.

Recuerdo que, incluso cuando tenía unos 100.000 euros de patrimonio y podía vivir de la Bolsa gracias a que mis gastos eran muy bajos (justo antes de empezar True Value), todavía compartía vivienda, e incluso me había mudado a la afueras de la ciudad, ya que era un 30 por ciento más barato. Conducía un Seat León de más de diez años, que finalmente vendí por 4.000 euros. Como soy un gran amante de los automóviles, era muy tentador comprar un automóvil más «interesante», pero no era el momento. Esas decisiones sí que importan; pero, eso sí, no hace falta que comas sólo pasta a diario o que te duches con agua fría para ahorrar.

Por otro lado, bajo ningún concepto uses deuda de alto coste, como préstamos personales o tarjetas de crédito, que tienen tasas de interés estratosféricas..., y son el diablo de las finanzas. Diseña un estilo de vida acorde con tus objetivos y síguelo con disciplina, aunque esto se traduzca en conducir en el presente un coche algo inferior o mudarse un poco a las afueras. ¡Hazlo! Porque en el futuro puede que signifique disfrutar de veinte años más de tiempo libre. Muchas veces compramos cosas para impresionar a los demás o gozar del sentimiento de pertenencia a un grupo social, pero la realidad es que tu familia y tus amigos de verdad te querrán y te apreciarán igualmente tanto si vistes con una camisa de 15 euros como con una de 500 euros, y aquellas personas que se sienten atraídas solamente por los bienes materiales que tienen o por las experiencias que se puede permitir no merecen formar parte de tu vida, y es mejor alejarse de ellas. Charlie Munger, socio de Warren Buffett y una de las personas con más sentido común que he visto, suele decir: «Al 90 por ciento de las personas les da igual tu vida o lo que tengas, y al otro 10 por ciento le alegrará que te vaya mal». Reflexiona y verás que esta afirmación no se aleja mucho de la realidad.

Bien..., reconozco que antes he sido bastante severo al expresar mi opinión sobre cierto tipo de deudas, pero hay un tipo de deuda que sí considero recomendable, y es la deuda de una hipoteca. La gran pregunta que me suelen hacer es la siguiente: ¿es mejor comprar o alquilar una vivienda? En fases en que los tipos de interés de deuda son bajos (aunque en la actualidad están subiendo, siguen siendo bajos respecto a su media histórica), comprar es buena alternativa. Para decidir si es mejor comprar o alquilar vivienda, siempre se debe comparar el coste en porcentaje de tipo de interés de una hipoteca con respecto a un alquiler de la misma casa en la misma zona. En enero de 2023, la rentabilidad media por alquiler en España está en el 4 por ciento, mientras que el coste de las hipotecas a tipo fijo está en el 3,5 por ciento, y, además, en un período largo de tiempo, la casa se revalorizará (suponiendo que no compras algo a *precio burbuja*). Alquilar es interesante cuando no tienes pensado establecerte por mucho tiempo en un lugar o porque tus planes o tu estilo de vida (empleo, estudios, otros proyectos) así lo requieren para ti.

Una técnica fácil que se suele recomendar para el ahorro es derivar automática y sistemáticamente para ahorro/inversión un porcentaje de nuestros ingresos regulares en cuanto los recibimos, porcentaje que puede oscilar entre el 10 y el 30 por ciento como mínimo. De esta forma, nos forzamos a vivir con el dinero restante. No obstante, si de entrada tenemos un estilo de vida alto, hay que ajustar éste primero para que la técnica funcione, o bien ajustar ese porcentaje de ahorro/inversión. Es decir, los objetivos y los medios han de estar en consonancia: de nada sirve decir que voy a salir a correr para adelgazar si ni siquiera me he comprado unas buenas zapatillas de *running*...

En este capítulo he querido ilustrar lo importante que es el ahorro y la reducción de los gastos comunes para tener éxito en nuestras inversiones y poder alcanzar nuestros objetivos financieros, sobre todo si se parte de un capital pequeño o nulo. El ahorro tan sólo requiere disciplina, da igual si nuestros ingresos son más altos o más bajos; la mayoría de las personas pueden ahorrar un 10-30 por ciento de sus ingresos con el enfoque correcto. Quizá tú puedas dedicar al ahorro/inversión 500 euros o sólo 50 euros al mes, pero, créeme, eso marcará una diferencia muy importante en tus finanzas, y dentro de 20-30 años lo agradecerás. De ahora en adelante, en este libro, te enseñaré la segunda parte de la mecánica para lograr ese objetivo, que es igual de importante que el ahorro/inversión y que se refiere a cómo puedes rentabilizar esos ahorros en Bolsa con una de las mejores inversiones: las acciones.

3

La ventaja del inversor privado

Antes de comenzar tu aventura en el mundo de la Bolsa, creo que es interesante dedicar un capítulo a la ventaja que tienes por ser un inversor particular, sobre todo si vas a empezar a invertir con un patrimonio inferior a 100.000 euros, que seguramente es el caso de la mayoría de los lectores de este libro.

Este capítulo es muy importante, ya que te puede servir de motivación para dedicarle esfuerzo y tiempo al mundo de las inversiones, lo cual no sólo puede ser divertido, sino que también puede conllevar grandes recompensas.

En este aspecto, quiero compartir contigo mi experiencia tras haber vivido en las dos situaciones de partida: disponer de poco o mucho capital para invertir. De hecho, yo empecé invirtiendo por afición con sólo 10.000 euros, y en la actualidad lo hago con cientos de millones de euros en los fondos de inversión de True Value. Aunque tenía mucha menos experiencia en 2013, antes de fundar True Value, los rendimientos que era capaz de generar como inversor individual y con un patrimonio de seis cifras eran mayores al 12 por ciento de rentabilidad bruta media que ha generado True Value en estos últimos años.

He conocido a muchos inversores individuales privados con rendimientos impresionantes del 20-30 por ciento anual durante muchos años. Algunos de estos inversores privados comenzaron con capitales de 20.000 euros o dólares, y al cabo de veinte años, gracias al ahorro destinado a inversión y, sobre todo, a los altos rendimientos logrados, han acumulado capitales de varios millones. Existen muchos inversores privados que podrían batir a los profesionales si quisieran gestionar un fondo de inversión, pero no lo hacen quizá porque viven muy tranquilos y sin la responsabilidad que exige invertir dinero de otras personas.

Todos estos inversores privados usan a su favor las ventajas que tú tienes también como inversor individual, y que a continuación te voy a detallar con ejemplos y experiencias reales.

El primer factor positivo y probablemente uno de los mejores para generar altos rendimientos en Bolsa es empezar a invertir con poco dinero. El hecho de iniciar nuestras inversiones con poco capital nos da dos ventajas fundamentalmente; las explico a continuación.

La primera ventaja es que podemos tomar posiciones en acciones en las que grandes fondos o inversores institucionales no pueden por una cuestión de liquidez diaria. Te voy a poner un ejemplo... Las acciones de la compañía Umanis han sido una de mis mejores operaciones en True Value: al poco de descubrir esas acciones, en apenas dos años, pasaron de cotizar a 2 euros a hacerlo a más de 15 euros, y finalmente fue opada en 2021 a 17 euros. Era una pequeña compañía que capitalizaba menos de 30 millones de euros, pero lo más importante es que sólo intercambiaba unas 10.000 acciones de media al día, por lo que, a un precio de 2 euros por acción, era un volumen medio de 20.000 euros diarios.

Normalmente, los fondos e instituciones están regulados y no suelen comprar más del 20 por ciento del volumen diario de un valor, para no influir en los precios; así pues, en el caso de Umanis, si un profesional quería tomar una posición sólo podría comprar unos 4.000 euros de media al día en aquellos momentos. Imaginemos que ese profesional quiere que su posición en este valor tenga un peso del 5 por ciento en la cartera de un fondo de 100 millones de euros; entonces debería comprar 5 millones de euros, lo cual supone estar comprando cada día durante cinco años ese volumen diario de 4.000 acciones aproximadamente. Algo imposible... Sin embargo, un inversor particular no tiene restricciones si encuentra una buena inversión, ya que puede comprar lo que desee y en el momento que desee, por muy pequeña que sea la compañía. En True Value pudimos construir una posición en Umanis —que por cierto nos tomó más de cuatro meses seguidos de compras diarias— porque en ese momento el fondo sólo contaba con 5 millones de euros bajo gestión y deseábamos tener una posición del 10 por ciento del fondo, que era el máximo legal. Hoy en día hubiera sido imposible.

Esta clase de altas revalorizaciones no se ven a menudo en las grandes compañías, porque el mercado es más eficiente ahí, y en esas acciones competimos con los mejores inversores del mundo como Warren Buffett y muchos otros expertos que siguen acciones como Apple, Facebook, McDonald's o Nike, dado que éstas sí tienen un volumen de negociación diario suficiente para que grandes fondos puedan tomar posición sin mayor dificultad.

Muchos grandes inversores han construido un buen patrimonio invirtiendo en pequeñas y medianas compañías gracias a esta enorme ventaja que existe; hasta yo mismo lo he hecho. Ésta es una de las razones que me llevó a fundar la escuela de inversión Arte de Invertir, donde comparto técnicas que prácticamente ya no puedo usar como profesional, pero que son herramientas de gran ayuda para inversores privados que quieren usar a su favor la ventaja de poder invertir en pequeñas y medianas compañías.

Esta ventaja crea situaciones de menor riesgo para tu cartera, ya que una de las principales variables que determina el riesgo es el precio que pagamos, y, si tenemos los conocimientos correctos, podemos obtener un precio mucho mejor con una expectativa de rendimiento más alta en acciones pequeñas.

En el gráfico 3.1 puedes ver el resultado de un estudio que demuestra la perfecta relación que hay entre los rendimientos en Bolsa y el tamaño de la cartera. Los fondos con menos de 50 millones de euros obtienen cinco veces más de exceso de retorno sobre el S&P 500, que aquellos con 1.000 millones de euros.

Gráfico 3.1. Exceso de retorno según el tamaño de la cartera

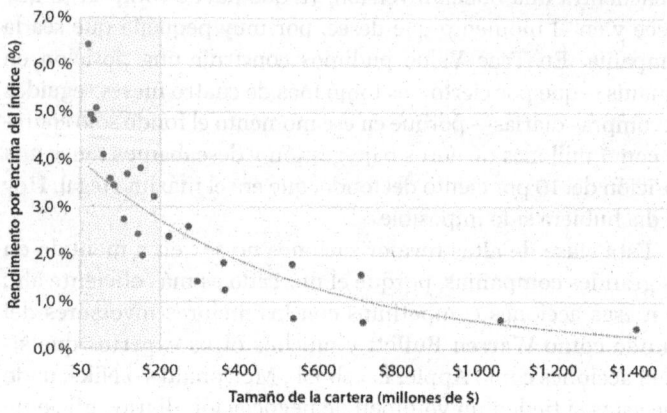

Fuente: S&P Capital IQ, MSCI y Verdad Analysis.

La segunda ventaja de invertir con un capital pequeño es la agilidad en Bolsa. Esto es muy fácil de visualizar. Imaginemos que eres un jugador de tenis con habilidades medias y que te tienes que enfrentar a todo un Rafael Nadal (por retomar el ejemplo ya puesto antes). Vas a perder seguro. Pero imagina que introducimos una pequeña variación: que tú juegas con una raqueta de tenis profesional, y Rafa Nadal, con una raqueta de pimpón. Entonces es muy probable que ganes tú. Esto mismo sucede en Bolsa cuando juegas con poco dinero, aunque sea contra los mejores profesionales: puedes ganarles una y otra vez, pero necesitas un mínimo entrenamiento.

La agilidad en Bolsa es clave para aprovechar oportunidades o evitar riesgos. Veamos dos ejemplos...

En el año 2019 teníamos una inversión importante en una acción de baja capitalización que se llama NV5 (NVEE). Es una pequeña empresa de ingeniería que tenía un alto crecimiento, baja deuda y un buen equipo directivo. Cotizaba a una valoración muy buena, de 15 veces sus beneficios.[3] (Mas adelante, en este libro,

---

3. La valoración por múltiplos o PER (*Price-to-earnings ratio*). Es una de

aprenderemos acerca de cómo valorar acciones y cuándo una acción se considera cara o barata.)

En la presentación de resultados de la compañía del 7 de marzo de 2019, se mencionó en la nota de prensa que tendrían que revisar sus estados contables (o estados financieros) por irregularidades. Cuando el mercado se enteró de esto, la primera reacción del valor fue una caída desde los 80 dólares a los 50 dólares. No obstante, ese mismo día, la empresa explicó que habían detectado que estaban registrando menos ventas y beneficios de los que correspondían legalmente, así que la caída había sido irracional. ¡En realidad, eran buenas noticias! Pues bien, al día siguiente, las acciones aún cotizaban a 50 dólares en la apertura, cuando lo normal, una vez que ha pasado el pánico, es que el precio vuelva al punto de partida, es decir, a 80 dólares. Por otra parte, en las acciones grandes y conocidas, es muy habitual que estos rebotes se produzcan en poco tiempo. Gracias a esta agilidad, un inversor privado podría haber tenido tiempo suficiente para tomar ventaja de aquella gran ineficiencia de mercado y comprar todas las acciones de NV5 que quisiera, pues era una situación de bajo riesgo y alto potencial. True Value estuvo comprando acciones, pero, debido a la baja liquidez (volumen negociado al día), tan sólo pudimos aumentar el peso en cartera un 2 por ciento. Pocas sesiones después, las acciones ya habían subido más de un 50 por ciento.

Recientemente, en 2022, habíamos acumulado muchas acciones de Nagarro (NA9), una compañía dedicada al sector IT (informática y telecomunicaciones) de mucha calidad y alto crecimiento. Nagarro originalmente estaba unida a otra compañía del mismo sector llamada Allgeier; ambas cotizan y tienen sede en Alemania, y en 2020 se separaron en dos empresas diferentes.

Pues bien, en julio de 2022, la empresa Allgeier publicó una nota de prensa que afirmaba que el regulador alemán la estaba investigando. La reacción del mercado fue asociar los problemas

---

las técnicas de valoración de acciones más usadas. Es una métrica que relaciona los beneficios por acción (BPA o en inglés EPS) de una empresa con su precio de cotización.

de Allgeier a Nagarro, lo que provocó que las acciones de esta última bajaran de 120 euros a menos de 95 euros; sin embargo, la nota de prensa aclaraba que Nagarro no tenía relación con dicha investigación y que ésta no era más que una revisión habitual. Decidí comprar más de 2 millones de euros en acciones de Nagarro para True Value, en el transcurso de tres sesiones, en las cuales el precio de la acción se mantuvo alrededor del mismo nivel. Ello acabó generando un retorno del 20 por ciento, ya que, como era de esperar, el valor volvió al precio de 120 euros en poco tiempo. El inconveniente es que, gestionando un capital de más de 200 millones de euros, esta operación sólo suponía el 1 por ciento de la cartera de los fondos, ya que no había suficiente liquidez para posicionarnos mejor.

Sin embargo, para un inversor privado, esta situación supone una oportunidad maravillosa, porque sí puede invertir un alto porcentaje de su cartera. Se puede considerar una situación asimétrica, con muy bajo riesgo y alta recompensa en poco tiempo.

La agilidad sirve también para evitar potenciales pérdidas significativas en tu cartera. Es muy habitual que las acciones reaccionen de forma negativa a corto plazo ante noticias o malas presentaciones de resultados. En este punto es importante contar con una buena formación, pues hay que entender si la bajada de precio ha sido mayor de lo justificado o menor. En ocasiones, el mercado se queda corto en las subidas y también en las bajadas, y aquí es donde podemos aprovechar nuestra agilidad como inversores privados, ya sea para comprar más o para huir de ser necesario.

En 2014, True Value invirtió en J. G. Wentworth, una pequeña compañía estadounidense muy rentable que se dedicaba a financiar litigios; apenas tenía competidores y estaba a una valoración atractiva. El único riesgo, aunque era bajo en el momento de evaluar las acciones, era el regulatorio..., y, cómo no, éste acabó materializándose. El gobierno acabó con el modelo de negocio introduciendo nuevas regulaciones.

El día que la noticia se hizo pública, las acciones comenzaron bajando solamente un 10 por ciento en la apertura; sin embargo, el fondo pudo vender toda su posición casi de inmediato porque tan sólo gestionábamos 3 millones de euros de capital; de haber tenido mucho más, las pérdidas hubieran sido mayores, ante la dificultad de deshacernos de una posición mayor en un mercado de poca liquidez. La compañía entró en bancarrota meses después, y la cotización de las acciones se hundió.

La noticia del cambio regulatorio era transcendental para la compañía; y, de haber sido una empresa grande, muy seguida por analistas y con una base inversora más sofisticada, la acción debería haber abierto la sesión, como mínimo, bajando más de un 50 por ciento, puesto que, al ser más conocida, más gente se hubiese enterado rápidamente de la tragedia que se avecinaba y, por lo tanto, habría un volumen más alto de inversores intentado soltar aquella patata caliente. Pero, gracias a que se trataba de una pequeña compañía, poco conocida y menos atractiva para grandes inversores profesionales, la competencia era menor, de modo que un inversor privado y bien formado en este segmento del mercado podía aprovechar para reducir enormemente los riesgos que pudieran aparecer por el camino.

Otra gran ventaja para el inversor privado es que la Bolsa es un entorno meritocrático. Al mercado le da igual si tú tienes un currículo académico de prestigio o si apenas terminaste el bachillerato en el instituto de tu pueblo... Lo único que importa en los mercados es tu habilidad para invertir, y eso, desde mi punto de vista, es algo que hace que la Bolsa sea un entorno muy motivante.

Muchas personas se sienten atraídas por la Bolsa porque ven en ella una oportunidad de obtener dinero fácil; en su cabeza sólo existe la posibilidad de tomar dos tipos de decisiones: comprar o vender, y después recolectar los beneficios. Se ven a sí mismos operando desde un rascacielos en Dubái seis meses después. Esta clase de inversores acaban perdiendo su dinero en Bolsa inevitablemente. Me gusta decir que la Bolsa es más bien «dinero cómodo», pero no «dinero fácil», ya que no requiere un gran esfuerzo físico o una gran estructura para llevar a cabo el proceso de inversión.

El famoso especulador húngaro André Kostolany (1906-1999) solía decir que, si la Bolsa fuera fácil, no habría leñadores, albañiles o mecánicos; pues todo el mundo invertiría en Bolsa y nadie ejercería profesiones muy duras, físicamente hablando.

No es necesario que seas un experto en economía o que tengas un coeficiente intelectual prodigioso para ganar en Bolsa. Más que inteligentes tenemos que ser astutos, que es una habilidad diferente. Debemos pensar con sentido común, pensar de forma independiente y cuestionarnos por qué hacemos las cosas.

Warren Buffett suele contar la historia de Long-Term Capital Management (LTCM), un *hedge fund* (fondo de cobertura, o de alto riesgo) que contaba en su plantilla con varios premios Nobel de Economía. Buffett suele decir que no se podría haber juntado un coeficiente intelectual medio más alto que el del equipo de inversión de LTCM.

Creado en 1994, este fondo comenzó ganando mucho dinero y multiplicó el capital de sus clientes por cuatro; pero, en 1998, tras una serie de eventos en el mundo, como la crisis financiera de Rusia, el fondo quebró y los clientes perdieron su dinero. De hecho, Warren Buffett compró parte de las acciones que tenía el fondo a precio de saldo. ¿Qué pasó? Lo que sucedió es que crearon una serie de estrategias de inversión basadas en eventos poco probables y, para ganar dinero más rápido, decidieron usar gran cantidad de deuda (o apalancamiento). Esos eventos poco probables, como la quiebra de Rusia, acabaron sucediendo. El gran error fue no pensar con sentido común. No tiene lógica arriesgarse a perder todo por lo que se ha trabajado durante muchos años simplemente por querer enriquecerse más rápido. Más adelante hablaremos de la psicología necesaria para ganar en Bolsa.

Un inversor privado sólo tiene que responder ante sí mismo, mientras que los profesionales se deben a sus clientes, y eso genera un comportamiento de rebaño en la Bolsa. En la actualidad se estima que el 80 por ciento de las acciones están en manos de fondos, bancos, aseguradoras, fondos soberanos, planes de pensiones, etcétera.

Es muy habitual que los clientes retiren el dinero de los fondos cuando baja la Bolsa, y, en consecuencia, los gestores se vean obligados a vender en el peor momento, lo cual contribuye a acelerar las caídas de las acciones. Tú deberías estar en el lado contrario de esta situación y tomar ventaja de los buenos precios en épocas de pánico. Cuando la Bolsa sube mucho, como ha sucedido recientemente, en 2021, los inversores profesionales tienen que invertir el nuevo dinero caliente que les llega en busca de altas rentabilidades; esto hace que muchas acciones suban hasta valoraciones muy elevadas por el efecto de las compras, dando lugar a rendimientos pobres en el futuro.

La Bolsa se ha vuelto muy cortoplacista. Por muy buen historial y habilidad que tenga un inversor profesional, seis meses de malos resultados en un fondo de inversión pueden suponer una reducción del 50 por ciento de sus clientes y, por lo tanto, de su negocio. Esto lo sé por propia experiencia, ya que, durante el mercado bajista de 2018, en tres meses, True Value pasó de valer 18 euros a 14 euros por participación, pero, tres años después, en 2021, el valor había remontado a 26 euros, generando una rentabilidad anual en ese período superior al 22 por ciento. Sin embargo, había un 30 por ciento menos de clientes.

A continuación hablaremos de lo que hace mover las acciones en Bolsa realmente y en qué tenemos que enfocarnos; aunque te puedo adelantar que, en plazos inferiores a veinticuatro meses, el comportamiento de la Bolsa (salvo excepciones) se rige por los flujos de entrada o salida de capital y la euforia o depresión de los inversores. Esto hace que determinados grupos de acciones bajen o suban sin aparente sentido; sin embargo, a la hora de plantear una inversión, tu foco debería estar en el largo plazo, a tres años como mínimo, ya que en ese escenario es donde reside la ventaja.

Recuerdo que en 2014 estaba muy de moda el sector de las acciones de energía, pero después colapsó, en 2015. En 2016, el sector de la energía y las materias primas volvió a estar de moda, para después colapsar en los tres años posteriores. El año 2017 fue el de las pequeñas compañías; sin embargo, en 2018 fueron una terrible inversión. En 2020 y 2021, las acciones tecnológicas tuvieron su auge debido a la pandemia de la COVID-19, hasta que se acabaron los confinamientos y la gente pudo salir de casa y darse un respiro de la tecnología; entonces, las acciones del sector tecnológico colapsaron, en la primera mitad de 2022. Imagino que se entiende la idea.

He conocido a muchos inversores con baja formación en Bolsa —algo muy común, lamentablemente— y que se dedican a perseguir rendimientos en vez de conocimientos. Si hay algo subiendo exponencialmente y se corre la voz, allí irán; pero, como es bien sabido, si ya se ha corrido la voz, es que es tarde para unirse a la fiesta, y de esta forma sólo van encadenando rendimientos pobres.

A pesar de que su error es evidente, siguen cometiendo el mismo fallo, porque así es el ser humano; salvo que eduquemos nuestra mente para que adopte un enfoque correcto en la Bolsa, así seguirá ocurriendo. El ser humano está adiestrado para alejarse del peligro y acercarse a la seguridad; y, en Bolsa, mucha gente piensa que donde más dinero se ha ganado a corto plazo es el lugar donde se está seguro.

Warren Buffet, el mejor inversor de todos los tiempos, suele explicar que cuando una acción no ha subido en Bolsa, y otras más populares sí lo han hecho, la gente piensa que es porque se trata de una mala inversión. Si una persona ve que su vecino, amigo o familiar está ganando mucho dinero con una inversión en concreto, inevitablemente se sentirá atraído a invertir en el mismo sector, aunque eso implique invertir a valoraciones muy elevadas. Warren Buffett ha sacado provecho de esta dinámica una y otra vez.

En 2016, el mercado veía a Apple como una compañía aburrida que no había innovado más allá del iPhone y del iPad. Apenas había subido en Bolsa desde 2013, y tres años de espera es demasiado tiempo para mucha gente, especialmente teniendo en cuenta que otras acciones tecnológicas no paraban de subir. Por este motivo, el mercado había dejado en el olvido a Apple. Sin embargo, ahí es cuando Warren Buffett entra en escena y se fija en que es una compañía con unos clientes muy fieles y con productos únicos, y ve que, aunque crecerá menos que en el pasado, todavía va a crecer. Warren Buffett, además, sabía que la compañía estaba bien dirigida y trataba bien a los accionistas; por otra parte, cotizaba a tan sólo 7 veces sus beneficios anuales, un buen precio para una compañía con estas características.

Tras hacer su análisis, decidió invertir más de 20.000 millones de dólares a un precio medio de 25 dólares por acción; esto suponía más del 20 por ciento de su cartera de acciones. Sin duda era una posición de gran peso en su cartera. A finales de 2021, Apple llegó a cotizar a más de 170 dólares, y a finales de 2022 estaba en el entorno de los 130 dólares, y realmente sigue siendo la misma empresa; no ha innovado más allá del iPhone y del iPad, sigue teniendo clientes fieles, sus productos son únicos, está bien dirigida... Gracias a los beneficios distribuidos al accionista en forma de recompra de acciones y dividendos durante los seis años que ha estado invirtiendo Warren Buffett, así como a un cambio en el sentimiento del mercado, que finalmente se dio cuenta de la calidad del negocio, la cotización subió con fuerza. El mercado reconoció que este negocio tecnológico debía valer más de 20 veces sus beneficios anuales, tal y como suelen cotizar grandes empresas como Google, Amazon o Microsoft.

Gráfico 3.2. Cotización de Apple Inc. (AAPL) desde 2016 hasta 2022

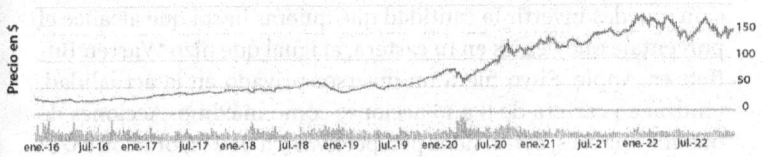

Fuente: TIKR (tikr.com).

El plazo inversor de Warren Buffett es de años, no de trimestres. Buffett no invierte para ganar un 20 por ciento rápido y tomar beneficios; su objetivo es multiplicar por varias veces su inversión. Él mismo explica que el 95 por ciento de su riqueza proviene de tan sólo veinte buenas inversiones que ha mantenido a lo largo de décadas.

En ocasiones, el mercado reconoce el valor de una acción y la pone en precio en cuestión de meses, y entonces podemos tomar beneficios. Hacer esto no significa que seamos inversores a corto plazo. Sin embargo, no siempre ocurre así de rápido, y tenemos que estar dispuestos a esperar años, siempre que la tesis de inversión siga siendo válida.

Otra gran ventaja que tiene el inversor privado es que puede construir su cartera como desee. En este libro dedicaremos un capítulo a este punto, que es muy importante para tener éxito en Bolsa.

En el negocio de los fondos de inversión es muy habitual que el regulador de la industria te obligue a tener carteras de treinta acciones o más; pero, en ocasiones, muchos fondos tienen más de cien acciones en cartera para tener una baja volatilidad y, de esta forma, generar tranquilidad a los partícipes. Esto, según las palabras de Warren Buffett y de otras leyendas de la Bolsa, no tiene ningún sentido. Muchos estudios académicos afirman que con seis acciones de sectores diferentes ya estamos suficientemente diversificados y que añadir veinte acciones más a la cartera no va a provocar un cambio significativo en el resultado. En True Value solemos tener la máxima concentración que nos permite la CNMV en España; eso significa tener como mínimo 30 acciones, y ninguna de ellas puede superar el 10 por ciento de la cartera.

Tú no tienes ese problema. Si encuentras una buena inversión, puedes invertir la cantidad que quieras hasta que alcance el porcentaje que desees en tu cartera, al igual que hizo Warren Buffett en Apple. Si yo fuera un inversor privado en la actualidad, tendría en cartera de 8 a 15 acciones como máximo. Acciones de buenos sectores, con sólidas perspectivas y a una valoración razonable. Ésta es una fórmula garantizada para el éxito en Bolsa.

De hecho, muchos de los mejores inversores privados que conozco trabajan en este rango. De igual forma es aconsejable que no cometas un típico error de principiante que consiste en comprar tres acciones sin conocimiento alguno y pensar que así estás diversificado.

Espero que este capítulo te haya motivado para comprender que tú tienes la ventaja en Bolsa, al ser un inversor privado; si recuerdas tus fortalezas y eres disciplinado, los dioses del mercado te recompensarán durante el tiempo que decidas formar parte de este maravilloso mundo de las inversiones.

4

Especular o invertir: ¿qué es mejor?

Cuando uno empieza a interesarse por la Bolsa, se da cuenta de que hay fundamentalmente dos formas de operar en los mercados: la especulación y la inversión.

Ambas pueden ser igual de rentables si se realizan de forma correcta, pero es un mito que una pueda ser más rentable que la otra. Tenemos ejemplos de grandes inversores con *track records*[4] de veinte años con rendimientos anuales superiores al 20 por ciento, como Warren Buffett, Peter Lynch, Joel Greenblatt, Seth Klarman, Michael Burry, David Einhorn y otros muchos. Y, de igual forma, hay grandes especuladores, como Stanley Druckenmiller, Paul Tudor Jones o George Soros, con rendimientos anuales también superiores al 20 por ciento anual.

El problema actual es que la especulación bien realizada se ha empezado a mezclar con lo que se conoce como *trading*, algo que se le ha vendido al pequeño inversor como la opción más fácil y rápida para ganar dinero en Bolsa. Esta operativa toma diferentes nombres, como *intradía*, *swing-trading*, *scalping*, etcétera. La realidad es que se trata de una operativa a muy corto

4. Curva de resultados de un inversor, una institución de inversión colectiva o un sistema de *trading* durante un período de tiempo determinado.

plazo, que a veces usa altos niveles de deuda (o apalancamiento) y únicamente basada en el análisis técnico.

Este cóctel es un invento moderno de los brókeres y vende-húmos para seducir al pequeño inversor haciéndole creer que con poco capital (y hasta con capital prestado), poco esfuerzo y en poco tiempo va a poder ganar mucho dinero. El ser humano, por naturaleza, prefiere la facilidad y la rapidez; por eso, este tipo de mensajes atraen a los mercados financieros a muchas personas con poca experiencia.

En la mayoría de los casos, el pequeño inversor perderá parte de su dinero o todo, por un mal planteamiento de sus inversiones. Pero esto no es lo peor, la verdadera tragedia es que no querrá volver a saber nada de la Bolsa y, además, les contará su mala experiencia a otras personas, generando así desinformación acerca del tema. Si hubiera empezado haciendo las cosas de forma correcta y poco a poco, podría haber usado la Bolsa y los mercados financieros para construir riqueza para el resto de su vida.

La Bolsa es un mecanismo excelente para aprovechar el crecimiento mundial de la economía, protegernos de la inflación y crearnos una seguridad financiera mucho mejor de la que ofrecen los Estados. Si eliges especular y lo haces de forma responsable, tendrás éxito, y si eliges invertir y lo haces de la forma correcta, tendrás éxito; pero evita a toda costa caer en la falacia de que con métodos milagrosos o atajos que requieren poca o ninguna preparación vas a ganar dinero. Lo único que sucederá es que tu dinero acabará distribuido entre brókeres, vendehúmos y otros operadores del mercado.

Existen dos metodologías para invertir en Bolsa: el análisis técnico y el análisis fundamental. Y una pregunta habitual que mucha gente se hace es qué método debe elegir para tener éxito invirtiendo, así que vamos a verlos...

El análisis técnico se basa en analizar un gráfico de precios y, de acuerdo con unas reglas de comportamiento pasado, tratar de predecir el futuro. Si, por ejemplo, el precio de una acción ha tocado varias veces los 100 euros y no ha seguido subiendo, se considera una *resistencia*, en el argot del análisis técnico. De igual forma, si el precio de esta acción sobrepasa con fuerza los

100 euros, un analista técnico recomendaría comprar esas acciones porque ha habido una *rotura de la resistencia*. Existen muchos patrones similares a este sencillo ejemplo que hemos expuesto, como el análisis de las medias simples, las medias móviles, los indicadores de fuerza, etcétera.

Al principio de mi carrera en Bolsa, durante un tiempo usé el análisis técnico para invertir, hasta que me di cuenta de su baja eficacia. Sin embargo, no quería tirar la toalla sin hacer algunas investigaciones al respecto. Llegué a una conclusión muy importante: no he encontrado ningún fondo de inversión, *hedge fund* o similar que tenga un historial auditado de rendimientos excelentes en Bolsa y que hayan sido generados única y exclusivamente con análisis técnico. Siempre circula la típica leyenda urbana de que tal persona ganó en Bolsa mucho dinero usando solamente un método mágico de análisis técnico, pero eso es papel mojado, no vale para nada. Si algo no está auditado o no es contrastable con una fuente seria, no debes confiar en ello.

En Bolsa es bueno que seas optimista y tengas la mente abierta; no obstante, tienes que cultivar el escepticismo, ya que recibirás todo tipo de mensajes para seducirte: brókeres que quieren generar comisiones a tus expensas, empresas que desean que compres sus acciones con altas expectativas y todo tipo de vendedores de crecepelo bursátiles.

Como diría Gordon Gekko en la famosa película *Wall Street* (1987): «Un tonto y su dinero no permanecen mucho tiempo juntos».

Sin embargo, sí que hay muchos ejemplos auditados y demostrables de fondos de inversión, inversores famosos, *hedge funds* y similares que han batido al mercado y han generado rendimientos espectaculares durante décadas usando únicamente el análisis fundamental. En los últimos años me he dedicado a aprender y a sintetizar los conocimientos que hay detrás de la operativa que hizo exitosos a estos inversores, ya que su historia es creíble y demostrable, y sus métodos de inversión tienen una sólida base lógica y numérica.

Otro problema es que se ha expandido mucho la idea de que

la mezcla de especulación y *trading* rentable implica usar solamente análisis técnico.

Por ejemplo, Stanley Druckenmiller, uno de los mejores especuladores de la historia —con rendimientos anuales cercanos al 30 por ciento—, que construyó una fortuna desde cero y que desde hace diez años ya no gestiona capital de clientes, sino que se centra únicamente en sus inversiones privadas, ha manifestado que usa puntualmente análisis técnico básico, y que éste es una parte minoritaria en su proceso de estudio de una inversión.

Michael Burry, el famoso inversor en el que se basa uno de los personajes de la película *La gran apuesta*, de 2015 —y que incluso hace un cameo de unos segundos en una de las escenas—, se hizo famoso por predecir y beneficiarse de la crisis de 2008; aunque, no obstante, antes de 2008 ya era un exitoso inversor en acciones que aplicaba muchos de los conceptos que explicaremos en este libro. Burry explica que sólo el 10 por ciento de sus análisis en Bolsa están basados en el análisis técnico.

La principal desventaja del análisis técnico es que se basa en el comportamiento pasado de una acción. Pero, como bien ha explicado Druckenmiller en alguna ocasión, lo que hace mover el precio de un activo en Bolsa es el futuro de ese activo. Para invertir o especular con éxito en Bolsa, obviamente, debemos tener en cuenta el pasado, pero gran parte del tiempo debemos estar pensando en el futuro.

Warren Buffett suele explicar que «invertir usando el pasado es como intentar conducir mirando solamente por el retrovisor».

No vamos a entrar en más detalle con el análisis técnico, ya que este libro no trata sobre esta metodología técnica. Tanto si te dedicas a invertir como a especular usando solamente análisis fundamental, puedes hacerlo bien y no necesitarás nada más; pero si quieres complementarlo usando un pequeño porcentaje de análisis técnico, también puedes hacerlo, pues hay casos de personas que lo han empleado y lo emplean con éxito, como los de los ejemplos que hemos mencionado antes.

Creo que, si vas a empezar en Bolsa, deberías hacerlo usando el análisis fundamental. Obviamente es más complicado aprenderlo, por eso no es tan popular entre los turistas de la Bolsa; sin embargo, analizar los fundamentales de las compañías es el método que mejores resultados obtiene a largo plazo. A diferencia del análisis técnico, en el que nos basamos en lo que ha hecho una acción en Bolsa en el pasado para predecir lo que hará en el futuro, en el análisis fundamental nos basamos en el mundo real y tangible para predecir lo que harán las acciones en Bolsa.

Si una acción cotiza a 50 dólares y paga 5 dólares de dividendo anual a sus accionistas, en total aporta una rentabilidad del 10 por ciento. Sin embargo, si hemos estudiado que esa empresa está en crecimiento y bien gestionada, y si pensamos que puede subir el dividendo en tres años a 10 dólares por acción, lo lógico es que crezca alrededor de un cien por cien en Bolsa. Con este sencillo ejemplo vemos cómo el análisis fundamental de una acción nos puede ayudar a predecir el futuro de una acción en Bolsa.

Si, por ejemplo, sabemos que el sector de publicidad online va a crecer en el futuro, ya que los medios tradicionales como la radio o televisión están en declive, y si encontramos una empresa que se está beneficiando de esta tendencia, como, por ejemplo, Google, sabremos que su valor futuro en Bolsa debería reflejar ese crecimiento sectorial.

Cuando analizamos Google por primera vez para True Value allá por 2015, su acción cotizaba en torno a los 25 dólares. La compañía era líder en su sector, y el sector de la publicidad online (una de sus principales ramas de negocio) crecía a ritmos del 10 por ciento anual; sin embargo, también era lógico plantearse si Google, que era la empresa más fuerte del sector, podría continuar muchos años con un crecimiento superior al 15 por ciento. En ese momento ganaba 1,5 dólares por acción, pero tras cinco años a ese ritmo podría ganar 3 dólares por acción. Lo que acabó sucediendo fue que, a finales de 2020, ya ganaba 2,90 dólares por acción, cosa que reflejó la cotización, que subió hasta unos 70 dólares de media, generando buenos rendimientos para el fondo y los partícipes. Aún seguimos manteniendo en cartera las acciones de Google.

Éste es un ejemplo sencillo, pero creo que con él se entiende la idea. Leyendo libros como *El inversor inteligente* (Deusto, 2007), de Benjamin Graham, y *Batiendo a Wall Street* (Deusto, 2017), de

Peter Lynch, entre otros, aprendí por primera vez sobre esta clase de situaciones, y automáticamente me di cuenta de que la Bolsa no es un casino y que, si se sabe analizar correctamente los factores fundamentales que influyen en una inversión, se puede predecir con un alto grado de seguridad el rumbo de las cotizaciones.

George Soros, uno de los grandes especuladores de la historia, apostó en contra de la libra en 1994, y ganó más de 1.000 millones de dólares en un solo día. El éxito de esta operación se debió a que estudió los fundamentales que afectaban el precio de una divisa como la libra. Soros advirtió que el tipo de cambio que había fijado el Banco de Inglaterra ya no tenía sentido, pues la realidad económica del país (inflación, crecimiento, déficit comercial, etcétera) había variado significativamente, y por eso su banco central se vería obligado antes o después a eliminar el tipo de cambio fijo y a devaluar su divisa. Así acabó sucediendo. Si Soros hubiera usado únicamente un análisis técnico, habría concluido que el precio estaría lateral, pues es lo que había sucedido en el pasado, y seguramente no habría llevado a cabo esa exitosa operación especulativa.

Cuando Stanley Druckenmiller apostó por una subida de precio en los bonos estadounidenses a finales del año 2000, estudió los fundamentales de este mercado. A finales del año 2000, la Bolsa comenzó a bajar, y el discurso de la Reserva Federal estaba centrado en su intención de continuar subiendo los tipos de interés, tal y como venía haciendo desde hacía meses (esto es malo para los bonos, ya que los bonos se mueven en Bolsa de forma inversa a los tipos de interés). El razonamiento de Druckenmiller, en consecuencia, era que podría ser una operación especulativa muy rentable, ya que había poco riesgo y mucho beneficio, pues todos los indicadores fundamentales de la economía, desde el dólar hasta la Bolsa de valores, los sectores cíclicos, la inflación, etcétera, apuntaban a que Estados Unidos estaba entrando en recesión. Por este motivo, era más probable que la Reserva Federal no sólo dejaría de subir tipos de interés, sino que comenzaría a bajarlos. Al final, su estudio dio frutos, y, en vista de la situación, la Reserva Federal bajó los tipos de interés de forma acelerada desde el 5 por ciento al 1 por ciento para combatir la crisis incipiente, y esto hizo que el precio de los bonos subiera como la espuma.

De esta forma, Druckenmiller convirtió un año difícil (en el que iba perdiendo casi el 20 por ciento del dinero de sus clientes) en un año ganador, obteniendo más de un 30 por ciento de rentabilidad. Mientras tanto, la mayoría de los inversores corrían peor suerte. Y todo gracias a una operación basada en el análisis fundamental, pero aplicada a la especulación.

La línea divisoria entre invertir y especular es muy delgada. Un error habitual que observo es que muchas personas inician una posición diciendo que están especulando, y luego, cuando ésta se mueve en su contra, se convencen a sí mismas de que es una «inversión» y de que la van a mantener «hasta recuperar». Lo mismo suele suceder en el caso opuesto, ya que hay personas que piensan que están invirtiendo cuando en realidad están especulando, comprando y vendiendo las acciones a corto plazo sin una tesis clara de por qué lo están haciendo.

En la tabla 4.1 podemos ver algunas de las principales diferencias entre invertir y especular.

Tabla 4.1. Diferencias entre invertir y especular

INVERTIR	ESPECULAR
El plazo temporal suele ser más largo, desde meses hasta años.	El plazo temporal suele ser más corto, desde semanas hasta meses.
Está basado en adelantarnos a la realidad de una empresa en el futuro.	Está basado en adelantarnos a lo que van a comprar/vender otros partícipes del mercado.
Por lo general, no se usa deuda para invertir.	Es habitual usar deuda para especular.
Se buscan los grandes movimientos de las acciones.	Se basa en ganar rendimientos más pequeños, pero más repetitivos.
Se realizan pocas operaciones al cabo de un año.	Se realizan más operaciones al cabo del año.
Generalmente se gana dinero cuando algo sube de precio.	Se puede ganar dinero en ambos sentidos, tanto con subidas como con las bajadas.

Fuente: Elaboración propia.

Este libro trata sobre la inversión, porque ahí es donde creo que puedo aportar valor a los lectores, ya que es donde más experiencias puedo compartir y donde los futuros inversores que apliquen estos conocimientos pueden tener la seguridad de que están probados en el mercado real, con un *track record* auditado.

Durante los últimos años he estado aprendiendo de las enseñanzas de los grandes especuladores e incorporándolas en mi operativa. Sin embargo, en mi opinión, lo más accesible para el inversor privado que se está iniciando en la Bolsa es empezar invirtiendo, ya que es un entorno en el que los errores, al principio, no se pagan tan caros como en la especulación. Esto es clave para ganar confianza en la Bolsa, seguir aprendiendo y, en definitiva, crear unos buenos cimientos.

Si no tienes mucha experiencia en Bolsa, debes crear un entorno más seguro al principio. A este respecto, la especulación conlleva niveles de estrés más altos y requiere más tiempo, además de que las herramientas al alcance del pequeño inversor son más escasas.

Otro problema adicional de especular es que suele ser lo que se conoce como juegos de suma negativa. Esto significa que lo que pierde un partícipe lo gana otro, con la desventaja de que el creador del juego, en este caso los brókeres, se llevan siempre una comisión.

Los activos habituales para la especulación, como pueden ser el oro, las divisas, las materias primas, los bonos, etcétera, apenas se revalorizan a largo plazo por encima de la inflación, lo cual hace que ganar dinero en estos mercados sea más complicado, porque no contamos con viento de cola.

Sin embargo, en inversión a largo plazo, yo puedo comprar acciones hoy a 10 dólares y venderlas a 25 dólares cinco años después; y la persona que las compra a 25 dólares las puede vender en el futuro a 50 dólares, y ganar también dinero. Esto es así cuando el potencial de crecimiento de la empresa y la generación de valor están ahí. Nadie ha perdido durante el proceso, y las comisiones pagadas han sido mínimas. En todo caso, sólo ha existido un *lucro cesante* por parte del primer inversor.

Como vimos anteriormente, a largo plazo, el mercado de acciones se revaloriza de media un 9 por ciento al año; por este motivo, contamos con viento de cola al invertir a largo plazo. Esto es una ventaja muy grande comparado con otros mercados. Cuanto menor es el plazo temporal de una operación en Bolsa, más se aproxima a un juego de suma negativa, y eso crea un entorno mucho más competitivo.

En la tabla 4.2 se muestran las probabilidades de que el mercado suba en diferentes plazos temporales; son datos muy fiables, ya que se remontan a casi cien años de Bolsa, y se refieren al índice Standard & Poor's 500, uno de los índices más destacados de Estados Unidos, y que se considera que refleja ampliamente la situación real del mercado.

Tabla 4.2. Probabilidad de ganar en Bolsa según el plazo de inversión (referido al S&P 500, entre 1926 y 2020)

PERÍODO	PROBABILIDAD DE BENEFICIO	PROBABILIDAD DE PÉRDIDA
1 día	56 %	44 %
1 año	75 %	25 %
5 años	88 %	12 %
10 años	95 %	5 %
20 años	100 %	0 %

Fuente: Dimensional Fund Advisors.

Podemos ver que, en términos de un día, resulta difícil saber si la Bolsa subirá o bajará, pero mira lo que sucede si cambias el objetivo temporal y te enfocas en el largo plazo: a diez años, las probabilidades de obtener beneficios son del 95 por ciento, y a veinte años, del cien por cien. Es decir, al menos usando el S&P 500 como referencia, a tan largo plazo jamás se ha perdido dinero en Bolsa.

Mi consejo personal es que empieces invirtiendo, y no especulando. Aprende y fórmate, gana confianza, empieza a usar dinero real, ya que necesitas experimentar las emociones asociadas a las inversiones, muchas de las cuales serán nuevas para ti, y necesitarás aprender a manejarlas. Ve incrementando tu nivel de inversión a medida que tengas más conocimientos y te sientas más seguro, de esta forma podrás disfrutar durante muchos años de las bondades de la Bolsa.

Una vez que tengas conocimientos más profundos, obviamente serás libre de elegir tu camino en la Bolsa, ya sea con la especulación o con la inversión; pero mi consejo es que siempre bases la mayoría de tus estrategias en el análisis fundamental.

5

La técnica de inversión que hizo rico a Warren Buffett

Cuando vamos a aprender una habilidad nueva en la vida, como en este caso la inversión, siempre surge la duda de cómo empezar o qué pasos seguir. En este punto, me ha funcionado bien fijarme en aquellos que han desarrollado mejor esa nueva habilidad que quiero aprender. Y en el campo de la inversión no hay nadie equiparable a Warren Buffett. Un error habitual que observo en personas que quieren aprender a invertir es recurrir a fuentes de información que no están probadas en el mercado real, o bien que provienen de personas que realmente no se ganan la vida invirtiendo en los mercados financieros.

Por este motivo, mi recomendación es que seas muy cuidadoso con tu formación en los mercados financieros, ya que vas a poner en riesgo tu dinero, dinero que, por cierto, te ha costado mucho tiempo y esfuerzo ganar. Aun así, aunque tengas como referencia a los mejores inversores del mundo, tu éxito no estará garantizado al cien por cien, pero estarás en el camino correcto. Me gusta mucho la famosa frase del fundador de Telepizza en España, Leopoldo Fernández Pujals: «Si apuntas a las estrellas, llegarás a la Luna».

Esto no necesariamente significa que llegaremos a ser como Warren Buffett, pero seguramente ya será un buen resultado si alcanzamos un 0,1 por ciento de su éxito. La buena noticia es que

Warren Buffett ha escrito largo y tendido acerca de cómo invertir con éxito en Bolsa. Además, su estilo de inversión es fácilmente replicable por el inversor privado. Durante los últimos diez años he estudiado en detalle las enseñanzas de Warren Buffett y de otros grandes inversores de acciones. En Estados Unidos hay grandes leyendas de la inversión en acciones como Peter Lynch, Joel Greenblatt, David Einhorn, Bill Ackman, Chuck Akre y Charlie Munger, entre otros. En Europa también los hay, y de entre ellos siento gran admiración por William Higgons, un gestor francés a quien tuve la suerte de conocer y de cuyas enseñanzas pude aprender, y que tiene uno de los mejores resultados auditados de los últimos treinta años. En España, Álvaro Guzmán ha sido y es un referente para mí, por su profundo conocimiento de los mercados. En los años que lleva trabajando en el sector, Guzmán ha multiplicado el capital de sus clientes por doce.

En una entrevista, a Warren Buffett le preguntaron cuál era el secreto para invertir con éxito en acciones, y respondió lo siguiente: «Nosotros seleccionamos acciones de la misma forma que evaluamos la compra de un negocio en su totalidad. Queremos que nuestros negocios (1) sean negocios que seamos capaces de comprender, (2) que tengan buenas perspectivas, (3) que estén gestionados por gerentes competentes y honestos, y (4) que coticen a un precio atractivo».

Éstos son los cuatro pilares básicos para una inversión exitosa, y te puedo garantizar por propia experiencia que la mayoría de las veces que he puesto en práctica estos principios he tenido buenos resultados. Si tú añades estas cuatro capas de seguridad a tus inversiones, lo harás bien a largo plazo. A continuación vamos a ampliar información sobre estos cuatro puntos clave, y con ejemplos reales, para que los puedas comprender mejor.

El estilo de inversión que aplica Warren Buffett es lo que se conoce como *inversión en valor* o *value investing*. Este estilo de inversión fue popularizado por Benjamin Graham, que fue el mentor de Warren Buffett y también fue un excelente gestor de fondos de inversión.

El *value investing* consiste, simplemente, en «comprar algo por menos de lo que vale». Esto parece sencillo y lógico. Durante muchos años funcionó bien el método estadístico, según el cual, simplemente, se miraban los beneficios por acción que generaban las compañías y se trataba de buscar acciones que cotizaran a un múltiplo muy bajo, sin tener en cuenta otros factores externos. La gran genialidad de Warren Buffett fue introducir una serie de mejoras en este método estadístico; estas mejoras lo convirtieron en una de las personas más ricas del mundo.

Warren Buffett se dio cuenta de que había aspectos más «intangibles» y menos numéricos dentro de la inversión, y que eran claves para seleccionar acciones. Una acción puede estar muy barata, pero, si su directiva engaña o no trata bien al accionista, seguirá barata mucho tiempo. En Bolsa es fundamental aprender a pensar con sentido común, ya que la inversión a largo plazo es más un arte que una ciencia. Prueba de ello es que la inversión a largo plazo se ha intentado estandarizar con algoritmos y tecnología, pero sin éxito; no obstante, en la inversión a muy corto plazo ha habido más suerte. Por este motivo, el nombre de nuestra escuela y de nuestro canal en YouTube, así como el título de este libro, aluden al *arte de invertir*. Hemos de tener cierto conocimiento en relación con los números; pero, créeme, nada más allá de la suma, la resta, la multiplicación y la división. El trabajo del buen inversor se parece más al de un detective, porque tiene que recopilar la información más relevante, aprender a discernir qué factores son los que realmente importan y, sobre todo, pensar mucho. Pensar acerca de cuáles son los riesgos, qué hace perdurable un negocio en el tiempo y si las personas que dirigen un negocio son fiables y capaces.

El primer punto que menciona Warren Buffett es «comprender» un negocio. Éste es un punto clave que mucha gente ha simplificado, pero es más profundo de lo que parece. Comprender un negocio como Nike no es conocer sus productos y saber que gana dinero vendiendo zapatillas y ropa deportiva. Warren Buffett explica que comprender un negocio es algo que va más allá de lo evidente; consiste en conocer sus líneas de negocio, qué hace que la empresa sea rentable y, principalmente, saber con un alto grado de confianza que en adelante, dentro de cinco o diez años, una empresa va a ganar más dinero del que gana en la actualidad.

Te voy a poner un ejemplo interesante de una inversión muy rentable que hicimos al comienzo de True Value. Se trata de Hawaiian Holdings (HA), una aerolínea que, a simple vista, es fácil saber a lo que se dedica. Mucha gente tenía la percepción de que se trataba de un negocio de baja calidad, y por eso sus acciones cotizaban entre 2013 y 2014 en el rango de 5-10 dólares. Era una acción aburrida, que no había hecho gran cosa en Bolsa y que el mercado ofrecía a un precio bajo, porque, generalmente, las aerolíneas han sido una mala inversión y unos negocios de baja calidad.

Pero Hawaiian es una aerolínea que tiene tres negocios. Por un lado, tiene vuelos entre las islas de Hawái, y también tiene vuelos que conectan Asia con Hawái y vuelos que conectan Estados Unidos con Hawái. Si uno dedica tiempo a leer la información de la empresa, se da cuenta de que su forma de ganar dinero es muy sencilla. Las rutas que conectan Asia y Estados Unidos con Hawái están pensadas para no ganar dinero apenas; su función es motivar a los turistas para que elijan esa aerolínea si quieren volar a Hawái. El verdadero negocio está después, en los vuelos internos entre islas, porque ahí tienen el monopolio, un monopolio que, por cierto, muchos han intentado desbancar sin éxito. Hay que tener en cuenta que Hawái es un lugar pequeño, y ampliar un aeropuerto es muy costoso; aparte de eso, conlleva un gran impacto medioambiental. Sin embargo, cada año recibe más turistas, por razones obvias. En el sector aéreo, cada aeropuerto tiene una capacidad limitada por *slots*,[5] y esta aerolínea posee el 90 por ciento de los *slots* en Hawái. En el sector aéreo resulta clave tener mucha «densidad» de rutas para tener éxito, ya que es un negocio de escala y bajos costes. En todos los informes anuales de las compañías hay una sección donde las empresas desglosan sus líneas de negocio y cómo de rentable es cada una de ellas.

En 2013 y 2014, los vuelos entre islas le generaban un beneficio recurrente a la empresa de 3 dólares por acción; los vuelos

5. Un *slot* es una reserva de tiempo para realizar un trayecto, que se establece para tener preferencia al realizarlo y poder cumplir el horario previsto.

de Asia perdían 2 dólares por acción, y los vuelos de Estados Unidos apenas generaban beneficios. El resultado final era 1 dólar por acción. Normalmente, las acciones de aerolíneas cotizan a una media de 8 veces beneficios, y, por ese motivo, el mercado ofrecía estas acciones en 2014 a 8 dólares de media. Los informes de la empresa explicaban que las nuevas rutas asiáticas tardarían dos años en madurar y dejarían de producir pérdidas de 2 dólares por acción, con lo cual los beneficios de toda la compañía pasarían a ser de 3 dólares por acción. Además, sabíamos que, a cinco o diez años, la demanda de vuelos a Hawái sería igual o superior a la actual. Sólo un año después, a finales de 2015, las acciones ya cotizaban a más de 25 dólares. En ese momento vendimos toda nuestra posición, porque el dinero «fácil» ya se había generado. Las acciones continuaron subiendo hasta una valoración más alta; sin embargo, en 2020 llegó el cisne negro de la COVID-19, que cambió todo el panorama.

Otro ejemplo claro de lo que significa comprender un negocio lo tenemos en empresas de ascensores como Otis (OTIS) o Schindler (SCHN). Durante mucho tiempo, esta clase de acciones estuvieron baratas en Bolsa, porque la gente veía que era un sector cíclico y dependiente de la construcción. La realidad es que es un negocio espectacular y muy estable. Estas empresas tienen dos formas de generar ingresos: primero, con la venta e instalación de ascensores, que se suele realizar con márgenes bajos para «captar» al cliente; y segundo, con el mantenimiento periódico de los ascensores, que es obligatorio por ley. Esta línea de negocios es la joya de la corona, ya que tiene márgenes de beneficios superiores al 80 por ciento y son muy predecibles. Por eso, cuando vino la crisis inmobiliaria, estas acciones demostraron que eran negocios muy estables. Si pensamos en el futuro a cinco o diez años, es evidente que se seguirán necesitando más ascensores; por la urbanización y por el envejecimiento de la población. Además, no hay productos sustitutivos a la vista, y unas pocas empresas controlan todo el sector. Las acciones de este sector han funcionado muy bien en Bolsa; y el éxito de un inversor en estas acciones no depende de que sea un gurú de la contabilidad o de que haya construido un modelo matemático en Excel para saber si la empresa estaba cotizando a 13 o a 16 veces beneficios. Depende de tener curiosidad por aprender cómo funcionan las cosas, de tener pensamiento independiente y no dejarse llevar por la primera impresión.

El segundo punto clave que recomienda Warren Buffett es que los negocios han de tener «buenas perspectivas». La definición teórica del valor de una acción es la suma de los flujos de caja o beneficios que va a producir a lo largo de su vida útil. De nada vale que un negocio gane mucho dinero un año si los cinco siguientes apenas producirá beneficios o incluso perderá dinero. Sin embargo, un error típico entre los inversores es valorar empresas usando los beneficios puntuales de un año; sin preguntarse cuál es el futuro de esa empresa y cuáles pueden ser sus beneficios a cinco o diez años. Ésta es la variable más importante para determinar el rumbo de una acción en Bolsa.

ArcelorMittal (MT) es un claro ejemplo de esto último. Es una las mayores empresas de fabricación de acero del mundo. Y es un negocio muy cíclico, en el que un año se puede ganar mucho dinero, y el siguiente, poco o nada. Esto es lo que se conoce como una acción cíclica. (De esto ya hablaremos más adelante.)

Si tomamos los últimos diez años de cotización, la acción estuvo a unos 50 euros a inicios de 2013, luego bajó a 10 euros, volvió a subir a 30 euros, volvió a bajar a 9 euros..., y a finales de 2022 volvió a subir a los 25 euros... Si un inversor tuvo paciencia e invirtió a largo plazo (diez años), su resultado ha sido terrible, ya que ha perdido dinero, y el coste de oportunidad[6] ha sido más grave todavía.

En el gráfico 5.1 podemos ver los beneficios por acción de ArcelorMittal entre 2011 y 2022. Son una montaña rusa. Es un negocio con dos problemas: el primero es que la demanda de acero y el precio del acero son muy variables y muy sensibles al

6. Se llama coste de oportunidad a aquel coste derivado de optar por una alternativa (en este caso, de inversión) renunciando a los posibles beneficios que nos habría proporcionado otra determinada decisión, incluidos los beneficios que podríamos haber obtenido de haber escogido la opción alternativa.

ciclo económico; y el segundo es que la mayoría de los costes de la empresa son fijos, lo cual no le permite adaptarse a las bajadas de ingresos.

Gráfico 5.1. Beneficios por acción de ArcelorMittal (MT) entre 2011 y 2022

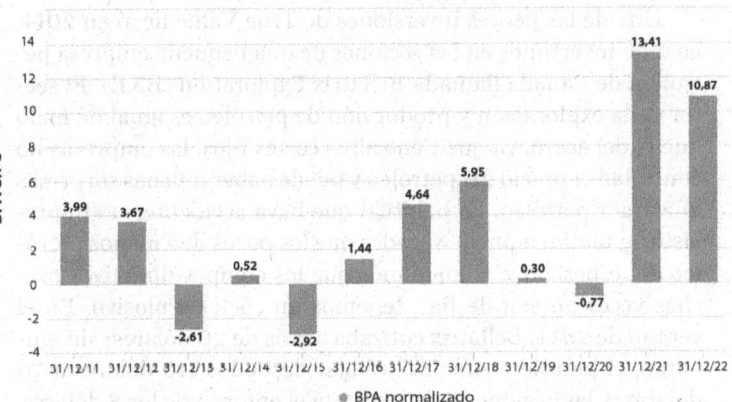

Fuente: TIKR (tikr.com).

La pregunta es la siguiente: ¿por qué ha cotizado sólo en torno a 20-25 euros de media durante diez años? Porque los beneficios medios durante esos diez años son de unos 3 euros por acción, y negocios de baja calidad como éste cotizan a 8-10 veces beneficios (más adelante hablaremos de cómo valorar acciones). Sin embargo, es curioso que los mejores momentos para comprar ArcelorMittal fueron en 2016 y 2020, justo cuando más dinero perdía la empresa. Invertir en esta clase de acciones es muy complejo para el inversor principiante, por su falta de predictibilidad, su volatilidad y su complejidad. Como suelo explicar a mis alumnos, hay dos clases de acciones: las acciones de alquiler y las acciones para poseer. Las acciones de alquiler no generan valor a largo plazo, como ha sido el caso de ArcelorMittal en los últimos diez años. La única forma de ganar dinero con ellas es ser oportunista: comprar cuando las cosas están mal, estudiar si la empresa no tiene alto riesgo de quiebra y esperar a que las cosas mejoren, porque casi siempre acaban mejorando.

Pero esto es algo que Warren Buffett recomienda no hacer, ya que se acerca más a la especulación que a la inversión real a largo plazo. Es una estrategia que sobre el papel parece fácil, pero, por propia experiencia, te garantizo que es muy compleja de aplicar.

Una de las peores inversiones de True Value llegó en 2014, cuando invertimos en las acciones de una pequeña empresa petrolera de Canadá llamada Bellatrix Exploration (BXE). El sector de la exploración y producción de petróleo es igual de malo que el del acero, ya que tiene altos costes fijos, las empresas no controlan el precio del petróleo y puede haber muchas sorpresas al extraer petróleo. Es habitual que haya accidentes o «imprevistos»; también puede suceder que los pozos den menos petróleo del esperado y, si añadimos que los equipos directivos muchas veces no son de fiar, tenemos un cóctel explosivo. En el verano de 2014, Bellatrix cotizaba a más de 20 dólares; sin embargo, el petróleo comenzó a bajar desde los 110 dólares a 70 dólares, y las acciones bajaron hasta el entorno de los 8 dólares. Un principio básico para tener éxito en estas situaciones es comprar cuando las acciones cíclicas han bajado y cuando el factor que les afecta (en este caso, el petróleo) también haya bajado. Había estudiado que, con el petróleo a 70 dólares, la compañía estaba muy barata, e incluso más a 80 dólares; además, tenía relativamente baja deuda. Por otra parte, con el precio del petróleo por debajo de 60 dólares, muchos yacimientos petrolíferos no son rentables; esto elimina oferta y equilibra el precio del petróleo a largo plazo. Lo que realmente pasó fue que el petróleo siguió bajando a 60 dólares, y el mes siguiente a 50 dólares, y para 2016 llegó a tocar los 30 dólares. A esos niveles, la empresa perdía mucho dinero, y lo que parecía una deuda baja se convirtió en un problema muy grande, ya que la empresa no generaba beneficios. En cuanto me di cuenta del fallo, el fondo vendió todas las acciones en torno a 3 dólares. Fue una pérdida importante, pero llevaba aparejada una lección todavía más importante. Posteriormente, la empresa se declaró en quiebra, y los accionistas lo perdieron todo. A finales de 2016, todo el sector del petróleo se recuperó, pero Bellatrix, que se había quedado sin oxígeno financiero, desapareció.

Da igual que algo ya haya bajado mucho, siempre puede bajar más. El tiempo corre en tu contra cuando inviertes en malos negocios. Cuando haces inversiones en malos negocios, si hay sorpresas, suelen ser negativas. Asimismo, son situaciones mucho más estresantes y que requieren mucha monitorización y trabajo, lo cual no es muy atractivo, en mi opinión. Si quieres ganar dinero en Bolsa y aprovechar este mundo de las inversiones durante muchos años, tienes que divertirte; así que procura que sea un camino agradable de recorrer.

El problema de ArcelorMittal o Bellatrix es que no tienen ventaja competitiva, o *moat*, como lo llama Warren Buffett. Las buenas perspectivas a largo plazo están estrechamente correlacionadas con las ventajas competitivas de un negocio, es decir, aquellas características que lo hacen diferente y único comparado con las demás empresas.

Esto es un concepto más intangible; y para determinar qué hace que un negocio sea diferente de los demás se requiere formación y curiosidad por parte del inversor.

Pensemos, por ejemplo, en el negocio de las tarjetas de crédito, como MasterCard o Visa. La primera vez que invertimos en Visa (V) fue en 2015. Desde entonces hasta finales de 2022, las acciones han subido de 65 dólares a 208 dólares. Desde que Visa salió a cotizar en Bolsa en 2008, el precio de sus acciones se ha multiplicado por más de diez. Si observamos los beneficios por acción de los últimos diez años (véase el gráfico 5.2), vemos una historia totalmente diferente a la de ArcelorMittal.

Observamos unos beneficios por acción crecientes y muy predecibles en Visa; parece que nada afecta la capacidad de generar beneficios de la empresa, y su comportamiento en Bolsa ha sido igual de lineal y satisfactorio. Lo curioso es que, en la actualidad, las acciones cotizan al mismo múltiplo de valoración al que cotizaban en 2015; sin embargo, como el BPA (beneficio por acción) ha pasado de 2,50 dólares a 7,50 dólares, las acciones también se han triplicado en Bolsa. Esto es lo que busca Warren

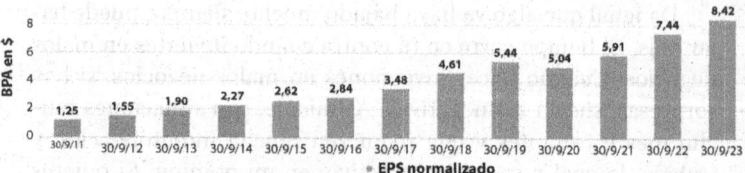

Gráfico 5.2. Beneficios por acción de Visa (V) entre 2011 y 2023

Nota: Beneficios estimados en el caso de 2023.
Fuente: TIKR (tikr.com).

Buffett cuando invierte, apostar a caballo ganador y sentarse a esperar. Warren Buffett no especula, invierte sólo en aquellas compañías en las que puede predecir cuánto va a ganar el negocio en cinco o diez años.

Si dentro de cinco años, a un ritmo de crecimiento como el actual, del 15 por ciento al año, Visa pasa a ganar 16 dólares de beneficios por acción, probablemente el precio de sus acciones sea muy superior al presente. De hecho, Visa figura en la cartera de acciones de Warren Buffett.

El secreto de Visa y MasterCard es que tienen ventaja competitiva, o *moat*. La forma rápida de saber si un negocio posee una ventaja competitiva es pensar: si tuviéramos 1.000 millones de dólares para competir contra Visa, ¿podríamos hacerle frente? La respuesta es negativa.

En primer lugar, Visa tiene lo que se llama *efecto red*. Cuanta más gente usa las tarjetas de Visa, más comercios aceptan sus tarjetas; esto crea un círculo virtuoso que protege a Visa de la nueva competencia.

En segundo lugar, Visa tiene reputación. El cliente se siente seguro pagando con una tarjeta Visa o MasterCard; la empresa lleva décadas construyendo una reputación, algo que otras empresas emergentes no pueden comprar con dinero.

En tercer lugar, el servicio que ofrece Visa tiene un bajo coste para el comercio, pero es una parte fundamental de él, ya que facilita los pagos.

Estas características hacen que Visa sea dueña de su futuro, ya que tiene control sobre él, a diferencia de ArcelorMittal, que es un títere del precio y la demanda de acero. Si uno investiga en el buscador Google, en cinco minutos puede aprender que el volumen de pagos con tarjeta no para de crecer, e incluso en las crisis tiende a mantenerse estable o creciente. Además, cada vez se hacen menos pagos con efectivo y más a través de tarjeta de crédito o débito. A diferencia de ArcelorMittal, Visa sí que controla el precio al que vende sus productos, porque es un oligopolio. De hecho, suele subir los precios con regularidad, y el cliente lo acepta, porque tiene ventaja competitiva. Una de las mejores características para saber si un negocio tiene *moat* es investigar si tiene poder de fijación de precios.

Un negocio como Louis Vuitton (MC), que ha hecho ricos a sus accionistas, tiene una ventaja competitiva muy importante en forma de *marca aspiracional*. En Google puedes investigar fácilmente cómo Louis Vuitton sube los precios de media un 5-10 por ciento anual, y el cliente los sigue pagando, porque no hay tantas marcas de lujo con más de cien años de historia que puedan competir contra Louis Vuitton. Además, el sector del lujo, al igual que el de las tarjetas de crédito/débito, es un buen sector.

En Bolsa existen los buenos y los malos sectores. Cuando estábamos en el instituto había asignaturas que se nos daban mejor que otras; personalmente, yo era un desastre tocando la flauta. Sin embargo, había que aprobar todas las asignaturas para pasar de curso. En Bolsa sucede lo contrario, ya que podemos elegir las asignaturas o sectores en los que queremos librar la batalla; nadie nos obliga a invertir en los malos sectores o en los que no somos hábiles. No obstante, muchos inversores se empeñan en hacerlo una y otra vez, porque la Bolsa está llena de tentaciones, y al ser humano le fascina el dinero rápido.

Hay malos sectores, como el de las aerolíneas, donde unas pocas empresas como Ryanair o EasyJet han conseguido generar buenos retornos, pero no han sido espectaculares. La mayoría de las aerolíneas han quebrado en algún momento, o acumulan graves pérdidas en Bolsa.

Los buenos sectores son aquellos en crecimiento, que no son sensibles al ciclo económico y en los que es posible desarrollar ventajas competitivas duraderas. Quizá te estés preguntando cómo saber si un sector es bueno o malo. Un método sencillo es comprobar el desempeño que han tenido en Bolsa las principales empresas de ese sector en períodos superiores a diez años. Si es un buen sector, la mayoría habrá tenido buenos resultados. A corto plazo, en períodos de 1-3 años, cualquier cosa puede suceder, pero es muy difícil que una empresa que no ha sido buena durante diez años haya ido bien en Bolsa. (Puedes encontrar gráficos históricos de Bolsa en páginas web como Yahoo! Finance o Investing.com.)

American Express es la empresa más débil dentro del sector de tarjetas de crédito/débito, por su modelo de negocio y su menor crecimiento, pero, aun así, en diez años sus acciones han pasado de 60 a 160 dólares.

Invertir en buenos sectores es como jugar al póker sabiendo las cartas del rival: te otorga una ventaja enorme, porque tienes viento de cola y mucho margen de seguridad. Aun así, cuando comiences a invertir, si no lo estás haciendo aún, tendrás la tentación de invertir en compañías que parecen «baratas» o en compañías «que ya han bajado mucho en Bolsa». Sin embargo, si quieres ganar en Bolsa, tendrás que controlar tus impulsos internos y aplicar el sentido común. De esto hablaremos en el capítulo 10, que aborda la psicología de la inversión.

Volviendo a las ventajas competitivas, a continuación podemos ver ejemplos de algunas empresas que han desarrollado importantes ventajas en diversos aspectos:

- Marca: tenemos empresas como Nike, Coca-Cola, McDonald's y Ferrari.
- Propiedad intelectual: por ejemplo, Intel, Google, Tesla y empresas farmacéuticas.
- Ventaja de bajos costes: Ryanair, Easyjet y Costco.
- Ventaja reputacional: Moody's, Amazon y empresas del sector de la salud.
- Oligopolios: empresas de aeropuertos (como Aena), tarjetas de crédito/débito, Boeing y Airbus.

- Efecto de red: cuanta más gente usa el producto, más valioso se vuelve, como ocurre con Facebook y Microsoft.
- Costes de cambio: el coste de cambiar de proveedor o de marca no justifica el ahorro generado; en ese caso están empresas de software como Adobe, Autodesk y Oracle.
- Cultura de empresa: en muchas compañías, esto puede ser una fuente de ventaja competitiva, como pasa, por ejemplo, en el caso de Berkshire Hathaway (con Warren Buffett al frente); muchos libros no consideran la cultura de empresa como ventaja, pero, desde mi experiencia, puedo afirmar que rara vez he tenido pérdidas invirtiendo en compañías con ese toque diferencial.

Si quieres ampliar información sobre este tema, te recomiendo leer el libro de Pat Dorsey titulado *El pequeño libro que genera riqueza* (Deusto, 2016) o ver alguna de sus conferencias en Google Talks, que puedes encontrar en YouTube.

El estudio de las ventajas competitivas y del sector suele ser la parte que más tiempo me ocupa en el proceso de análisis antes de invertir en una compañía, ya que es crucial. Gran parte del éxito dependerá de comprender por qué la compañía puede defenderse de los ataques de otros competidores y de los ciclos económicos.

El tercer punto que Warren Buffett recomienda tener en cuenta es el de «la directiva» de la compañía, que ha de ser honesta y capaz. Muchas personas ven las acciones como números en una pantalla que suben y bajan cada día; pero detrás de cada acción hay un negocio dirigido por personas que pueden hacer maravillas para los accionistas, o bien destruir todo el valor de la compañía. Este factor era uno de los que menos tenía en cuenta cuando estaba empezando a invertir, y me costó mucho dinero y disgustos; sin embargo, no quiero que te suceda lo mismo. Como dice Warren Buffett, es bueno aprender de los propios errores, pero es mucho mejor hacerlo de los errores de los demás.

Evaluar una buena directiva requiere trabajo y experiencia. Para el inversor principiante, una forma sencilla es comprobar nuevamente si la empresa ha ido bien en Bolsa en períodos de diez años o más, así como si la directiva sigue siendo la misma de ese período. Los directivos de un negocio son como políticos. Hay políticos que tienen el don de la palabra y la retórica, y saben encandilar a las masas, pero después no producen beneficios o incluso destruyen valor. En Bolsa, te encontrarás con directivos que te prometerán toda clase de recompensas para que inviertas, convencerán a los analistas para que recomienden las acciones y, cuando los resultados no acaben de llegar, siempre tendrán alguna excusa para seguir manteniendo en la rueda a los accionistas.

Me viene a la memoria el caso de Luc de Chammard, fundador de Neurones (NRO), una compañía francesa que ofrece servicios informáticos a empresas, lo cual es un buen sector en crecimiento.

De Chammard es un gran seguidor de la filosofía de Warren Buffett, y a menudo lo cita como un modelo en los informes anuales de la compañía. Siempre que he invertido en una empresa cuyo ejemplo es Berkshire Hathaway, las cosas han ido bien. En el sector de servicios informáticos para empresas, resulta importante retener el talento, ya que es habitual que los empleados más competentes se marchen a otras empresas para ganar más dinero, o bien para fundar su propio negocio y hacer la competencia a su anterior empleador. De Chammard comprende esta dinámica, y ha formado una cultura de empresa muy poderosa al estilo McDonald's: esta cadena de comida rápida se enorgullece de haber creado un entorno en el que todos los empleados, desde los que fríen patatas hasta los gerentes, tienen altas posibilidades de prosperar económica y profesionalmente en la compañía, si son capaces y tienen ética de trabajo.

Neurones apoya con capital y conocimiento a los empleados más válidos, ya que es el principal activo en este sector. Esto hace que sea una de las empresas más fuertes de su sector, una de las que mejor ha ido en Bolsa los últimos 10-15 años y una con la que uno duerme tranquilo y sin sorpresas. Si lees los informes anuales de la compañía (que puedes encontrar en la web de relación con inversores de Neurones), verás que la directiva cobra unos sueldos moderados, ya que son accionistas de la compañía y su forma de ganar dinero es también que las acciones suban en Bolsa. Que un negocio esté a cargo de una buena directiva parece de sentido común, pero te sorprendería la cantidad de inversores que no lo tienen en cuenta a la hora de invertir.

Compramos las acciones de Neurones en 2015 a un precio de 15 euros por acción. Desde entonces, ha pagado un total de más de 3 euros en dividendos por acción, y actualmente cotiza a 40 euros. La desventaja para un fondo como True Value es que estas acciones tienen baja liquidez; sin embargo, esto es una ventaja para el pequeño inversor, que no tiene las limitaciones de un fondo. Neurones es todavía una empresa pequeña, con una cuota de mercado inferior al 2 por ciento y con muchos años de crecimiento por delante.

Otra de las mejores inversiones que he realizado ha sido Constellation Software (CSU), que lleva en la cartera de True Value desde 2014. La empresa ofrece software de nicho de mercado, un buen sector. Imagínate el software que se usa para gestionar una farmacia, un restaurante o un hospital. Constellation tiene un alto crecimiento, es muy predecible, resistente al ciclo económico y con potencial futuro.

Estudiando la sección de directivos en los informes de la empresa, me percaté de que el sueldo del fundador, Mark Leonard, era de cero dólares, lo cual es un caso que raramente se encuentra. Pero no es sólo eso: aunque la compañía tiende a pagar muy bien a sus empleados, es requisito que éstos inviertan una buena parte del sueldo en acciones de la empresa, las cuales no pueden vender antes de cinco años. Esto era algo que jamás había visto y que me impresionó, sobre todo porque el precio de las acciones había subido de 20 dólares a 200 dólares en los siete años que la compañía llevaba cotizando. Una buena señal.

La empresa, además, tenía una web de relación con los inversores básica e incluso un poco anticuada; esto también es muy buena señal (en casos específicos), ya que significa que la empresa no gasta dinero en cosas superfluas. De hecho, la función de una web de relación con los inversores es simplemente difundir al público los informes oficiales de la empresa, y no tiene nada que ver con una web comercial, que sí ha de ser atractiva, por razones obvias.

Suelo hacer la broma de decir que, a veces, el rendimiento en Bolsa es inversamente proporcional al dinero que ha gastado una empresa en su web de relación con los inversores. Cuando algo es bueno, no hace falta venderlo ni convencer a nadie; la propia subida de precio en Bolsa será la mejor publicidad. Te invito a consultar la web de relación con los inversores de Google Inc. (Alphabet Investor Relations: <https://abc.xyz/investor/>). Verás que no hay presentaciones bonitas ni efectos especiales. Es simplemente una web con fondo blanco y enlaces a los informes de la empresa, que es todo lo que necesitas para tomar una decisión informada antes de invertir en la compañía. Las acciones de Google han ido casualmente muy bien en Bolsa, y no sólo por este motivo, obviamente; pero eso dice mucho de la visión de la compañía.

En Constellation Software, el fundador y todavía CEO de la compañía tiene más del 10 por ciento de las acciones, con un valor de mercado de más de 500 millones de dólares. Por este motivo, es probable que se preocupe de vigilar que su patrimonio seguirá creciendo. Recuerda que, en Bolsa, si la directiva es buena, una acción tuya vale igual que una acción de la directiva. Pero si la directiva no es honesta, tus acciones no valen lo mismo que las de la directiva.

El fondo compró acciones de Constellation Software en 2014, hasta el máximo legal que permite el regulador (un 10 por ciento de la cartera). El precio de compra fue de unos 230 dólares; nueve años después las acciones cotizaban a más 2.000 dólares, y seguimos conservándolas en cartera.

Mucha gente ve la Bolsa como algo arriesgado o aleatorio, pero la realidad es que, si vamos poniendo estas capas de seguridad, todo se vuelve más predecible y cobra sentido. Charlie Munger, el socio de Warren Buffett, suele decir: «Dime los incentivos y te diré el resultado». Es decisión tuya elegir si quieres invertir junto con personas incentivadas a hacer un buen trabajo.

Desde hace varios años, la mayoría de las compañías en la cartera de True Value cuentan con directivas alineadas, o bien porque posen muchas acciones de la compañía, o bien porque sus salarios están ligados al buen comportamiento de las acciones en Bolsa.

El banco de inversión Credit Suisse publicó un estudio muy interesante acerca de cómo influye en el comportamiento de la compañía en Bolsa el hecho de que la directiva esté alineada o posea muchas acciones de ésta (que denominaron *acciones familiares*) o, por el contrario, de que las directivas no tengan esta alineación con el resto de los intereses (que denominaron *acciones no familiares*). (Véase el gráfico 5.3.)

Gráfico 5.3. Rendimiento en Bolsa de las compañías según el grado de alineación de la directiva (acciones familiares vs. acciones no familiares) (2006-2020)

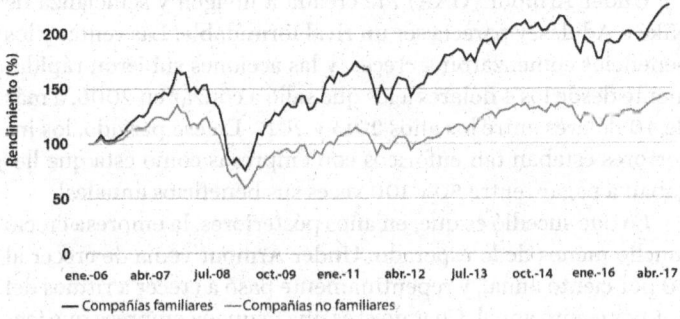

Fuente: Credit Suisse.

En el gráfico 5.3 se puede ver que las compañías en las que las directivas poseen muchas acciones de éstas presentan mayores rendimientos en Bolsa que las que no presentan este rasgo. Es importante tener este aspecto en cuenta en nuestra estrategia, y, si le añadimos otros aspectos adicionales como los que comentamos en este capítulo (comprender el negocio, ventajas competitivas, valoración atractiva), el resultado va a tender a mejorar.

Finalmente, el cuarto consejo de Warren Buffett es pagar un «precio atractivo» por el negocio. Observa que él remarca un *pre-*

cio atractivo, no *un precio de derribo*. Habitualmente, los negocios buenos no cotizan a valoraciones que puedan parecer muy baratas inicialmente, pero, con el tiempo, demostrarán haber sido una buena inversión.

Muchos turistas de la Bolsa confunden el precio en Bolsa con la valoración. Una empresa puede haber bajado mucho en Bolsa y, al mismo tiempo, estar muy cara; y una empresa como Constellation Software, aunque había subido mucho en Bolsa, se podía considerar barata. (En próximos capítulos hablaremos en detalle acerca de cómo saber si una acción está cara o barata.)

La valoración depende de los beneficios actuales, pero, sobre todo, de los beneficios futuros de una empresa. Invertir en una valoración atractiva nos da margen de seguridad ante imprevistos o errores de cálculo. Vamos a ilustrar esto con varios ejemplos.

Under Armour (UAA) fue creada a imagen y semejanza de Nike o Adidas, y parecía ser un rival formidable. Las ventas y los beneficios comenzaron a crecer, y las acciones subieron rápidamente desde los 4 dólares a los que salió a cotizar en 2006, a más de 40 dólares entre los años 2015 y 2017. En ese período, los inversores estaban tan eufóricos con empresas como ésta que llegaban a pagar ¡entre 80 y 100 veces sus beneficios anuales!

Lo que sucedió es que, en años posteriores, la empresa creció mucho menos de lo esperado. Under Armour venía de crecer al 20 por ciento anual, y repentinamente pasó a crecer a ritmos del 3-4 por ciento anual. Cuando eres una pequeña empresa que factura 500 millones de dólares (como en su salida a Bolsa), te puedes mover con toda libertad sin llamar la atención de los grandes, y, con sólo que «robes» un mínimo porcentaje de cuota del gran mercado de ropa y calzado deportivo, puedes crecer a los ritmos que crecía Under Armour al principio. Sin embargo, en 2017, Under Armour ya facturaba 5.000 millones de dólares, y en ese rango ya hay que competir de tú a tú con Nike o Adidas; entonces es más complicado mantener crecimientos de más del 20 por ciento.

Después de varios trimestres, cuando el mercado se dio cuenta de la nueva realidad de Under Armour, las acciones colapsaron desde los 50 dólares (en septiembre de 2015) a los 9 dólares a que cotizaba a finales de 2022. Más terrible que la pérdida es el coste de oportunidad sufrido durante siete años. En esos siete años, un buen inversor hubiera convertido esos 50 dólares en 100 dólares invirtiendo en otras acciones; sin embargo, ahora sólo tiene 10 dólares, ¡una diferencia del 90 por ciento!

Si las acciones de Under Armour hubieran cotizado a 7-10 dólares en 2017 —el equivalente a 15 o 20 veces sus beneficios anuales de ese año—, el resultado para esos inversores hubiera sido diferente, pues, aun equivocándose acerca del futuro de la empresa, apenas habrían perdido dinero.

Una de las peores inversiones de Warren Buffett en los últimos años ha sido Kraft Heinz (KHC). Ésta es una buena empresa, en un sector estable y con una ventaja competitiva en forma de marca y escala. Además, la directiva es de calidad. Sin embargo, desde que Warren Buffett invirtió en 2017 a 80 dólares, las acciones bajaron hasta los 22 dólares, en 2020, y estaban a unos 40 dólares a finales de 2022.

En una entrevista, a Warren Buffett le preguntaron cuál había sido el error en la inversión en Kraft Heinz, y él respondió: «Pagamos un precio muy alto por las acciones».

Kraft Heinz era un negocio de bajo crecimiento, pero muy sólido. Estas empresas suelen cotizar en el rango de 15 a 25 veces beneficios. Cuando Warren Buffett invirtió, cotizaba en el rango alto de valoración, pero el problema es que la empresa tenía algo de deuda. Cuando la empresa publicó resultados débiles en varios trimestres, el mercado tuvo miedo del peso de esa deuda, y su acción ya no volvió a cotizar a valoraciones tan elevadas. De hecho, en los últimos años, la compañía ya se mueve en un nuevo rango de valoración media de 10 a 15 veces beneficios.

Pagar un precio bajo nos protege de los imprevistos. Si Kraft Heinz hubiera publicado buenos resultados, seguramente el resultado para Warren Buffett podría haber sido bueno, independientemente de si pagó 15 veces beneficios o 25 veces beneficios.

Es un error habitual comprar a cualquier valoración en Bolsa. Esto es muy común entre principiantes, sobre todo en los períodos de burbuja, como la que vivimos en 2021, cuando cualquier precio parecía bueno para comprar acciones tecnológicas o disruptivas.

Muchas acciones populares, como Shopify, Teladoc, Peloton, Roku, Sea, Fastly, Palantir y otras, han colapsado y caído más de un 70 por ciento en poco tiempo. La mayoría de estas compañías no producían beneficios, lo cual hace que valorarlas sea un proceso muy complejo. Así que Wall Street decidió empezar a usar múltiplos sobre ventas. Es decir, que no se valoraban por los beneficios presentes/futuros, sino por sus ventas, sin más. Muchas de estas empresas cotizaban de media a más de 30 veces ventas, lo cual equivale a más de 150 veces beneficios, si asumimos márgenes del 20 por ciento. Esto es un disparate que sólo se ve en Bolsa cada diez o veinte años, pero que volverá a suceder y atraerá a muchos turistas de la Bolsa en busca de beneficios rápidos que no parecen tener límite.

Valorar una acción es la parte más fácil de una inversión, porque, con la suficiente experiencia y formación, se puede saber en poco tiempo si está barata o cara. Si hay que hacer muchos cálculos para ver si una acción esta barata, no es buena señal. Tampoco hay que perder mucho tiempo en hallar si realmente cotiza a 13,5 veces beneficios del año actual o a 15,4 veces... Como inversores, tenemos un tiempo limitado, y mi recomendación es emplearlo donde sí importa.

La clave está en pensar cuáles van a ser los beneficios futuros de la empresa, valorarlos a un múltiplo razonable y determinar si hay un buen potencial y margen de seguridad para invertir en esas acciones.

6

Las acciones, la inversión más rentable

Una pregunta habitual al iniciarse en el mundo de las inversiones es la siguiente: ¿por dónde empiezo? Hay todo tipo de alternativas y mensajes constantes dirigidos al pequeño inversor. En este capítulo vamos a ver las ventajas y desventajas de cada alternativa de inversión.

Los productos bancarios para el ahorrador

El primer objetivo del inversor ha de ser buscar inversiones que a largo plazo suban más que la inflación, ya que si no estaremos perdiendo poder adquisitivo. Históricamente, la inflación ha sido de en torno al 3 por ciento anual en Europa y Estados Unidos. Los depósitos a plazo fijo en el banco y similares no cumplen este requisito, ya que suelen rendir menos que la inflación a largo plazo.

En el gráfico 6.1 se puede ver el rendimiento que ha generado 1 dólar invertido en diferentes inversiones durante los últimos doscientos años.

Gráfico 6.1. Rendimiento de 1 dólar según el tipo de activo de inversión (1802-2011)

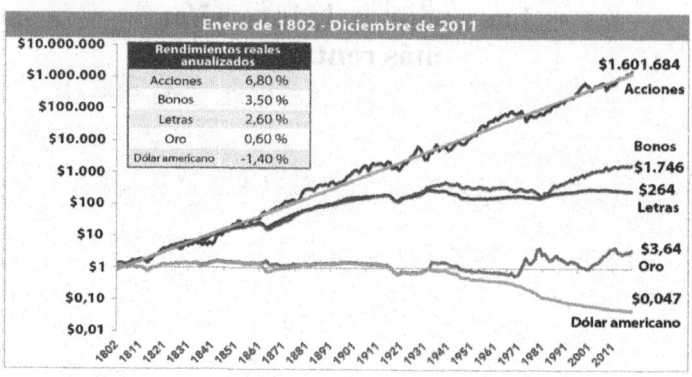

Fuente: Jeremy J. Siegel, *Stocks for the long run*, 5.ª ed., McGraw Hill, 2014.

Como se observa en el gráfico 6.1, las acciones han sido el activo estrella, seguidas de lejos por los bonos o letras del tesoro y, después, por el oro. Este gráfico fue elaborado con datos de hasta 2011, pero el resultado del estudio se mantiene si el gráfico se elabora con datos de hasta 2022.

La inversión en renta fija

Además de los depósitos en los bancos, existe la inversión en renta fija a través de bonos o letras del tesoro. Esta clase de inversiones, también consideradas conservadoras, suele ofrecer algo más de rentabilidad que los depósitos bancarios, pero su rendimiento suele ser entre un 1 y un 2 por ciento superior a la inflación, de media. Esto había sido así históricamente, pero desde 2008 todo cambió debido a la intervención de los bancos centrales en el mercado de renta fija. Así pues, en los últimos quince años, el rendimiento de estos instrumentos lleva siendo inferior a la inflación. Desde mi punto de vista, en el entorno actual, esta clase de inversiones es en cierto modo de alto riesgo por el simple hecho de que la pérdida de poder adquisitivo está asegurada.

Normalmente hay dos estados fundamentales en los que se puede encontrar la economía: en inflación o deflación. Las inversiones de renta fija son ideales para momentos de deflación, es decir, cuando se produce una bajada de precios en la economía. La mala noticia es que, en los últimos cien años, tan sólo ha habido tres años de deflación y noventa y siete de inflación, pues así está estructurado el sistema. Los bancos centrales no paran de imprimir dinero, y la psicología del ser humano acepta mejor el hecho de que hoy gana 3.000 euros y ayer ganaba 2.000 euros, a pesar de que con esos 3.000 euros tenga menor poder adquisitivo que cuando tenía 2.000 euros.

Por otra parte, la inflación o subida de precios en la economía penaliza al ahorrador y favorece al deudor. Si una familia tiene una deuda de 100.000 euros, pero gracias a la inflación su salario sube de 30.000 euros anuales a 45.000 euros, y sus gastos también suben de 20.000 euros a 30.000 euros, antes tenía 10.000 euros al año para pagar esa deuda (30.000 menos 20.000) y después tiene 15.000 euros (45.000 menos 30.000), con lo cual la deuda se ha reducido en relación con su renta disponible.

Ahí está la clave, en que las deudas no crecen con la inflación. Si compras un bono del Estado a 10 años por 10.000 euros, el interés será parecido a la inflación, y al cabo de diez años, te devolverán tan sólo sus 10.000 euros, ni un céntimo más; sin embargo, el poder de compra de esos 10.000 euros será mucho menor por el efecto de la inflación.

Al invertir en deuda de cualquier tipo, nos estamos poniendo en el bando equivocado. La renta fija le da al inversor principiante una sensación de falsa seguridad, porque el precio de estos instrumentos sufre menos variaciones que una acción en Bolsa, y lo habitual es que los grandes Estados o las compañías sólidas no quiebren, de modo que el inversor recuperará el principal y los intereses. Pero ese dinero tendrá seguramente menos poder adquisitivo que antes.

Uno de los secretos para ganar mucho dinero en el mundo de las inversiones es buscar situaciones asimétricas, es decir, situaciones en las que se puede ganar mucho dinero en relación con la potencial pérdida que podemos sufrir.

Cuando True Value invirtió en la compañía Goesay, el potencial de beneficio era multiplicar por más de cinco o diez veces nuestro dinero, y el riesgo de pérdida, que lo había, estaba limitado al dinero invertido, es decir, un cien por cien.

De esta forma, la ratio recompensa/riesgo era de 5/1 o 10/1 en el caso de Goeasy. Sin embargo, en renta fija es justo al revés. Si compro un bono a 5 años por 100 dólares que me da 4 dólares al año en intereses, al cabo de cinco años ganaré como máximo 20 dólares, pero puedo perder los 100 dólares si la empresa o el Estado emisor del bono quiebra o se ve en serias dificultades. Por este motivo, la ratio recompensa/riesgo es negativa, de 1/5.

Una forma fácil de entender la diferencia de la propuesta de valor de una acción y un bono es la siguiente. Imagina que descubren a Lionel Messi en sus inicios y te piden dinero prestado para financiar su carrera deportiva; a cambio recibirás un interés obviamente alto, porque Messi está empezando y aún tiene mucho que demostrar. Pongamos que inviertes 300.000 euros al 15 por ciento anual fijo durante veinte años; eso implica un beneficio al cabo de veinte años de casi 1 millón de euros, no está mal. Pero imagina ahora que compras «acciones» de Messi al inicio de su carrera por 300.000 euros, que te dan derecho al 15 por ciento de los beneficios que Messi genere a lo largo de su trayectoria futbolística. Se estima que Messi ha generado más de 500 millones de euros en ingresos netos, con lo cual, en este escenario, un 15 por ciento de esos ingresos serían 75 millones de euros, una diferencia sustancial respecto al millón de euros de la renta fija de Messi. No todos los jugadores generarán esa clase de ingresos, obviamente, pero el jugador medio de primera división podría tener unos ingresos aproximados de 50 millones de euros a lo largo de su trayectoria, y el 15 por ciento de 50 millones de euros por la misma inversión de 300.000 euros sería una cifra más interesante. Por este mismo motivo, las acciones, de media, han dado un 9 por ciento anual de rendimiento, y es la clase de activo más rentable a largo plazo.

La renta fija no tiene la condición de ser un activo real; es simplemente una promesa de pago a futuro. Con la renta fija no nos beneficiamos de la prosperidad económica que pueda generar una empresa. Las acciones nos protegen de la inflación porque las empresas producen bienes o servicios que el ser humano demanda; da igual que éstos se paguen en dólares, euros o rupias.

La inversión en acciones

Hemos visto que las acciones son una propuesta más interesante que la renta fija, pero ¿cómo invertimos en acciones? Se puede hacer fundamentalmente de tres formas: a través de fondos de inversión, mediante índices (inversión pasiva) y, finalmente, mediante carteras personales de acciones.

Desde mi punto de vista, los fondos o índices son para personas que no quieren complicarse mucho y que no tienen demasiado tiempo o disposición de aprender a invertir en acciones individuales.

El rendimiento en la inversión pasiva (S&P 500, Nasdaq, Eurostoxx 600, etcétera) va a estar en torno a la media histórica de la Bolsa a largo plazo, que es del 9 por ciento. En fondos de inversión de gestión activa puede variar en función del fondo y la habilidad de sus gestores. Lo cierto es que el 80 por ciento de los fondos no baten a los índices (o fondos de gestión pasiva) a largo plazo. En el caso de True Value, desde su inicio hemos obtenido una rentabilidad bruta del 12 por ciento anual antes de comisiones, en el momento de escribir este libro. Tanto si decides invertir a través de fondos de gestión activa como si lo haces en fondos de gestión pasiva (por ejemplo, referidos a índices), resulta importante contar con la psicología correcta para no entrar en pánico en momentos de volatilidad. De esto hablaremos más adelante en el libro.

En 2018 hicimos un estudio acerca de la rentabilidad de los partícipes de True Value. Después de cinco años exitosos en los que el fondo no había parado de subir, curiosamente, más del 80 por ciento de los partícipes estaban en pérdidas. Durante esos años, el fondo no había subido de forma lineal, sino con la habitual volatilidad de la Bolsa; por lo que, cada vez que el fondo subía considerablemente, había numerosas entradas de nuevos inversores; pero, en cuanto se presentaba la primera corrección de mercado del 10-15 por ciento, retiraban su inversión y no se beneficiaban de la posterior recuperación.

Si un inversor hubiese empezado invirtiendo 20.000 euros al inicio del fondo y hubiese mantenido su inversión, no sólo habría disfrutado de una rentabilidad del 10 por ciento anual, sino que habría doblado su dinero en siete años, con lo cual tendría un capital de en torno a 40.000 euros. Del mismo modo, si periódicamente hubiese ahorrado 250 euros al mes para destinarlo a hacer aportaciones al fondo (3.000 euros anuales), al final tendría un capital de más de 70.000 euros en el mismo período debido al efecto del interés compuesto.

Una recomendación que suelo hacer a futuros clientes de True Value o a cualquier persona que quiera invertir en Bolsa es que se pregunten qué porcentaje tendría que bajar su inversión para sentirse preocupados al respecto. Si responden, por ejemplo, que un 50 por ciento, sé que en realidad empezarán a preocuparse de verdad si su inversión baja un 25 por ciento (la mitad de su estimación), y aquí es cuando se entra en riesgo de tomar decisiones guiadas por el miedo y la ansiedad.

Por eso, si tienes *in mente* una cifra que quieres invertir, al principio invierte sólo la mitad de esa cifra, y acostumbra a tu mente a la volatilidad de la Bolsa. Simplemente teniendo paciencia y aprovechando esa volatilidad para aumentar posiciones cuando el mercado baja, en vez de vender, puedes obtener rendimientos altos, incluso aunque no selecciones el mejor fondo o índice.

El siguiente nivel de inversión, que es del que trata básicamente este libro, es la inversión mediante una cartera personal de acciones seleccionadas por uno mismo.

Aquí estamos hablando del «Ferrari» de la inversión, donde realmente se puede generar mucha riqueza a largo plazo, e incluso empezando con pequeños capitales. Los rendimientos pueden ser mucho más elevados, pero el riesgo también aumenta. Esta vía no es para todo el mundo, y requiere esfuerzo, trabajo, paciencia y la mentalidad correcta. La buena noticia es que no se trata de tener el mayor coeficiente intelectual, como hemos visto anteriormente.

Un inversor particular puede ganar a Warren Buffett ahora mismo, por los motivos que hemos comentado en anteriores capítulos. La ventaja contra un gestor de fondos también es muy alta; es como si tú y yo decidimos competir en una carrera de barcos: tú con una lancha rápida, y yo con un transatlántico. Quizá el transatlántico se ve más imponente antes de empezar la carrera, pero la lancha rápida casi siempre va a ganar, incluso aunque no tenga el mejor piloto. Esto mismo sucede en Bolsa, el pequeño inversor tiene una ventaja enorme si sabe explotarla a su favor; esto es precisamente lo que enseñamos a los alumnos de nuestra escuela online.

He estado en ambas situaciones, y mis rendimientos como inversor particular, antes de empezar en el fondo True Value, eran mayores que los rendimientos que he obtenido en dicho fondo; incluso a pesar de que tenía mucha menos experiencia. No obstante, gracias a esos rendimientos, los inversores iniciales apoyaron el proyecto de True Value. Creo que el pequeño inversor tiene una ventaja muy importante al invertir directamente en acciones, siempre que esté dispuesto a aprovecharla. Las acciones son uno de los activos más volátiles; ahí está el secreto de los altos retornos en Bolsa y de la posibilidad de que existan historias como la de Warren Buffett. Piensa que, si la Bolsa subiera de forma lineal ese 9 por ciento anual, no habría oportunidades. Si miras un gráfico de acciones grandes y conocidas, como Walmart, Boeing o Apple, verás que, en períodos de doce meses, son muy habituales las variaciones de máximo a mínimo superiores al 40 por ciento. En acciones de baja capitalización son habituales las variaciones de más del 60 por ciento en el año. Pero eso son buenas noticias para el inversor privado, porque puede moverse como un ninja entre miles de acciones cotizadas para seleccionar las mejores e ir saltando de una a otra según aparezcan oportunidades o riesgos.

La novedad de las criptomonedas

Hoy en día hay nuevas clases de activos, como las criptomonedas. Algunas personas las comparan con una especie de oro digital, otras personas las comparan con el Forex, mercado donde una divisa cotiza con relación a otra. La mayoría de las criptomonedas suelen estar relacionadas respecto al dólar. Las ganancias durante estos últimos años han sido espectaculares, lo cual ha atraído al público en general. En muchos países ya hay más gente que invierte en criptomonedas que gente que invierte en acciones. Esta clase de inversión es muy volátil y compleja, y, además, uno tiene que entender bien los riesgos. Puesto que no soy experto en esta área, y dado que tampoco he invertido en ese mercado, estoy seguro de que puedes encontrar mejor información al respecto en fuentes especializadas.

La inversión/especulación en activos no productivos

La siguiente clase de inversión son los activos no productivos, es decir, activos que no producen ingresos por sí mismos, como, por ejemplo, el oro, las materias primas y las divisas.

Esta clase de activos, por lo general, no se revalorizan a largo plazo. De hecho, las divisas se deprecian, y el oro u otras materias primas, como el petróleo, el aluminio, etcétera, no suben mucho más de lo que sube la inflación a largo plazo.

Esto complica las cosas al inversor, ya que no tenemos viento de cola. Por lo general, estos mercados se consideran juegos de suma cero (lo que gana uno lo tiene que perder otro). La forma habitual de operar en estos activos es mediante futuros o derivados; esto significa que tú estarás realizando una apuesta contra otra persona o entidad sobre el precio futuro de un activo. Las acciones, por el contrario, representan la *propiedad real* de un activo productivo.

En el gráfico 6.2 puedes ver la cotización del oro respecto a la inflación. Se puede observar cómo, en plazos de 40-50 años, su rendimiento tiende a ser muy similar.

Gráfico 6.2. Cotización del oro vs. inflación

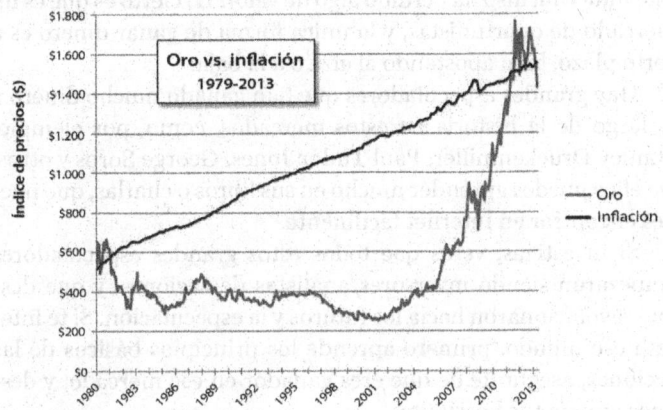

Fuente: Reserva Federal de San Luis.

De igual forma, en el gráfico 6.3 puedes ver el índice Dólar (DXY), que representa el valor del dólar estadounidense (USD) respecto a una cesta de otras principales divisas —ya que en el mercado de divisas, o Forex, siempre referenciamos el valor respecto a otra divisa.

Gráfico 6.3. Cotización del índice Dólar Estadounidense (DXY)

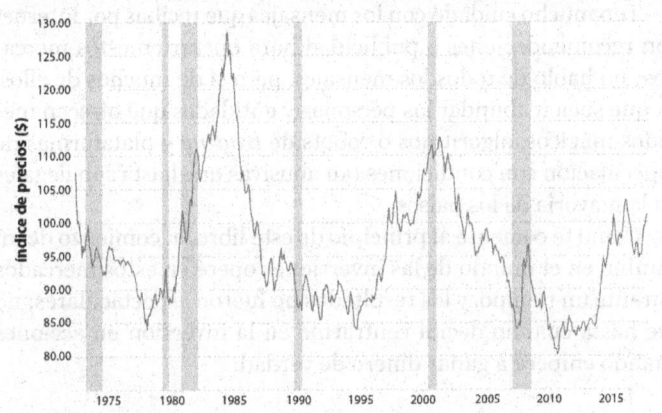

Fuente: Reserva Federal de San Luis.

En el gráfico 6.3 se observa cómo, en unos cincuenta años, este índice incluso ha perdido algo de valor. Lo cierto es que es un mercado de oportunistas, y la única forma de ganar dinero es a corto plazo, bien apostando al alza o a la baja.

Hay grandes especuladores que han ganado mucho dinero a lo largo de la historia en estos mercados, como, por ejemplo, Stanley Druckenmiller, Paul Tudor Jones, George Soros y otros. De ellos puedes aprender mucho en sus libros o charlas, que puedes encontrar en internet fácilmente.

Si investigas, verás que todos estos grandes especuladores empezaron siendo inversores/analistas de acciones, y que después evolucionaron hacia los futuros y la especulación. Si te interesa ese mundo, primero aprende los principios básicos de las acciones, asegúrate de que eres ganador en ese mercado, y después amplía tus horizontes.

Veo a mucha gente que comienza en Bolsa siguiendo el camino de la especulación en futuros y otros derivados financieros; y, desde mi punto de vista, es como querer correr sin haber aprendido a caminar. Éstos son mercados donde la competencia es más elevada y el entorno es más volátil; y, por lo general, en ellos se suele usar deuda (o apalancamiento) para especular y aumentar los retornos, lo cual es muy peligroso para el inversor principiante.

Ten mucho cuidado con los mensajes que recibas por internet con recomendaciones o publicidad para operar en estos mercados; no hablo de todos los mensajes, pero sí de muchos de ellos, ya que suelen abundar las personas y entidades que ofrecen métodos mágicos, algoritmos o robots de *trading* y plataformas de especulación con condiciones tan abusivas que hasta son ilegales en la mayoría de los países.

Como te comenté al principio de este libro, al comienzo de mi camino en el mundo de las inversiones operé en estos mercados durante un tiempo, y los resultados no fueron espectaculares; no fue hasta cuando decidí centrarme en la inversión en acciones cuando empecé a ganar dinero de verdad.

La inversión en activos inmobiliarios

Los activos inmobiliarios, al igual que las acciones, han producido muchos millonarios alrededor del mundo.

En el gráfico 6.4 puedes ver cómo 10.000 dólares invertidos en activos inmobiliarios en Estados Unidos se han revalorizado hasta casi 60.000 dólares en más de cuarenta años. Sin embargo, esa misma inversión en acciones se revaloriza hasta más de 270.000 dólares.

Gráfico 6.4. Rendimiento de activos inmobiliarios vs. acciones en Estados Unidos (1979-2019)

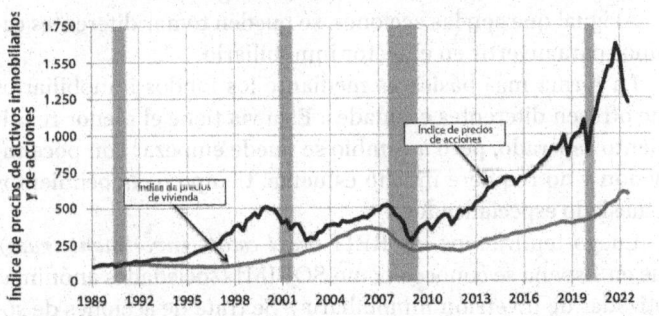

Fuente: Reserva Federal de San Luis.

No obstante, a la información del gráfico 6.4 habría que añadir la rentabilidad de haber alquilado esa vivienda, lo cual aumenta significativamente el rendimiento de las inversiones inmobiliarias.

El gran secreto de la inversión inmobiliaria es que es un activo que admite mucha deuda, y los bancos prestan dinero con mayor facilidad para invertir en ellos, porque hay un riesgo menor que invirtiendo en acciones, debido a su baja volatilidad.

En cambio, invertir con deuda en acciones es muy peligroso. Supongamos que tienes una cartera de 100.000 euros y que 50.000 euros son deuda. Si tu cartera baja alrededor de un 50 por ciento, cosa que ha sucedido dos veces en Bolsa durante los últimos veinte años, recibirás lo que se conoce como un *margin call*[7] de tu bróker o tu banco gestor, que liquidará tus posiciones para recuperar la deuda y no perder dinero.

En el sector inmobiliario esto no sucede, porque podemos obtener deuda a largo plazo y, por mucho que baje el valor del activo, si éste genera ingresos como para pagar la cuota mensual, el banco no nos puede solicitar el dinero de vuelta con carácter urgente y antes del vencimiento de la deuda. De esta forma, comprar una propiedad como inversión usando un 50 por ciento de deuda se puede considerar conservador, con lo cual los rendimientos aumentan significativamente. Esto ha hecho que muchas personas que empiezan con bajos capitales en este mercado puedan acumular grandes beneficios a largo plazo.

Al igual que con las acciones, se pueden tomar diferentes caminos para invertir en el sector inmobiliario.

La forma más básica es mediante los fondos inmobiliarios que ofrecen diferentes entidades. Esta vía tiene el menor rendimiento esperado, pero a cambio se puede empezar con poca inversión y no requiere mucho esfuerzo, tiempo o conocimientos demasiado especializados.

Luego tendríamos los REIT (*real estate investment trust*), que en España se conocen como SOCIMI (sociedades anónimas cotizadas de inversión inmobiliaria). Se trata de acciones de sociedades de inversión inmobiliaria que cotizan en Bolsa. Las SOCIMI se dedican a la adquisición, explotación y promoción de activos inmobiliarios. Aquí el rendimiento es superior por varios motivos. Uno de ellos es que tienen un tratamiento fiscal muy favorable, ya que, mientras repartan en forma de dividendos la mayoría de sus beneficios, no pagan impuestos.

En el gráfico 6.5 puedes ver cómo los REIT enfocados en la inversión de apartamentos residenciales en Estados Unidos han tenido mejor rendimiento que el S&P 500 durante los últimos treinta años.

---

7. Un *margin call* es un aviso que nos da el bróker para solicitar la aportación de garantías adicionales, a fin de cubrir el riesgo de nuestra posición y mantener el apalancamiento.

Gráfico 6.5. Rendimiento de S&P 500 vs. REIT

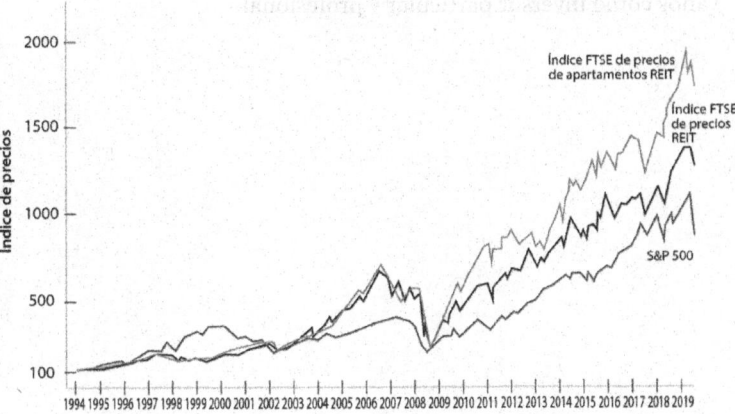

Fuente: <www.arborcrowd.com>.

De cara a analizar un REIT, se aplican los mismos principios que veremos en este libro para cualquier otra acción; requiere algo más de trabajo que invertir en un fondo inmobiliario, pero el rendimiento puede ser superior, y en ambos casos se puede empezar con una pequeña cantidad de dinero.

La desventaja es que, al ser una acción, tú no puedes usar deuda a largo plazo para invertir; no obstante, es común que la propia sociedad que gestiona el REIT invierta en inmuebles usando deuda para aumentar los rendimientos.

La tercera vía que tiene el inversor en activos inmobiliarios es la inversión directa en inmuebles. Al igual que el inversor de Bolsa en *small caps* (compañías de pequeña capitalización), tú puedes lograr altos retornos con la inversión directa en inmuebles. Se pueden lograr altos retornos incluso empezando desde cero. Existen formas muy creativas de ganar dinero en activos inmobiliarios, como son las reformas, el reposicionamiento de activos, la compra para alquilar, las subastas o las promociones inmobiliarias.

Este tema daría como para escribir otro libro, pero de aquí en adelante nos centraremos en las acciones, que es el campo donde puedo aportarte el valor de la experiencia acumulada en estos años como inversor particular y profesional.

7

Cómo saber si una acción está cara o barata y por qué suben o bajan las acciones

Normalmente, decir que una acción esta cara o barata en Bolsa suele hacer referencia al múltiplo al que el mercado está valorando las acciones con relación a los beneficios de una empresa en ese año. Más adelante veremos ejemplos para que lo entiendas mejor.

Que una acción haya subido o bajado mucho en Bolsa no es lo que determina si está cara o barata. Interioriza esta premisa, porque creer lo contrario es lo habitual entre las personas que desconocen cómo funciona la Bolsa. Lo que importa es cuánto va a ganar a futuro una empresa y cuánto estamos pagando en la actualidad por esos beneficios futuros (en múltiplos). De igual forma, no cometas el otro error típico del turista de la Bolsa, que cree que si una acción vale 3.000 euros es más cara que una acción que vale 3 euros. Todo depende de los beneficios por acción que generan las compañías que hay detrás de esas acciones; por supuesto, hay otros factores que tener en cuenta, pero el punto de partida son los beneficios por acción. Puedes consultar rápidamente esta información en los informes de las empresas o en webs como investing.com, yahoo.com, tikr.com y otras similares.

Con los años he aprendido que, cuando vamos a invertir, tenemos que alcanzar un equilibrio. Es conveniente invertir en compañías que tienen buenas perspectivas y una buena directiva, pero teniendo en cuenta que hay un límite en el precio que pagar por las acciones, ya que eso nos dará un margen de seguridad ante imprevistos.

Recuerda el caso de Under Armour, que explicábamos en el capítulo 5, y cómo una valoración alta, unida a una mala evolución de beneficios por acción, tuvo consecuencias terribles para los accionistas de esta empresa.

Una vez que hemos comprendido que detrás de una acción siempre hay una empresa, ¿cómo saber si una acción está cara o barata? En este capítulo voy a tratar de explicarlo de una forma sencilla, y te mostraré una serie de herramientas para comenzar a valorar acciones. En capítulos posteriores veremos las diferentes formas de valorar una acción, ya que depende de múltiples factores que tenemos que acotar y comprender.

La Bolsa puede parecer muy compleja inicialmente, con movimientos en las cotizaciones que parecen no tener lógica a corto plazo. Sin embargo, a largo plazo, todo tiene más sentido; por eso, cuanto mayor es nuestro plazo de inversión en Bolsa, más fáciles se vuelven las decisiones y mayor es nuestro rendimiento.

Como ya hemos comentado antes, la variable más importante en Bolsa son los beneficios empresariales, en concreto, los beneficios por acción (BPA), o *earnings per share* (EPS), en inglés. Y quiero añadir que siempre debemos ver las métricas en Bolsa teniendo en cuenta el número de acciones que hay en circulación, ya que una empresa podría emitir acciones nuevas para comprar otra empresa y así elevar sus beneficios, pero eso, si tenemos en cuenta el número de acciones y si el beneficio por acción no aumenta, seguramente no sea bien recibido por el mercado.

Al fin y al cabo, factores como los que hemos visto en capítulos anteriores (la ventaja competitiva, las perspectivas a largo plazo y una buena directiva) se suelen ver reflejados en un beneficio por acción creciente en el tiempo.

En webs como zacks.com o tikr.com puedes visualizar gráficos de la evolución del precio en Bolsa de una acción con sus beneficios por acción, y puedes observar que existe una altísima correlación, lo cual tiene sentido, ya que el accionista vive de los beneficios empresariales. De los beneficios empresariales sale el dinero para pagar dividendos, recomprar y cancelar acciones, comprar otras compañías o invertir para hacer crecer el negocio. Por este motivo, tiene todo el sentido del mundo que el mercado esté dispuesto a pagar un precio cada vez mayor en Bolsa por las acciones de aquellos negocios que cada vez ganan más dinero.

Cuando me reúno con directivos de compañías que en primer lugar hacen hincapié en el número de empleados que tiene la empresa, en el volumen de ventas o en que están presentes en equis países..., suele ser porque lo más importante, que son los beneficios, posiblemente no destacan lo suficiente, y, por lo tanto, profundizar en el tema no les será de mucha ayuda para impresionar a los potenciales inversores. Desde mi punto de vista, el buen empresario es aquel que a final de año busca impresionar a su contable con unos beneficios empresariales sobresalientes y crecientes. Cuando revises la información pública de una empresa, como su informe anual o sus presentaciones de resultados, es importante que observes detenidamente los beneficios por acción, ya que tu inversión va a depender en gran medida de esa variable a largo plazo.

Hay tres variables que determinan el rendimiento que vamos a obtener en una acción (es muy importante que comprendas esto, porque es el punto de partida para que tus inversiones en Bolsa tengan sentido y se conviertan en una herramienta para hacer crecer tu patrimonio):

1. El porcentaje de crecimiento de los beneficios por acción.
2. La variación en el múltiplo de valoración que el mercado está dispuesto a pagar por esos beneficios por acción.
3. El dinero que retorna la empresa al accionista en forma de rentabilidad por dividendo.

De hecho, a largo plazo, la primera variable es la más importante, y con mucha diferencia. Gran parte del tiempo que dedico a la formación de mis alumnos está enfocado a enseñarles a determinar los beneficios futuros de una empresa, porque es lo que marca la diferencia.

En el gráfico 7.1 puedes ver un estudio que hizo el gran banco de inversión Morgan Stanley acerca de estos factores que determinan el comportamiento de una acción.

Gráfico 7.1. Variables que influyen en el rendimiento de una acción

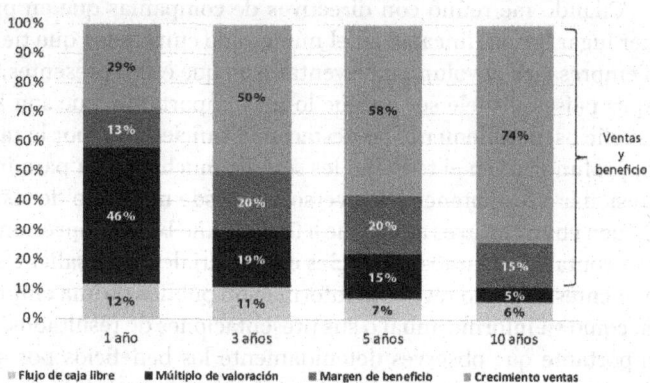

Fuente: Morgan Stanley Research.

En el gráfico 7.1 podemos ver cómo, a un año, los beneficios por acción (ventas y margen) sólo explican un 42 por ciento del comportamiento en Bolsa de las acciones. Mientras que la variación del múltiplo de valoración explica un 46 por ciento del rendimiento de una acción, y el *free cash flow* (o flujo de caja libre, el flujo de efectivo que genera una compañía), que es de donde salen los dividendos y las retribuciones a los accionistas, tiene un peso muy bajo. Pero, si nos vamos a cinco años vista, el factor dominante, con un 70 por ciento, son los beneficios empresariales, y a diez años vista, casi el 90 por ciento del rendimiento en Bolsa de una acción se explica por la evolución de sus beneficios empresariales.

A continuación voy a mostrarte una serie de gráficos muy interesantes que te ayudarán a comprender por qué la evolución de beneficios por acción es probablemente la métrica más importante a la hora de invertir en Bolsa.

En el gráfico 7.2 se pueden ver los beneficios por acción (BPA) de Nike (NKE), representados junto a su precio en Bolsa durante casi los últimos diez años. Puedes ver la alta correlación que existe a largo plazo.

Gráfico 7.2. Cotización vs. beneficios por acción de Nike (2013-2022)

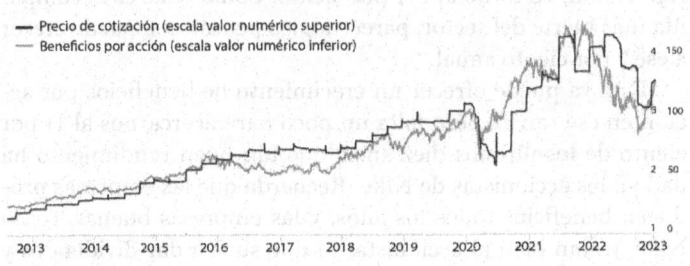

Fuente: TIKR (tikr.com).

En el gráfico 7.2 podemos ver que, en 2013, Nike ganaba en torno a 1,40 dólares por acción y cotizaba en torno a 30 dólares; sin embargo, diez años después, en 2022, la compañía ganaba en torno a 4 dólares por acción y cotizaba a 105 dólares. Aquí podemos ver la magia de los beneficios en Bolsa: la compañía ganaba en 2022 casi el triple, y por eso su cotización era más de tres veces superior a lo que era en 2013. El múltiplo de valoración que han pagado los inversores se han expandido ligeramente desde 20 veces hasta 25 veces entre 2013 y 2022. Pero lo curioso es que, aunque un inversor hubiera pagado 25 veces beneficios en 2013, lo cual equivale a 35 dólares, seguiría siendo una buena inversión, porque ha triplicado su dinero y no se ha equivocado en la evolución de la compañía.

En Bolsa nos encontraremos compañías más fáciles y más difíciles de modelar a largo plazo, pero lo bueno de la inversión es que puedes elegir invertir sólo en aquellas donde tengas un alto grado de confianza en el futuro. Nike es un claro ejemplo. Que la empresa haya pasado de ganar 1,40 dólares a 4 dólares en diez años implica una tasa de crecimiento anual de en torno al

11 por ciento. La pregunta de un inversor debería ser la siguiente: ¿cuánto puede crecer de forma sostenible los próximos diez años el BPA de Nike?

Nike es una compañía grande y muy presente por todo el mundo. Sabemos que la economía mundial crece en torno al 3-4 por ciento anual, y, si haces una búsqueda rápida por internet, puedes ver que el sector de ropa y calzado deportivo crece más rápido aún, en torno al 6-7 por ciento. Como Nike es la compañía más fuerte del sector, parece lógico pensar que puede crecer a ese 7 por ciento anual.

Esto ya puede ofrecer un crecimiento de beneficios por acción en ese rango, pero falta un poco para acercarnos al 11 por ciento de los últimos diez años, que tan buen rendimiento ha dado a los accionistas de Nike. Recuerda que las empresas producen beneficios todos los años, y las empresas buenas, como Nike, tratan bien al accionista, ya que suelen dar dividendos y recomprar acciones en el mercado para después cancelarlas, de forma que cada accionista que no venda posea un mayor porcentaje de la compañía; esto hace que el crecimiento del beneficio por acción sea mayor que las ventas o los beneficios de la compañía.

Si tomas el informe anual de Nike del año 2012, verás que había en torno a 1.850 millones de acciones en circulación; sin embargo, en 2022 hay en torno a 1.550 millones. Esto implica que retira de media un 2 por ciento de las acciones al año. Por este motivo, podríamos estimar que el beneficio por acción crece un 2 por ciento por encima de ese 7 por ciento que mencionamos antes; es decir, estimamos que en total podría crecer un 9 por ciento, siendo conservadores.

En buenas compañías, como Nike, siempre suele haber sorpresas positivas en forma de un mayor crecimiento o una reducción de costes por mayor escala/ventaja competitiva o por subidas de precios. Pero, como ya ha hemos dicho, siendo conservadores, me inclino por la posibilidad de que los beneficios de Nike pueden crecer, de media, a un ritmo del 9 por ciento durante diez años; esto implica que, dentro de diez años, su beneficio por acción puede ser de casi 10 dólares (puedes hacer estos cálculos usando cualquier calculadora de interés compuesto en internet, como moneychimp.com). Si el mercado decide valorar las acciones a 20 veces beneficios como en 2012, eso implica que podría cotizar a 200 dólares; si las valora a 25 veces, cotizaría a 250 dólares... Y a estas cifras hay que añadir, probablemente, unos 12-15 dólares por acción acumulados durante esos diez años. Si estás leyendo esto, no tienes que salir a comprar automáticamente las acciones de Nike como si el dinero te quemara en las manos; simplemente estoy poniendo un ejemplo para que comprendas el método de inversión que yo aplico y que está basado en la forma de invertir de Warren Buffett.

Cabe mencionar que podemos hacer estas estimaciones en Nike porque es bastante probable que, dentro de diez años, su ventaja competitiva y su marca serán igual de fuertes o superiores. Además, los buenos negocios nos protegen contra la inflación, ya que, si el consumidor realmente prefiere los productos de cierta compañía antes que los de sus rivales (como en el caso de Nike), al darse una situación de subida de costes debido a la inflación, esa compañía podría trasladar ese sobrecoste a los precios de los productos finales (subir los precios al consumidor) sin perder clientes, como ya ha sucedido en el pasado con Nike.

En la tabla 7.1 se muestran los datos del informe anual de Nike entre los años 1978 y 1982, un período convulso como el actual, con tasas de inflación de doble dígito.

Tabla 7.1. Ventas y beneficios de Nike entre 1978 y 1982

	1982	1981	1980	1979	1978
YEAR ENDED MAY 31	(IN THOUSANDS, EXCEPT FOR SHARE DATA)				
Revenues	$693.582	$457.742	$269.775	$149.830	$71.001
Net income	49.036	25.955	12.505	9.723	3.856
% of sales	7,1	5,7	4,6	6,5	5,4
Per common share	2,74	1,52	0,77	0,58	0,22
Increase in working capital	37.483	45.063	16.358	7.915	2.706

Fuente: Archivo Nike Investor Relations.

La empresa pasó de ganar 0,22 dólares a 2,74 dólares por acción en apenas cinco años. Pero lo más interesante, y lo que nos dice mucho de su posición competitiva, es que los márgenes de beneficio aumentaron desde el 5 por ciento al 7 por ciento en un período inflacionario. Las acciones de Nike subieron como la espuma en años posteriores.

En la actualidad, Nike es una empresa madura y muy diferente a lo que era en sus inicios, en los que podía crecer a ritmos del 20 por ciento anual, lo cual otorgó entonces a sus accionistas tasas de rendimiento muy superiores a las actuales. Es difícil imaginar que una compañía tan gigantesca como Nike vaya a dar rendimientos anuales del 20 por ciento durante los próximos diez años, pero también es difícil imaginar que pueda tener rendimientos negativos.

Warren Buffett ha explicado muchas veces que él no puede invertir en compañías pequeñas porque tiene mucho dinero, y, aunque comprase toda la compañía, esa posición no aportaría mucho al total de su cartera. Por eso dice que se conforma con ganar en torno a un 10 por ciento al año, contra el 20 por ciento que ha generado históricamente.

Tú tienes la gran fortuna de poder buscar compañías buenas como Nike, pero que estén en una fase más temprana. Será necesario realizar un trabajo de investigación más profundo y tener un mayor conocimiento, pero la recompensa es que, si lo haces bien, podrás acelerar tus rendimientos en Bolsa.

Es más fácil hacer una estimación del futuro de compañías más consolidadas en el mercado (como Nike), pero, por otro lado, tendrás que asumir que tu rendimiento probablemente será menor. No obstante, mi consejo para principiantes es que empiecen analizando e invirtiendo en compañías grandes y «buenas»; y remarco lo de *buenas* porque un fallo muy habitual es pensar que porque una compañía es grande y conocida es una buena inversión.

Puedes mirar los resultados pasados en Bolsa de compañías como General Motors, Renault, Lufthansa, Air France, Deutsche Bank... Todas ellas son compañías sin ventajas competitivas, sin crecimiento, que operan en sectores cíclicos y que, en muchos casos, están endeudadas. Estas compañías pueden dar alegrías en períodos a corto y medio plazo, pero es un juego como el de la ruleta rusa, en el que, cuanto más jugamos, más fácil es acabar herido. Más adelante, en este libro, veremos cómo entender la ciclicidad y el crecimiento de las compañías.

En compañías buenas y grandes los fallos no se pagan tan caros, e invertir en ellas es una buena escuela de aprendizaje al principio, cuando el objetivo debe ser aprender, y no tanto generar altos rendimientos.

Si analizas algunas de las principales compañías cotizadas, verás que este patrón se repite una y otra vez a largo plazo en períodos superiores a 5-10 años. Cuando comprendí esto, dejé de comprar acciones que parecían «baratas» y comencé a poner el foco en la evolución de los beneficios a largo plazo.

A continuación te mostraré un caso ligeramente diferente. Las acciones de la compañía John Deere (DE), famosos por fabricar maquinaria pesada de calidad. John Deere (de nombre corporativo Deere & Company) es lo que podríamos calificar como una compañía de calidad, pero con cierto nivel de ciclicidad, lo cual complica las cosas de cara a la inversión en esta clase de acciones.

En el gráfico 7.3 podemos ver los beneficios por acción de John Deere y su evolución en Bolsa. Vemos que hay un período muy complicado entre 2008 y 2015, en el que los beneficios fluctuaron entre 5 y 10 dólares por acción y las acciones tuvieron un bajo rendimiento, con mucha volatilidad. En 2008 cotizaban a 80-100 dólares, y siete años después seguían en el mismo nivel.

Gráfico 7.3. Cotización vs. beneficios por acción de John Deere (DE)

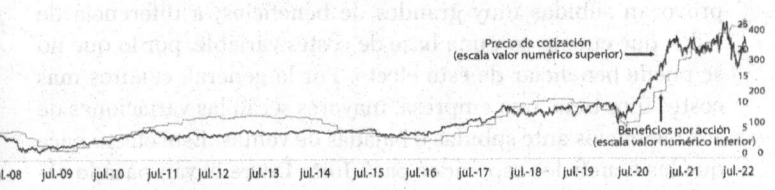

Fuente: TIKR (tikr.com).

John Deere es mucho más sensible al ciclo económico que Nike. Cuando evalúes una compañía, piensa cómo reaccionarían los clientes ante una situación de crisis económica. John Deere vende sus productos normalmente a agricultores y empresas de construcción y mineras, que a su vez son muy sensibles al ciclo económico; por este motivo, los pedidos de maquinaria pesada que los clientes harán a la compañía van a ser cíclicos. Cuando baja el precio de los cereales, seguramente, un agricultor que lo esté pasando mal no va a encargar un tractor nuevo mientras pueda seguir operando con uno viejo; sin embargo, el consumidor siempre puede permitirse unas zapatillas Nike de 60 euros, ya que no representa una decisión relevante de compra, como podría ser un nuevo automóvil, unas grandes vacaciones o una nueva vivienda.

En 2008 sobrevino la grave crisis financiera conocida como Gran Recesión; después, en 2011, vino la crisis europea (muy marcada por la deuda soberana), y en 2014, la crisis de materias primas. Todo esto afectó la capacidad de generar crecimiento de beneficios de la compañía John Deere. Como el mercado no estaba muy positivo respecto al negocio, valoraba la empresa a tan sólo 10 veces sus beneficios anuales, mientras que su media histórica es de en torno a 15 veces beneficios.

De repente llegó la COVID-19 y, con ello, la crisis de inflación de los últimos años, que hizo que el precio de los alimentos, la energía y la vivienda, entre otros bienes y servicios, subiera de forma repentina. Este aumento de precios benefició a los sectores a los que sirve John Deere, por lo que el número de pedidos que recibe la compañía creció rápidamente.

Además, esta compañía tiene la particularidad de tener muchos costes fijos, por eso pequeños incrementos en las ventas provocan subidas muy grandes de beneficios; a diferencia de Nike, que cuenta con una base de costes variable, por lo que no se puede beneficiar de este efecto. Por lo general, cuantos más costes fijos tiene una empresa, mayores serán las variaciones de sus beneficios ante subidas o bajadas de ventas. Este efecto hace que los beneficios esperados para John Deere hayan pasado rápidamente de 10 dólares a más de 26 dólares por acción, y ésta es la razón por la que, en pocos años, el precio de las acciones ha subido de 150 dólares a más de 400 dólares, puesto que ahora los inversores son optimistas respecto al sector y están dispuestos a pagar por la compañía un múltiplo de 15 veces sobre beneficios por acción.

Esta clase de situaciones tiene un riesgo mayor, ya que lo habitual en sectores cíclicos es que, después de una buena época, vengan tiempos difíciles. Puede ocurrir que la empresa tenga unos años complicados de bajo crecimiento o incluso de crisis intermedias, provocadas por el patrón de compra de los clientes.

Para tener éxito en esta clase de acciones, básicamente hay que invertir cuando las cosas están mal, porque después tienden a mejorar, sobre todo en compañías con una imagen de marca, una calidad y una escala como las de John Deere. Sin embargo, en compañías sin calidad o con poca ventaja competitiva y que además sean cíclicas, el riesgo es que podemos perder mucho dinero, ya que las cosas suelen ir a peor antes de mejorar, y para el inversor principiante es muy difícil comprender las dinámicas de estos sectores.

A corto plazo, cuando son optimistas y tienen buenas perspectivas de una empresa, un sector o una economía, los inversores están dispuestos a pagar mayores precios por unos beneficios empresariales similares. Sin embargo, cuando hay miedo o dudas acerca de una empresa, de un sector o de la economía en general, los inversores no pagan múltiplos altos por la misma empresa. Como te habrás dado cuenta, tanto en el ejemplo de Nike como en el de John Deere hemos hecho referencia a un múltiplo de valoración al que cotizan las acciones. Este múltiplo relaciona los beneficios de la compañía con su precio de cotización en Bolsa.

Veamos un ejemplo que ilustra cómo se calcula el múltiplo de valoración. Consideremos Microsoft (MSFT), una empresa de calidad, en crecimiento, con buena directiva y que ha generado valor a lo largo de los años. Sus beneficios normalizados (netos de costes excepcionales) por acción durante los últimos seis años han sido como se muestra en la tabla 7.2.

Tabla 7.2. Beneficios normalizados por acción de Microsoft (en dólares)

2017	2018	2019	2020	2021	2022
3,31	3,88	4,75	5,76	7,97	9,21

Fuente: Elaboración propia a partir de datos de TIKR (tikr.com).

Durante este período, las acciones han subido desde 100 dólares hasta en torno a los 300 dólares. Tiene lógica que se haya triplicado su valor en Bolsa, porque sus beneficios por acción así lo han hecho; sin embargo, si miramos su cotización en períodos de un año, vemos que las acciones cotizaban a menos de 250 dólares a finales de 2022.

Ahora bien, para calcular el múltiplo de beneficios actual, dividimos el precio de cotización actual entre los beneficios por acción del último año: 300 dólares / 9,21 dólares = 32×; es decir, la compañía cotiza a un múltiplo de 32 veces beneficios.

Posteriormente, puedes ver que, en junio de 2022 (tan sólo seis meses después), tenemos a la misma empresa sin cambios significativos y con similares perspectivas a largo plazo (ya que es un negocio muy predecible), con las acciones cotizando a 240 dólares, lo que implica un múltiplo de valoración de 25 veces sobre los beneficios de ese año (240 dólares / 9,21 = 25×). Posteriormente, la empresa siguió reportando buenos resultados y seguía creciendo; pero, a corto plazo, las noticias macroeconómicas eran malas, y los inversores vendían sus acciones de Microsoft para invertir en otros sectores, o simplemente para estar en liquidez y esperar.

Esto es similar a comprar una vivienda por 300.000 euros para alquilar que nos puede proporcionar unos beneficios netos por alquiler de 9.200 euros al año. Sería el equivalente a un múltiplo de 32 veces (32×) sobre los beneficios que genera el activo (300.000 / 9.200). Si en el futuro las casas de ese tipo bajan de precio a 100.000 euros, pero los precios de alquiler se mantienen estables y, por lo tanto, genera los mismos 9.200 euros netos anuales, esto implicaría una valoración de 9,2 veces sus beneficios. Sin duda una valoración más atractiva que 32 veces. Seguramente, tú estarías más interesado en comprar otra vivienda por 100.000 euros. Esto mismo es lo que sucede en la Bolsa con las acciones: su precio de cotización varía, pero, en muchos casos, las compañías que hay detrás de las acciones siguen generando los mismos beneficios o incluso superiores.

Por este motivo usamos múltiplos de valoración para invertir en Bolsa, ya que nos permiten saber si una acción está cara o barata. No obstante, nos podríamos preguntar con respecto a qué algo es caro o barato. (Más adelante veremos los rangos medios de valoración según los principales tipos de acciones.)

Volviendo al ejemplo de Microsoft, la empresa tiene un crecimiento del 15 por ciento de media anual; si continúa en esta senda, es probable que en cinco años (supongamos en 2028) su beneficio por acción esté cercano a 20 dólares. Si para entonces los inversores deciden valorar sus acciones a 25 veces beneficios como a mediados de 2022, su valor en Bolsa debería estar en el entorno de 500 dólares (20 dólares × 25), y, si vuelven a pagar 32 veces beneficios, debería cotizar alrededor de los 640 dólares (20 dólares × 32). En ambos casos, es un retorno aceptable para el accionista si partimos desde los 250 dólares que cotizaba en el momento de tomar la decisión (digamos, a finales de 2022). Desde luego, esto no es una recomendación de compra de Microsoft, sino sólo un ejemplo del proceso de análisis que debes realizar para determinar si una acción se considera cara o barata y, por lo tanto, si es potencialmente una buena inversión.

Pero ¿qué ocurre cuando nos equivocamos al estimar los beneficios futuros? Si, en este caso de Microsoft, asumimos que en 2028 presentará un beneficio por acción menor de lo esperado, por ejemplo, de tan sólo 12 dólares por acción, es probable que no haya mucho retorno para el accionista.

Sin embargo, si por una situación coyuntural Microsoft cotizara en el momento actual a 120 dólares en vez de a 240 dólares, aunque nos equivoquemos en nuestro análisis y si en 2028 gana sólo 12 dólares, en vez de ganar 20 dólares, seguramente el retorno sería muy bueno, porque es probable que cotizara al menos en su media histórica de los últimos diez años, que es de unas 20 veces beneficios (puedes consultar estos datos en tikr.com), lo cual implica un valor de 240 dólares.

Aquí radica la importancia de pagar un precio adecuado en el presente. Como indicamos al principio de este capítulo, es necesario alcanzar un equilibrio. Aunque Microsoft sea una excelente compañía, no se puede pagar cualquier precio por sus acciones si queremos obtener rendimientos aceptables en el futuro.

Si quieres tener éxito en Bolsa, no sólo debes invertir en buenas compañías, sino ser disciplinado con los precios que vas a pagar en función de los beneficios que están generando las compañías y de cuáles son sus perspectivas futuras.

8

Los cuatro tipos de acciones y cómo ganar dinero en cada una de ellas

Se estima que, tan sólo en Estados Unidos, existen más de 9.000 acciones cotizadas en Bolsa. Si además sumamos las acciones cotizadas en el resto del mundo, sería una labor descomunal extraer las claves para entenderlas una a una; por eso, lo más práctico es agrupar las acciones sobre la base de dos variables que tienen un alto impacto cuando hacemos una valoración: la *ciclicidad* y el *crecimiento*.

La *ciclicidad* nos indica cómo de sensible es una empresa ante las fluctuaciones periódicas (ciclos) de la economía o de su sector en particular; y el *crecimiento* es el nivel en el que aumentan los beneficios de la empresa en un determinado período. Estas variables son muy importantes, porque influyen en el rendimiento que podemos obtener a futuro y en el enfoque que debemos aplicar a la hora de gestionar en cartera nuestras posiciones.

La primera variable: la ciclicidad

En el sentido de su sensibilidad a las fluctuaciones de la economía, las acciones (o las compañías) pueden ser cíclicas o estables. Veamos primero las cíclicas.

Las acciones cíclicas (o de empresas cíclicas) son aquellas sensibles a los ciclos económicos o a los de su sector en particular. Un ejemplo pueden ser las empresas de fabricación de automóviles. Si buscas datos en internet acerca de las ventas de automóviles en un país o región, verás que son muy sensibles al ciclo económico. En el gráfico 8.1 se muestran las ventas de automóviles en Estados Unidos en unidades. En él puedes ver que en períodos de crisis, como las del año 1982, 1990 o 2008, las ventas se desplomaron un 20-30 por ciento.

Gráfico 8.1. Ventas de automóviles en Estados Unidos (1976-2020)

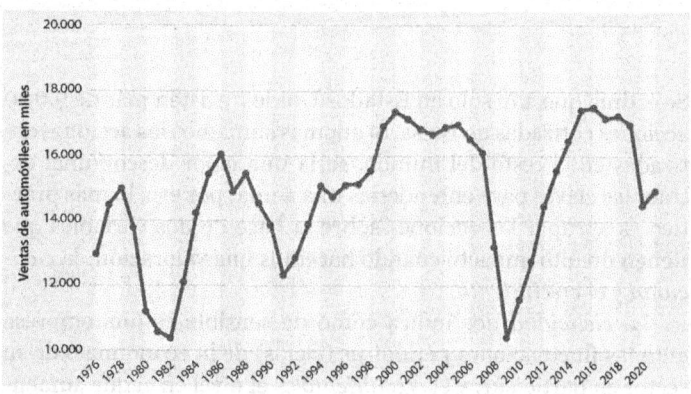

Fuente: Ward's, Statista.

Esto tiene todo el sentido, ya que, cuando la economía pasa por una mala racha, el consumidor medio se vuelve más conservador a causa de la incertidumbre o los efectos de la propia crisis (desempleo, reducción de salarios, etcétera). Por lo tanto, el comportamiento habitual es posponer las decisiones de compra de ciertos productos o servicios que no se necesitan a corto plazo, como, por ejemplo, un automóvil nuevo. En todo caso, el usuario procurará alargar uno o dos años más el tiempo previsto de uso del vehículo que ya tiene.

En el sector de la vivienda sucede lo mismo; cuando el consumidor cree que las cosas van a peor, posterga la compra de una vivienda nueva hasta que el panorama mejore. Por este motivo, las constructoras se consideran también empresas cíclicas.

La ciclicidad se traduce en una alta volatilidad en los beneficios de la empresa, lo cual desemboca en fuertes bajadas o subidas en Bolsa. Por este motivo, el resultado de tu inversión dependerá de si compras a una valoración adecuada y en el momento adecuado del ciclo.

Puede haber empresas cíclicas que dependan de un subciclo en particular, como, por ejemplo, las empresas mineras o del sector de petróleo y gas. Se puede dar el caso de que la economía se encuentre en buen estado, pero, si la oferta de petróleo aumenta y la demanda sigue siendo la misma, el precio de la energía colapsará, como sucedió en 2014 y 2015, cuando el petróleo llegó a bajar un 70 por ciento, llevándose por delante muchas empresas del sector y dejando a otras perjudicadas durante años.

Entre 2011 y 2013, las empresas mineras de materias primas como cobre, carbón, hierro y otras también tuvieron serios problemas. Durante los años previos se había construido mucha capacidad de oferta en todo el mundo para satisfacer una alta demanda por parte de países emergentes, como China, la India y otros. Cuando esta demanda se frenó ligeramente por la ralentización del crecimiento de los países emergentes, no había forma de absorber toda la nueva capacidad minera, y los precios de los metales colapsaron. Empresas líderes del sector, como Antofagasta, vieron cómo sus precios en Bolsa se desplomaban más de un 60 por ciento en los siguientes cinco años.

Gráfico 8.2. Evolución del S&P 500 comparada con la cotización de Antofagasta PLC (2011-2016)

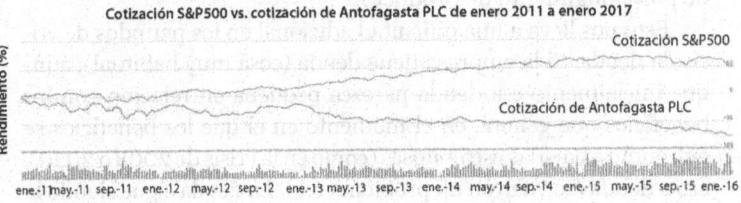

Cotización S&P500 vs. cotización de Antofagasta PLC de enero 2011 a enero 2017

Fuente: TIKR (tikr.com).

Esto era especialmente doloroso teniendo en cuenta que, durante el mismo período, la Bolsa en general subió más de un 50 por ciento. El coste de oportunidad fue peor que el propio dinero perdido en esas acciones. Un inversor que hubiese empezado invirtiendo 100.000 dólares tendría sólo 40.000 dólares cinco años después; sin embargo, si hubiese invertido en otros sectores o hubiese estado más diversificado, seguramente tendría más de 150.000 dólares, lo cual es una diferencia de casi cuatro veces más dinero. Es de vital importancia enfocarnos primero en los riesgos y después en ganar dinero, así como tener en cuenta los posibles costes de oportunidad.

Durante 2021 y 2022 se vivió la cara opuesta de la moneda: las acciones de los sectores antes mencionados no pararon de subir, mientras que el resto de la Bolsa pasó por un período bajista. Esto se debe a que, durante los años previos, se eliminó mucha capacidad de producción y se frenó la inversión en dichos sectores; esto, unido a una demanda creciente por el avance de la economía, provocó fuertes alzas en los precios.

Invertir en compañías cíclicas tiene una dificultad doble. En primer lugar, tenemos que acertar con el ciclo que afecta a esa industria y comprenderlo; y, en segundo lugar, tenemos que acertar con la compañía correcta. He visto muchos casos de compañías de sectores cíclicos que, incluso cuando el ciclo se encuentra en su fase alcista, se han encontrado en serios problemas operativos o de deuda. Las acciones de la compañía francesa de automóviles Renault han bajado en Bolsa más de un 60 por ciento desde 2018 hasta finales de 2022. Curiosamente, el sector del automóvil experimentó beneficios récord en 2021 y 2022; sin embargo, Renault tuvo problemas de competencia, de costes y de posicionamiento de producto.

Esto nos lleva a una dificultad adicional en los períodos de crisis: la deuda. Si la empresa tiene deuda (cosa muy habitual), aunque inicialmente esa deuda parezca pequeña en relación con los beneficios que genera, en el momento en el que los beneficios se enfrentan a bajadas estrepitosas (como en la crisis de 2008 o 2020), estas deudas se vuelven un problema real. La deuda sigue siendo la misma, y hay que seguir pagándola, pero los beneficios han disminuido. Tampoco hay muchas posibilidades de refinanciación o de pedir más financiación, porque en períodos de crisis nadie quiere prestar dinero a esta clase de compañías para mantenerlas a flote, debido al alto riesgo que ello conlleva. Esto hizo que compañías míticas como General Motors o Chrysler quebraran durante 2009.

Las compañías cíclicas son un imán para muchos inversores con poca experiencia en Bolsa, dada su alta volatilidad. Si ven el gráfico de una acción que ha subido de forma vertical, tienden a comprar pensando que los árboles crecen hasta el cielo; pero lo cierto es que a menudo se interesan por estas acciones justo en el pico del ciclo, ya que es cuando más «baratas» parecen, porque sus beneficios son altos y el mercado las ofrece a un precio bajo con el aliciente de que han subido mucho a corto plazo. Sin embargo, el pico del ciclo es como cuando llegamos a la cima en una montaña rusa: después, sólo podemos ir hacia abajo a toda velocidad.

Por otra parte, si ven el gráfico de una acción cíclica que ha bajado mucho, esos mismos inversores piensan que en poco tiempo se puede recuperar, y compran sin tener en cuenta que, más pronto que tarde, la empresa podría verse en peligro de quiebra o, para sobrevivir al ciclo económico, verse obligada a emitir nuevas acciones[8] en el peor momento. Esto hará que, cuando los beneficios se recuperen, al haber muchas acciones en circulación, el beneficio por acción (que es lo que realmente importa para la cotización) sea muy inferior al del ciclo previo, con lo cual la cotización quedará perjudicada hasta el siguiente ciclo.

La misma aventura desafortunada le puede ocurrir al turista de la Bolsa, que compra una acción cíclica en las primeras caídas posteriores al pico del ciclo bajo el argumento «ya está muy barata»... Créeme, una acción siempre puede estar más barata, pero la gente sólo lo comprende cuando ya va perdiendo un 70 por ciento de su inversión. Es entonces cuando venden presas del pánico, para después ver cómo la acción retoma el vuelo y se recupera, aunque lo hace cuando ellos ya están fuera del mercado.

8. La emisión de nuevas acciones es una estrategia de las empresas que cotizan en Bolsa para obtener capital, ya sea para seguir funcionando en momentos de dificultad o para realizar inversiones que harán crecer el negocio.

Es posible ganar dinero con acciones cíclicas y de forma rápida, pero no son para todos los públicos, ya que este tipo de inversión requiere mucho conocimiento y experiencia. Es como querer ganarse la vida siendo paracaidista: estoy seguro de que es rentable y emocionante, pero no es para todos los públicos, por razones obvias. Pero, en Bolsa, resulta curioso que mucha gente prefiera ser paracaidista antes que dentista o farmacéutico. No obstante, pese a estas recomendaciones, si deseas ser paracaidista en Bolsa, en este capítulo veremos más ejemplos y claves para intentar tener éxito en esta clase de inversiones exigentes.

En la lista siguiente puedes ver algunos de los principales sectores que se caracterizan por ser cíclicos:

- Empresas de minería y materias primas
- Empresas de petróleo y gas
- Bancos
- Aseguradoras
- Empresas de transporte (por tierra, mar y aire)
- Constructoras
- Sector del automóvil
- Semiconductores
- Empresas químicas
- Consumo discrecional (muebles, electrodomésticos, viajes...)
- Empresas de recursos humanos

El ser humano es experto en crear sesgos cognitivos. Somos propensos a experimentar fuertes sentimientos cuando perdemos o ganamos mucho dinero en poco tiempo, algo que puede llegar a nublar nuestro juicio en el futuro. Por tal razón, algunas personas se vuelven adictas al juego.

Si estás iniciándote en el mundo de la Bolsa, es recomendable que lo hagas invirtiendo en acciones estables, y no en acciones cíclicas. Esta recomendación no sólo se basa en el riesgo/complejidad que supone cada alternativa, sino en el componente emocional.

Imagina que empiezas invirtiendo en acciones cíclicas y tienes la suerte de obtener grandes ganancias rápidamente. Puede parecer una experiencia sumamente positiva, pero no lo es tanto como crees. Si no gestionas adecuadamente tus emociones y pensamientos, corres el riesgo de desarrollar una tendencia a buscar una y otra vez el mismo tipo de inversión; irás tras las cíclicas como un ludópata, con el objetivo de volver a sentir el subidón de dopamina y serotonina que te supuso aquel éxito puntual. Pero recuerda esto: invertir de forma permanente en esta clase de acciones no es algo muy lucrativo a largo plazo, ya que, en las acciones cíclicas, uno es «inquilino» más que propietario, y un día, sin que lo esperes, el mercado te podría «desalojar».

Ahora bien, piensa que, aun en tiempos de crisis económica, lo más probable es que sigas pagando tu seguro médico, llenando y pagando la cesta de la compra o pidiendo algo de comida a domicilio de vez en cuando... Por ese motivo, por ejemplo, las empresas de supermercados, como Walmart, se consideran una inversión más segura en los períodos en los que la economía está deprimida.

Así pues, ya puedes imaginar que las compañías estables son lo opuesto a las cíclicas. Aun cuando la economía no está en su mejor momento, las empresas estables tienden a mantener su rentabilidad, y algunas incluso pueden crecer. Asimismo, también se benefician de los períodos en los que la economía marcha bien. ¡Todo son ventajas! En definitiva, se trata de compañías muy resistentes a las fluctuaciones del ciclo económico. Es habitual que las empresas de sectores estables puedan desarrollar ventajas competitivas sobre sus rivales; esto hace que puedan prosperar a lo largo del tiempo y obtener una rentabilidad sobre el capital invertido más alta que las compañías cíclicas. A su vez, eso se traduce en un mayor rendimiento en Bolsa y en una menor volatilidad.

Hay ciertos productos o servicios que tienen características muy deseables para invertir en ellos. Por ejemplo, la compañía Oracle (ORCL), de bases de datos y ERP (*enterprise resource planning*) para empresas, tiene como clientes mayoritarios a multinacionales que dependen al cien por cien del funcionamiento correcto de los sistemas basados en el software que desarrolla dicha compañía; esto supone que esos clientes difícilmente dejarán de pagar a Oracle por sus servicios, aunque haya una crisis, ya que no pueden prescindir de ciertas herramientas para funcionar.

Tabla 8.1. Resumen financiero de Oracle (2007-2022)

	31/5/07 A	31/5/08 A	31/5/09 A	31/5/10 A	31/5/11 A	31/5/12 A	31/5/13 A	31/5/14 A	31/5/15 A	31/5/16 A	31/5/17 A	31/5/18 A	31/5/19 A	31/5/20 A	31/5/21 A	31/5/22 A	CAGR
Ventas	18.206,00	22.609,00	23.495,00	27.034,00	35.850,00	37.200,00	37.253,00	38.306,00	38.253,00	37.057,00	37.899,00	39.878,00	39.526,00	39.072,00	40.481,00	42.440,00	5,8%
% Cambio a/a	23,3%	24,2%	3,9%	15,1%	32,6%	3,8%	0,1%	2,8%	(0,1%)	(3,1%)	2,3%	5,2%	(0,9%)	(1,1%)	3,6%	4,8%	
EBITDA	7.670	9.925	11.114,00	12.773,00	16.252,00	20.129,00	18.158,00	18.717,00	18.105,00	16.657,00	17.167,00	18.735,00	18.614,00	18.764,00	20.537,00	21.565,00	7,1%
% Cambio a/a	24,0%	29,4%	12,0%	14,9%	27,2%	23,9%	(9,9%)	3,1%	(3,3%)	(8,0%)	3,1%	9,1%	(0,6%)	0,8%	9,4%	5,0%	
% EBITDA margen	42,1%	43,9%	47,3%	47,2%	45,3%	54,1%	48,7%	48,9%	47,3%	44,9%	45,3%	47,0%	47,1%	48,0%	50,7%	50,8%	1,3%
EBIT- beneficio operativo	7.421	9.657	10.851,00	12.475,00	15.894,00	17.200,00	17.612,00	18.109,00	17.393,00	15.786,00	16.167,00	17.570,00	17.384,00	17.382,00	19.000,00	19.593,00	6,7%
% Cambio a/a	24,5%	30,1%	12,4%	15,0%	27,3%	8,3%	2,4%	2,8%	(4,0%)	(9,2%)	2,4%	8,7%	(1,1%)	(0,0%)	9,3%	3,1%	
% Margen de beneficio operativo	40,8%	42,7%	46,2%	46,1%	44,3%	46,2%	47,3%	47,3%	45,5%	42,6%	42,7%	44,1%	44,0%	44,5%	46,9%	46,2%	0,8%
Beneficio antes de impuestos				11.656,00	15.262,00	16.469,00	16.826,00	17.054,00	16.356,00	14.634,00	14.974,00	16.782,00	16.117,00	15.549,00	16.786,00	16.316,00	
% Cambio a/a					30,9%	7,9%	2,2%	1,4%	(4,1%)	(10,6%)	2,4%	12,1%	(4,0%)	(3,5%)	8,0%	(2,8%)	
% Margen antes de impuestos				43,1%	42,6%	44,3%	45,2%	44,5%	42,8%	39,5%	39,5%	42,1%	40,8%	39,8%	41,5%	38,4%	
Beneficio neto normalizado	5.307	6.799	7.393	8.494	11.395,00	12.500,00	12.957,00	13.214,00	12.469,00	11.237,00	11.559,00	13.244,00	13.137,00	12.682,00	14.125,00	13.661,00	6,5%
% Cambio a/a	25,0%	28,1%	8,7%	14,9%	34,2%	9,7%	3,7%	2,0%	(5,5%)	(10,0%)	2,9%	14,6%	(0,8%)	(3,5%)	11,4%	(3,3%)	
% Margen beneficio neto	29,1%	30,1%	31,5%	31,4%	31,8%	33,6%	34,8%	34,5%	32,6%	30,3%	30,5%	33,2%	33,2%	32,5%	34,9%	32,2%	0,7%
BPA normalizado	1,01	1,3	1,44	1,67	2,22	2,46	2,68	2,87	2,77	2,61	2,74	3,12	3,52	3,85	4,67	4,9	11,1%

Por ese motivo, los beneficios de Oracle crecieron incluso durante la crisis de 2008, y su comportamiento en Bolsa fue bueno (véase la tabla 8.1). De media, los beneficios por acción (en BPA normalizado) han crecido un 11 por ciento anual durante quince años, un crecimiento que se ve reflejado perfectamente en la cotización de las acciones. La compañía se ha revalorizado en Bolsa en torno a un 10 por ciento al año, a lo que también habría que añadir un 2 por ciento anual adicional en forma de dividendos. Se trata de un buen resultado, teniendo en cuenta que ha sido un viaje tranquilo y sin muchos sobresaltos (véase el gráfico 8.3).

Gráfico 8.3. Cotización de Oracle (2007-2022)

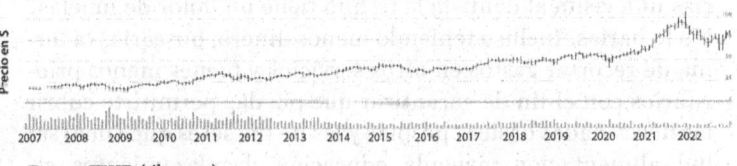

Fuente: TIKR (tikr.com).

Si investigas la historia de los inversores que más dinero han ganado, como, por ejemplo, Warren Buffett, Peter Lynch, Joel Greenblatt o Bill Ackman, verás que sus mayores éxitos han sido gracias a acciones estables.

Aquí te dejo una lista de sectores estables o con baja ciclicidad:

- Empresas del sector salud
- Empresas tecnológicas
- Empresas de servicios
- Supermercados
- Empresas de suministros (electricidad, agua, gas, etcétera)
- Empresas de gestión de residuos urbanos
- Ciertas empresas de venta minorista de artículos de bajo precio, como maquillaje, moda, ferretería, recambios...
- Empresas de mantenimiento

- Empresas de productos de consumo estable (productos del hogar, de cuidado personal...)
- Empresas de comida y bebidas
- Empresas de restauración (incluidas las de comida rápida)
- Empresas militares y de defensa

Cómo determinar el grado de ciclicidad

Antes de invertir en cualquier compañía te debes preguntar cómo de cíclica o estable puede ser. Esto lo puedes saber de dos sencillas formas. Primero, pregúntate qué grado de sensibilidad presenta el negocio ante un potencial período de crisis.

Imagina que la economía pasa por dificultades... ¿Aplazarías una visita al dentista si tu hijo tiene un dolor de muelas? No lo harías. Incluso teniendo menos dinero, buscarías la forma de recortar gastos en otros servicios y bienes menos prioritarios con el fin de garantizar que puedas permitirte cubrir las necesidades básicas propias y las de tus seres queridos (salud, alimentación, vivienda, educación, desplazamientos, etcétera). De ahí que compañías del sector salud se consideren estables.

Si tienes menos dinero debido a una crisis, ¿comprarías un vuelo en clase ejecutiva para ir de vacaciones al extranjero y te alojarías en un hotel de cinco estrellas, u optarías por hacer un viaje en tu coche a un destino cercano donde poder estar en un alojamiento turístico? Seguramente, mucha gente elegirá la segunda opción, pues en épocas de incertidumbre normalmente preferimos esperar a que haya un poco más de claridad acerca del futuro y, mientras tanto, tendemos a ser conservadores con nuestras finanzas. Por este motivo, empresas de turismo y aerolíneas también suelen ser empresas cíclicas.

La segunda forma de ver la ciclicidad de una empresa es ir a la web de relación con los inversores de la compañía en cuestión y descargar los informes anuales de los años 2008-2009, cuando se produjo la crisis más dura de los últimos cuarenta años. En las cuentas de la compañía podrás ver la evolución de los beneficios en ese período. ¿Disminuyeron considerablemente? ¿Se mantuvieron sin mayor variación o incluso crecieron?

En la tabla 8.2 se muestran las cuentas de Walmart durante los peores años de la crisis en cuestión. En ella puedes ver que sus ventas aumentaron en 2008 y 2009 (incremento de Net Sales); asimismo, los beneficios por acción pasaron de 3 dólares a más de 4 dólares en 2010 (Diluted Net Income per Common Share).

Tabla 8.2. Resumen financiero de Walmart (2007-2011)

As of and for Fiscal Years Ended January 31,	2011	2010	2009	2008	2007
OPERATING RESULTS					
Net sales	$418.952	$405.132	$401.087	$373.821	$344.759
Net sales increase	3,4%	1,0%	7,3%	8,4%	11,6%
Comparable sales in the United States	-0,6%	-0,8%	3,5%	1,6%	2,0%
Walmart U.S	-1,5%	-0,7%	3,2%	1,0%	1,9%
Sam's Club	3,9%	-1,4%	4,9%	4,9%	2,5%
Gross profit margin	24,7%	24,9%	24,2%	24,0%	
Operating, selling, general and administrative expenses, as a percentage of net sales	19,3%	19,7%	19,3%	19,0%	18,5%
Operating income	$25.542	$24.002	$22.767	$21.916	$20.552
Income from continuing operations attributable to Walmart	15.355	14.449	13.235	12.841	12.224
Net income per share of common shock:					
Diluted net income per common share from continuing operations attributable to Walmart	$4,18	$3,73	$3,35	$3,15	$2,93

Fuente: Comisión de Bolsa y Valores (Securities and Exchange Commission, SEC) de Estados Unidos.

Esto hizo que su precio en Bolsa apenas bajara durante la crisis financiera de 2008, cuando el mercado general bajó más de un 50 por ciento. Desde entonces ha seguido dando alegrías a sus accionistas.

Sin embargo, quiero que veas las cuentas de Ford Motor Company durante esos mismos años. En la tabla 8.3 se puede ver que las ventas bajaron más de un 25 por ciento (Sales and Revenues) y que la empresa tuvo serias pérdidas de más de 14.000 millones de dólares en 2008, lo cual puso a la compañía al borde de la quiebra.

Tabla 8.3. Resumen financiero de Ford Motor Company (2006-2010)

SUMMARY OF OPERATIONS	2010	2009	2008	2007	2006
Total company					
Sales and revenues	$128.954	$116.283	$143.584	$168.884	$156.711
Income (Loss) before income taxes	$7.149	$2.599	$(14.895)	$(4.286)	$(15.490)
Provision for / (Benefit from) income taxes	592	(133)	(62)	(1.467)	(2.880)
Income / (Loss) from continuing operations	6.557	2.712	(14.833)	(2.819)	(12.610)
Income / (Loss) from discontinued operations	—	5	9	41	16
Income / (Loss) before cumulative effects of changes in accounting principles	6.557	2.712	(14.824)	(2.778)	(12.594)
Cumulative effects of changes in accounting principles	—	—	—	—	(7)
Net income / (xc)	6.557	2.717	(14.824)	(2.778)	(12.601)
Less: Income / (Loss) attributable to noncontrolling interests	(4)	—	(58)	17	16

SUMMARY OF OPERATIONS	2010	2009	2008	2007	2006
Total company					
Net income / (loss) attributable to Ford Motor Company	$6.561	$2.717	$(14.766)	$(2.795)	$(12.617)

Fuente: Comisión de Bolsa y Valores (Securities and Exchange Commission, SEC) de Estados Unidos.

Las acciones colapsaron, y cayeron desde una cotización de unos 8 dólares, en 2006, a menos de 2 dólares, en 2009. Desde entonces no han dado muchas alegrías a sus accionistas, ya que llevan cotizando muchos años en torno a los 8-12 dólares. Esto supone una tragedia para un inversor que compró en 2006, suponiendo que no entró en pánico y vendió en mínimos en 2008 o 2009.

La segunda variable: el crecimiento

Hablemos ahora de la segunda variable más importante a la hora de clasificar acciones: el crecimiento de la compañía. Aquí no vale cualquier crecimiento, sino que tiene que ser un crecimiento rentable. Siempre que midamos el crecimiento en Bolsa, hay que verlo en términos por acción y analizar si es un crecimiento bajo o un crecimiento alto.

Desde mi punto de vista, un bajo crecimiento está por debajo del 10 por ciento anual, y un alto crecimiento, por encima del 10 por ciento anual; por eso establezco un límite en ese punto; es decir, procuro invertir en compañías que crecen como mínimo al 10 por ciento anual. ¿Por qué? Recuerda que el precio de cotización tiende a reflejar el crecimiento de los beneficios por acción a largo plazo (en el futuro). Como hemos visto anteriormente, la Bolsa ha dado un rendimiento anual medio de en torno al 9 por ciento, de modo que una empresa que mantenga un crecimiento superior al 10 por ciento anual de beneficios por acción, seguramente, tenga mejor desempeño que la Bolsa en general.

Es muy difícil batir el rendimiento general o conjunto de la Bolsa invirtiendo en empresas que crezcan menos que la media de la Bolsa. Pueden ser buenas empresas, con características defensivas; pero, por ejemplo, una empresa madura como Coca-Cola, cuyo beneficio apenas crece de media un 4 por ciento al año, difícilmente dará un rendimiento al accionista superior al 10 por ciento en los próximos diez o veinte años. ¿Significa eso que es una mala inversión? Por supuesto que no. Si la compramos a un precio barato, ya sea porque tiene problemas transitorios o porque ha bajado el mercado en general, se puede obtener un buen rendimiento a 1-3 años.

Cuanto más tiempo tengamos una acción en cartera, mayor será la probabilidad de obtener un rendimiento similar al crecimiento de beneficios por acción de la compañía, más los dividendos (si los tiene).

Las compañías tienen muchas formas de generar crecimiento artificialmente sin que esto se traduzca en rentabilidad en Bolsa. Una forma habitual es emitir nuevas acciones a fin de obtener recursos para, por ejemplo, comprar otra compañía; pero puede ser que, si tenemos en cuenta el hecho de que hay más acciones en el mercado, el beneficio por acción esté peor incluso que antes de la emisión (o ampliación), e incluso que tras la eventual adquisición de otra empresa.

Desde luego, la emisión de nuevas acciones no siempre es algo negativo. Una compañía también puede emitir acciones nuevas para hacer inversiones rentables en nuevos proyectos y adquisiciones realizadas a buenos precios; en ese caso, el beneficio por acción tenderá a reflejarlo.

Otra forma de crecimiento artificial es aceptar proyectos de bajo margen de beneficio o con alto riesgo para aparentar un crecimiento en ventas; esto no necesariamente se traduce en un aumento de beneficios. De igual forma, la empresa puede expandir sus negocios a nuevos ámbitos geográficos o nuevas líneas de producto, lo cual también hace subir las ventas, pero, nuevamente, eso no tiene por qué traducirse en mayores beneficios empresariales.

Es un error habitual considerar el crecimiento de una compañía principalmente con base en sus ventas y, en segundo plano, con base en sus beneficios. Si lo haces, tampoco es el fin de mundo, pero es un análisis mejorable, y el resultado de tu cartera te lo agradecerá si lo completas con otras métricas. Lo ideal es medir el crecimiento sobre la base de los beneficios por acción, ya que en los beneficios por acción sí se tiene en cuenta que la compañía está emitiendo o, en su caso, cancelando acciones.

Un truco avanzado para encontrar buenas inversiones es buscar compañías que no crezcan demasiado en cuanto a ventas, pero que sí lo hagan en relación con los beneficios por acción. Un ejemplo de esto es la compañía AutoZone (AZO), que me ha dado muchas alegrías desde 2015, cuando cotizaba a unos 600 dólares. AutoZone es un negocio estable que se dedica a la venta de piezas de recambio y mantenimiento de vehículos, y está bien dirigido y tiene poca deuda. Al consultar las cuentas de AutoZone se puede ver que sus ventas crecen sólo a un ritmo del 9 por ciento anual; pero, gracias a que sus márgenes de beneficio se van expandiendo debido a una mayor escala y ventaja competitiva, los beneficios crecen a un ritmo del 11 por ciento anual.

Asimismo, la compañía sigue una estrategia de recompra de acciones[9] que aumenta los beneficios por acción; por eso, cada año hay un 5 por ciento menos de acciones en circulación. Todos estos factores han hecho que, durante los últimos diez años, los beneficios por acción hayan crecido a un ritmo del 17 por ciento anual y que las acciones hayan tenido un rendimiento en Bolsa del 19 por ciento anual —a inicios de 2013, la acción cotizaba a unos 380 dólares, y a finales de 2022, a unos 2.460 dólares.

Como ya hemos visto, lo que buscamos es crecimiento rentable. Para que una compañía genere un crecimiento que se vea reflejado en el bolsillo del accionista hay básicamente tres métodos: crecimiento orgánico, crecimiento inorgánico y crecimiento mixto (orgánico e inorgánico).

---

9. En una recompra de acciones, como su nombre indica, la empresa recompra sus propias acciones en el mercado y las cancela. En lo que al beneficio por acción se refiere, éste aumenta, porque se distribuye entre menos participaciones (o acciones).

Un ejemplo de empresa que crece de forma orgánica es Starbucks (SBUX), que reinvierte la mayor parte de sus beneficios en abrir nuevos establecimientos, extenderse geográficamente y añadir más productos al catálogo de sus cafeterías y tiendas. Generalmente, el mercado ve esta forma de crecimiento como más «sana»; por este motivo, estas compañías suelen cotizar a una valoración más elevada, lo cual eleva el riesgo y reduce la rentabilidad futura. El pensamiento general es que ésta es una estrategia que produce un crecimiento más predecible y duradero; pero lo cierto es que, aun así, no está libre de riesgos. Algunas de las mayores revalorizaciones en Bolsa de las últimas décadas provienen de empresas con alto crecimiento orgánico, crecimiento que han podido perpetuar durante muchos años. Tú puedes aprender nociones de inversión con estas empresas.

Éstos son algunos ejemplos:

- Nike
- MasterCard
- Visa
- Home Depot
- Starbucks
- Amazon
- Netflix
- Google
- McDonald's
- Amazon
- Apple
- Nvidia
- Oracle
- Microsoft
- United Health
- Adobe

Un ejemplo de compañía de crecimiento inorgánico puede ser Berkshire Hathaway, la empresa de Warren Buffett que cotiza en Bolsa. Warren Buffett lleva más de sesenta años comprando negocios para este *holding* empresarial bajo la dinámica de adquirir nuevas compañías usando los beneficios generados con las que ha comprado en el pasado, y creando así una bola de nieve cada vez más grande. Así pues, el crecimiento inorgánico consiste en crecer a base de comprar otras compañías rentables o potencialmente rentables.

Este tipo de crecimiento puede ser muy rentable si se ejecuta bien, como ha sido el caso de Berkshire, que se ha revalorizado desde 10 dólares hasta más de 500.000 dólares por acción. La clave es que la empresa ejecute de forma repetitiva las adquisiciones a precios atractivos y sin endeudarse en exceso. Más adelante, en este capítulo, te mostraré algunos ejemplos reales de inversiones que he realizado en este tipo de compañías, para que tengas referencias.

Normalmente, el mercado ofrece las empresas de crecimiento inorgánico a un precio más bajo, lo cual reduce el riesgo y aumenta el retorno. Un estudio de la Harvard Business School realizado en 2011[10] revela que entre el 70 por ciento y el 90 por ciento de las adquisiciones de nuevas compañías destruyen valor; por este motivo, el mercado tiende a generalizar y no hace distinciones entre cada caso. Si se investiga el trasfondo, uno puede advertir que el crecimiento inorgánico fallido proviene de casos en los que la empresa no tiene sistematizado y probado el proceso de adquisiciones de forma repetitiva.

Si tienes interés en compañías que crecen de manera inorgánica, a continuación cito algunos ejemplos de empresas que han ejecutado a la perfección esta técnica, obteniendo como resultado revaloraciones en Bolsa superiores a veinte, cincuenta o más de cien veces:

- Constellation Software
- Middleby
- Halma PLC
- Diploma PLC
- Judges Scientific

10. Christensen, Clayton M., *et al.*, «The new M&A playbook», *Harvard Business Review*, 89, 3 (2011).

- Alimentation Couche-Tard
- MTY Foods
- Boyd Group
- Heico
- Transdigm
- Watsco
- Colliers Group
- Roper Technologies
- Ametek
- Amphenol
- Danaher
- Stryker
- Louis Vuitton

Te recomiendo estudiar detenidamente estos casos de éxito. Busca características similares en compañías más pequeñas y en una fase más temprana. Tú también podrías tener grandes alegrías en tu cartera.

Me gustaría que observaras la tabla 8.4, que muestra las veinte mejores acciones del S&P 500 durante 1999-2019. En ella verás muchos nombres conocidos.

Tabla 8.4. Las veinte mejores acciones del S&P 500 entre 1999 y 2019

TICKER	NOMBRE	SECTOR	RDTO. TOTAL 20 AÑOS	RDTO. ANUA-LIZADO
MNST	Monster Beverage Corp.	Consumer Defensive	82.206 %	39,9 %
CTSH	Cognizant Technology Solutions	Technology	24.370 %	31,7 %
CELG	Celgene Corp.	Healthcare	23.413 %	31,4 %
APPL	Apple Inc.	Technology	18.019 %	29,7 %
TSCO	Tractor Supply Co.	Consumer Cyclical	15.619 %	28,8 %

TICKER	NOMBRE	SECTOR	RDTO. TOTAL 20 AÑOS	RDTO. ANUA-LIZADO
BIIB	Biogen Inc.	Healthcare	12.963 %	27,6 %
AMZN	Amazon.com Inc.	Consumer Cyclical	11.265 %	26,7 %
ANSS	Ansys Inc.	Technology	10.378 %	26,2 %
GILD	Gilead Sciences Inc.	Healthcare	10.243 %	26,1 %
ATVI	Activision Blizzard Inc.	Technology	9.406 %	25,6 %
ABMD	Abiomedinc Inc.	Healthcare	7.989 %	24,6 %
BLK	BlackRock Inc.	Financial Services	7.408 %	24,1 %
HFC	Holly Frontier Corp.	Energy	7.023 %	23,8 %
MO	Altria Group Inc.	Consumer Defensive	6.894 %	23,7 %
ANET	Arista Networks Inc.	Technology	6.548 %	23,3 %
ADBE	Adobe Systems Inc.	Technology	6.260 %	23,1 %
UNH	United Health Group Inc.	Healthcare	6.176 %	23,0 %
ALXN	Alexion Pharmaceuticals Inc.	Healthcare	6.131 %	22,9 %
KSU	Kansas City Southern	Industrials	5.981 %	2,8 %
CPRT	Copart Inc.	Consumer Cyclical	5.509 %	22,3 %

Fuente: Bespoke Investing.

Ahora, compara esta información con la de la tabla 8.5, que muestra las veinte peores compañías del mismo período (1999-2019), según la misma firma que hizo el estudio.

Tabla 8.5. Las veinte peores acciones del S&P 500 entre 1999 y 2019

TICKER	NOMBRE	SECTOR	RDTO. TOTAL 20 AÑOS	RDTO. ANUA-LIZADO
AIG	American International Group	Financial Services	-91 %	-11,40 %
XRX	Xerox Corp.	Technology	-61 %	-4,60 %
C	Citigroup Inc.	Financial Services	-48 %	-3,20 %
GT	Goodyear Tire & Rubber Co.	Consumer Cyclical	-45 %	-2,90 %
F	Ford Motor Co.	Consumer Cyclical	-36 %	-2,20 %
NWL	Newell Brands Inc.	Consumer Defensive	-25 %	-1,40 %
GE	General Electric Co.	Industrials	-22 %	-1,20 %
L	Loews Corp.	Financial Services	-10 %	-0,50 %
AES	The AES Corp.	Utilities	-3 %	-0,10 %
MAT	Mattel Inc.	Consumer Cyclical	0 %	0,00 %
RF	Regions Financial Corp.	Financial Services	1 %	0,10 %
1PG	Interpublic Group	Consumer Cyclical	7 %	0,30 %
FITB	Fifth Third Bancorp	Financial Services	10 %	0,50 %
UNM	Unum Group	Financial Services	13 %	0,60 %
CBS	CBS Corp.	Consumer Cyclical	17 %	0,80 %
AKAM	Akamai Technologies Inc.	Technology	17 %	0,80 %
KEY	KeyCorp	Financial Services	19 %	0,90 %

TICKER	NOMBRE	SECTOR	RDTO. TOTAL 20 AÑOS	RDTO. ANUA-LIZADO
CPB	Campbell Soup Co.	Consumer Defensive	36 %	1,50 %
HBAN	Huntington Bancshares Inc.	Financial Services	36 %	1,60 %
AAL	American Airlines Group Inc.	Industrials	48 %	2,00 %

Fuente: Bespoke Investing.

En la tabla 8.5 se observan dos factores muy importantes. El primero es que las peores empresas son negocios maduros, sin apenas crecimiento; y el segundo es que pertenecen a industrias cíclicas, productos/servicios con alta competencia y sin ventaja competitiva, como, por ejemplo, neumáticos, automóviles, bancos/aseguradoras, aerolíneas, consumo cíclico o empresas tecnológicas en declive.

Sin embargo, entre las mejores empresas en Bolsa tenemos negocios únicos en su categoría, con ventajas competitivas en sectores estables y con crecimiento, como la tecnología de vanguardia, la salud, el consumo defensivo, el consumo cíclico, la energía o los servicios financieros. La conclusión de esto es sencilla: si quieres ganar mucho dinero en Bolsa, has de buscar una serie de características deseables, y dos de las más importantes para tener altos rendimientos en Bolsa son las buenas empresas con crecimientos rentables.

Desde mi punto de vista, la gran ventaja de invertir en acciones reside en que es algo asimétrico, ya que una acción puede subir un 800 por ciento o un 1.500 por ciento y, sin embargo, sólo podemos perder un cien por cien, que es el dinero que hemos invertido. Personalmente, en contadas ocasiones he perdido el 60-70 por ciento en una acción, pero he tenido muchos más casos donde he tenido rendimientos superiores al 800 por ciento, lo cual hace maravillas para una cartera, porque la relación riesgo-recompensa es de 1/10 o de 1/20. Si construimos una cartera con estas expectativas, inevitablemente, nuestras rentabilidades tenderán a ir bien en el futuro.

Warren Buffett suele decir que ha invertido en más de quinientas acciones diferentes a lo largo de su vida, pero que ha descubierto que el 95 por ciento de su fortuna proviene de un selecto grupo de tan sólo unas veinte acciones. Algunas de estas empresas son Coca-Cola, Moody's, Wells Fargo, Geico, Gillette, Washington Post, American Express... Todas tienen en común un crecimiento de beneficios por acción a un alto ritmo durante muchos años, todas ellas operaban en industrias estables, salvo el caso de Geico y Wells Fargo, que, aun siendo ligeramente cíclicas, eran líderes indiscutibles en sus respectivos sectores.

Ahora bien, piensa que una empresa de alto crecimiento en un sector estable que cotice a 15 veces beneficios puede ser una ganga increíble; sin embargo, una empresa cíclica de bajo crecimiento a 10 veces beneficios posiblemente se deba considerar sobrevalorada. Por lo tanto, resulta necesario establecer una clasificación que vincule la ciclicidad y el crecimiento con la ratio de valoración; de esta forma podremos aplicar una serie de principios de inversión adecuados en cada caso.

En la tabla 8.6 se muestra el rango de valoración habitual que se puede aplicar según la ciclicidad y el crecimiento de las acciones. Estos rangos de valoración son la media que el mercado estima como precio *razonable* o *justo*.

Tabla 8.6. Ratios de valoración media de las acciones según el grado de ciclicidad y crecimiento

CICLICIDAD	NIVEL DE CRECIMIENTO	
	Bajo	Alto
Cíclicas	Valoración PER 5×-10×	Valoración PER 10×-15×
Estables	Valoración PER 15×-25×	Valoración PER 20×-35×

Fuente: Elaboración propia.

El PER (*price-to-earnings ratio*) o múltiplo de valoración es una de las técnicas de valoración de acciones más usadas. Es una métrica que relaciona los beneficios por acción (BPA, o en inglés, EPS) de una empresa con su precio de cotización. El PER también se conoce como el múltiplo sobre beneficios; de ahora en adelante en este libro nos referiremos a él como el múltiplo de valoración o el múltiplo sobre beneficios. Por lo general, cuanto más bajo es el múltiplo de valoración, más barata está una acción. Te voy a poner un ejemplo fácil para que lo comprendas. Imagina que quieres comprar el mejor restaurante de tu barrio y el dueño te dice que genera un beneficio anual muy constante de en torno a 200.000 euros. Un múltiplo de valoración de 5 veces significaría un precio de 1.000.000 euros, probablemente un valor razonable, ya que recuperas tu inversión al cabo de 5 años, lo cual te genera un rendimiento anual del 20 %. Sin embargo, si el dueño te pide 2.000.000 de euros, implica un múltiplo de 10 veces sus beneficios, y que recuperas la inversión al cabo de 10 años; un rendimiento anual del 10 %. En Bolsa sucede lo mismo a diario, tenemos que tratar de comprar lo más barato posible en función de los beneficios que proporciona una empresa. Ésta es una de las técnicas de valoración más utilizadas por grandes inversores como Warren Buffett, Peter Lynch o Charlie Munger.

Por otro lado, tengamos como referencia que el mercado de acciones de media cotiza a 16 veces sus beneficios por acción. Más adelante, ampliaremos la información acerca de esta herramienta y veremos cómo utilizarla para valorar los cuatro tipos de acciones que existen.

Como puedes observar en la tabla 8.6, podemos clasificar las acciones en cuatro categorías: acciones cíclicas de bajo crecimiento, acciones cíclicas de alto crecimiento, acciones estables de bajo crecimiento y acciones estables de alto crecimiento. Veamos las claves para invertir en cada una de estas categorías.

Acciones cíclicas de bajo crecimiento

Estas acciones son para oportunistas de la Bolsa. Dado que generalmente no generan mucho valor a largo plazo, invertir en ellas con un enfoque a largo plazo suele ser un error; así pues, debemos pensar que son acciones para «alquilar» y estar de paso en ellas.

Si aplicamos este enfoque, es posible ganar dinero en acciones cíclicas; sin embargo, debemos ser conscientes de que son activos muy volátiles y en los que el pánico o la euforia se ven magnificados.

Hay empresas cíclicas en las que la oferta es relativamente estable y la ciclicidad viene por parte de la demanda; ejemplos de ellas son las empresas del sector del automóvil o del turismo, que ofrecen productos cuya demanda se resiente con las crisis económicas. En mi opinión, este tipo de acciones cíclicas son más «benevolentes», porque, al final, las crisis globales o sectoriales se superan en algún momento, y después todo vuelve a la normalidad. Siempre y cuando la empresa no haya tenido que endeudarse o emitir acciones en el ciclo bajista, sus beneficios volverán al nivel previo, con la consiguiente subida en Bolsa.

En empresas cíclicas de minería, materiales de construcción, semiconductores, petróleo, gas, etcétera, sucede lo contrario. La demanda mundial de estos materiales y estas materias primas es más estable porque son fundamentales en la economía. Sin embargo, la oferta puede variar mucho, y es por ello por lo que se crea la ciclicidad. En períodos en los cuales los precios son altos, todos los ejecutivos del sector quieren ganar mucho dinero e invierten en nueva capacidad de producción; cuando esta capacidad entra al juego y esas materias primas no encuentran compradores (por exceso de oferta), los precios se desploman, marcando normalmente el pico del ciclo. La preocupación del sector en general hace frenar las inversiones y, por consiguiente, se elimina parte de la capacidad de producción. Habrá empresas del sector que lo pasarán mal con los bajos precios y que incluso quebrarán; para entonces, las acciones habrán bajado significativamente en Bolsa. La euforia se habrá disipado, y ése será el momento ideal de compra. Aunque lo normal es que empieces perdiendo dinero, ten convicción..., pero sé cauteloso y empieza con una posición pequeña. Es difícil saber cuándo acabará la fase bajista, por lo que es recomendable ir comprando a la baja poco a poco y con paciencia, ya que así se puede construir una posición a un precio medio atractivo, para después disfrutar de la subida.

Son muchas las formas de perder dinero en esta clase de acciones cíclicas y de bajo crecimiento, sobre todo para los turistas de la Bolsa, e incluso para los no tan turistas que se dejen llevar por sus emociones. Veamos algunos ejemplos:

1. Puede que compren en períodos en los que estas acciones no hayan parado de subir en Bolsa y el pico del ciclo esté a la vuelta de la esquina. Se trata del peor escenario, y da igual si es una buena o una mala compañía.

2. Puede que compren las acciones demasiado pronto, con las primeras caídas, en compañías de baja calidad y que tienen riesgo de experimentar serios problemas durante el ciclo bajista.

3. Puede que compren acciones buenas con las primeras bajadas, pero que vendan movidos por el pánico con las caídas adicionales. En este caso, el error no es seleccionar la acción, sino no controlar las emociones.

4. Puede que compren en buen momento, que las acciones sigan bajando y que, cuando se recuperen en Bolsa, vendan muy pronto. Esto sucede porque, después de haber sufrido muchas pérdidas intermedias, no quieren sentir más dolor, y salen de la operación sin beneficio.

5. Y, finalmente, están los que salen victoriosos pero venden muy pronto con bajos beneficios; seguramente haya sido un viaje de dos o tres años para ganar muy poco dinero, y en el que quizá el coste de oportunidad haya sido muy elevado.

Para tener éxito invirtiendo en acciones cíclicas tienes que ser muy fuerte psicológicamente, y, siendo honestos, la mayoría de las personas que llevan poco tiempo invirtiendo o que apenas empiezan no tiene aún esa fortaleza mental.

Veamos el siguiente ejemplo... Freeport-McMoRan Inc. (FCX) es una de las compañías de minería más grandes del mundo; en concreto se especializa en la extracción de cobre y oro, y tiene varias minas en diferentes lugares del mundo. Además, mantiene unos costes de extracción razonablemente bajos, en comparación con sus rivales, lo cual es posiblemente una de las pocas fuentes de ventaja competitiva en este sector.

En la tabla 8.7 puedes ver en primer lugar que las ventas (ingresos) de Freeport-McMoRan Inc. llevan siendo bastante estables durante más de diez años. No obstante, observa que los beneficios (BPA normalizado) han sido una montaña rusa durante los últimos diez años. Han pasado de ser de más de 4 dólares por acción a 2 dólares entre 2011 y 2014, y posteriormente han llegado a ser pérdidas, en 2015; en los años siguientes se recuperaron hasta los 1,5 dólares, para volver a bajar con la crisis por la COVID-19 y, finalmente, recuperarse en 2021 hasta supera los 3 dólares.

Como ya imaginarás, la cotización ha reflejado los viajes zigzagueantes de los resultados de la compañía, tal y como puedes ver en el gráfico 8.4, que refleja el precio de la acción en ese mismo período. En estos últimos 10-15 años, la cotización se ha movido en un rango de entre 6 dólares y 40 dólares; pero, si se invirtió a «largo plazo», el rendimiento en Bolsa es nulo, porque la empresa gana lo mismo o menos que hace quince años...

Gráfico 8.4. Cotización de Freeport-McMoRan Inc. (2010-2022)

Fuente: TIKR (tikr.com).

Claramente, y como te explicaba antes, el mejor momento de compra fue en 2015 y 2016, porque era cuando más dinero perdía la compañía y cuando era razonable esperar una mejora futura. Desde luego, resulta fácil verlo en retrospectiva, pero es más complicado verlo en tiempo real.

Supongamos que te interesas por estas acciones sólo cuando han bajado mucho en Bolsa. Puede que hacia finales de 2014 o

Actuals & Forward Estimates	31/12/10 A	31/12/11 A	31/12/12 A	31/12/13 A	31/12/14 A	31/12/15 A	31/12/16 A	31/12/17 A	31/12/18 A	31/12/19 A	31/12/20 A	31/12/21 A	31/12/22 E
Ventas	18.982,00	20.880,00	18.010,00	20.921,00	21.438,00	15.871,00	15.115,00	16.403,00	18.628,00	14.402,00	14.198,00	22.845,00	22.490,41
% Cambio a/a	26,2%	10,0%	(13,7%)	16,2%	2,5%	(25,5%)	(4,8%)	8,5%	13,6%	(22,7%)	(1,4%)	60,9%	(1,6%)
EBITDA	10.104,00	10.346,00	6.897	8.630,93	8.264	4.150	4.716	5.961	6.742	2.703	3.965	10.364,00	9.358,82
% Cambio a/a	32,7%	2,4%	(33,3%)	25,1%	(4,3%)	(49,3%)	12,6%	26,4%	13,1%	(59,9%)	46,7%	161,4%	(9,7%)
% EBITDA margin	53,2%	49,5%	38,3%	41,3%	38,5%	26,4%	31,2%	36,3%	36,2%	18,8%	27,9%	45,4%	41,6%
EBIT- beneficio operativo	9.068	9.324	5.718	5.833,93	4.401	693	-2.796	3.633	4.754	1.091	2.437	8.366	6.802,56
% Cambio a/a	37,4%	2,8%	(38,7%)	2,0%	(24,6%)	(84,3%)	(503,5%)	229,9%	30,9%	(77,1%)	123,4%	243,3%	(18,7%)
% Margen de beneficio operativo	47,8%	44,7%	31,7%	27,9%	20,5%	4,4%	(18,5%)	22,1%	25,5%	7,6%	17,2%	36,6%	30,2%
Beneficio antes de impuestos	8.593	9.002	5.559	5.028,88	3.807		1.380	3.516	4.426	698	2.020	8.280	6.674,29
% Cambio a/a		4,8%	(38,2%)	(9,5%)	(24,3%)			154,8%	25,9%	(84,2%)	189,4%	309,9%	(19,4%)
% Margen antes de impuestos	45,3%	43,1%	30,9%	24,0%	17,8%		9,1%	21,4%	23,8%	4,8%	14,2%	36,2%	29,7%
Beneficio neto normalizado	4.344	4.069,95	3.036	2.685	2.000	-89	305	1.704	2.209	36	790	4.637	3.361,40
% Cambio a/a	66,9%	7,5%	(35,0%)	(11,6%)	(25,5%)	(104,5%)	442,7%	458,7%	29,6%	(98,4%)	2094,4%	487,0%	(27,5%)
% Margen beneficio neto	22,9%	22,4%	16,9%	12,8%	9,3%	(0,6%)	2,0%	10,4%	11,9%	0,2%	5,6%	20,3%	14,9%
BPA normalizado	4,65	4,89	3,18	2,65	1,96	-0,08	0,2	1,17	1,52	0,02	0,54	3,13	2,35

Fuente: TIKR (tikr.com).

inicios de 2015, a un precio de 20 dólares, ya te pareciera interesante, ya que la acción hizo máximos en 2011 a 60 dólares, y las previsiones apuntaban a que los beneficios por acción descenderían desde 4 dólares a menos de 1 dólar. Además, la compañía tenía una deuda manejable en 2013 y 2014; y, de hecho, la directiva estimaba que 2013 podría ser el final del mercado bajista, y decidieron endeudarse en 8.000 millones de dólares adicionales para invertir en nuevos proyectos mineros.

En 2017, lo que sucedió es que había tanto miedo en el sector que las inversiones de la empresa habían descendido de 8.000 millones a sólo 1.500 millones de dólares al año, y lo que parecía una deuda baja pasó a ser un gran problema. La empresa tuvo que emitir un 50 por ciento de acciones nuevas para poder salir a flote.

Retrocedamos en el tiempo... En este escenario, lo recomendable habría sido comprar a 20 dólares y, para ganar dinero, seguir comprando a 12 dólares, a 8 dólares, a 6 dólares..., es decir, estar dispuestos a seguir confiando en que hemos hecho bien nuestro análisis y en que la compañía no va a quebrar por el camino. De esta forma, si hemos sido cautelosos y hemos empezado con posiciones pequeñas para tener margen de maniobra, podríamos tener un precio medio de 10-12 dólares para poder vender en 2017 o 2018 a 15 dólares o 17 dólares, con lo cual hubiésemos hecho un beneficio razonable de un 10-15 por ciento anual en los cuatro años que estuvimos subidos en la montaña rusa de Freeport-McMoRan.

Por el contrario, si no compramos a la baja (para asegurarnos un buen precio medio) y simplemente nos quedamos con una posición a un precio de 20 dólares, observa que no fue sino hasta 2021 cuando la acción superó los 20 dólares. Suponiendo que aguantaste esos siete años de tortura (cosa poco probable), es posible que vendieras en cuanto la acción llegó a 25 o a 30 dólares, en 2021; pero, en ese escenario, ¡sólo habrías ganado un 50 por ciento en siete años!, es decir, el equivalente a un rendimiento medio anual de tan sólo el 6 por ciento... Si lo miras en perspectiva, habrías perdido menos horas de sueño comprando muchas otras acciones diferentes y en las que fuera más fácil ganar un 10 por ciento anual durante esos años.

Puede parecer que este ejemplo casi hecho a medida ha sido seleccionado a propósito, pero, créeme, este comportamiento es el habitual en muchas acciones cíclicas de bajo crecimiento que pertenecen a sectores complicados.

Un concepto muy importante que debes conocer cuando inviertes en esta clase de acciones es el de *normalizar beneficios*. Voy a intentar explicarlo de una forma sencilla y abreviada, ya que los expertos del sector saben que esto requiere cientos de horas de trabajo.

Es muy importante recordar en este punto que el proceso de normalizar beneficios en una acción cíclica es diferente a los beneficios *normalizados* que hemos visto en anteriores ejemplos, ya que en este último caso es un rápido ajuste que simplemente excluye costes excepcionales para tener una visión más clara del beneficio real de un año determinado. Lo que vamos a ver a continuación es un poco más elaborado, por la complejidad propia de las acciones cíclicas.

Tenemos que ver la media de ventas y márgenes de beneficios que ha tenido la empresa durante un período largo, como, por ejemplo, diez años.

Observa detenidamente la tabla 8.8. Si nos fijamos en los márgenes de beneficios operativos de Freeport-McMoRan durante diez años, veremos que en su punto más alto, en el año 2011, la empresa ganaba un 44 por ciento sobre ventas (margen EBIT [en porcentaje]), y en el punto más bajo, en el año 2016, perdía cerca del 20 por ciento (-18,5 por ciento). Otros años ha sido del 17 por ciento (2020) o incluso de tan sólo el 4 por ciento (2015). Podríamos establecer la media de márgenes EBIT de Freeport-McMoRan en el 20 por ciento, y la media de sus ventas (o ingresos), en torno a 20.000 millones de dólares al año.

Con estos datos tenemos como resultado que su beneficio operativo medio sería de en torno a 4.000 millones de dólares (20.000 millones de dólares × 20 por ciento), si le restamos los intereses y los impuestos del último año (puedes encontrar estos datos en el informe anual de pérdidas y ganancias de la compañía); en resumen, serían unos 2.250 millones de dólares anuales. Si dividimos entre el número de acciones, que es de unos 1.500

Tabla 8.8. Resumen financiero de Freeport-McMoRan Inc., de 2010 a 2021 (2022 estimado). Cifras en millones, excepto datos por acción

	31/12/10 A	31/12/11 A	31/12/12 A	31/12/13 A	31/12/14 A	31/12/15 A	31/12/16 A	31/12/17 A	31/12/18 A	31/12/19 A	31/12/20 A	31/12/21 A	31/12/22 E
Ventas	18.982,00	20.880,00	18.010,00	20.921,00	21.438,00	15.877,00	15.115,00	16.403,00	18.628,00	14.402,00	14.198,00	22.845,00	22.490,41
% Cambio a/a	26,2%	10,0%	(13,7%)	16,2%	2,5%	(25,9%)	(4,8%)	8,5%	13,6%	(22,7%)	(1,4%)	60,9%	(1,6%)
EBITDA	10.104,00	10.346,00	6.897	8.630,93	8.264	4.190	4.716	5.961	6.742	2.703	3.965	10.364,00	9.335,82
% Cambio a/a	32,7%	2,4%	(33,3%)	25,1%	(4,3%)	(49,3%)	12,6%	26,4%	13,1%	(59,9%)	46,7%	161,4%	(9,7%)
% EBITDA margen	53,2%	49,5%	38,3%	41,3%	38,5%	26,4%	31,2%	36,3%	36,2%	18,8%	27,9%	45,4%	41,6%
EBIT - beneficio operativo	9.068	9.294	5.718	5.833,93	4.401	693	-2.796	3.633	4.754	1.091	2.437	8.366	6.802,56
% Cambio a/a	37,4%	2,8%	(38,7%)	2,0%	(24,6%)	(84,3%)	(503,5%)	229,9%	30,9%	(77,1%)	123,4%	243,3%	(18,7%)
% Margen de beneficio operativo	47,8%	44,7%	31,7%	27,9%	20,5%	4,4%	(18,5%)	22,1%	25,5%	7,6%	17,2%	36,6%	30,2%
Beneficio antes de impuestos	8.593	9.002	5.559	5.029,88	3.807		1.380	3.516	4.426	698	2.020	8.280	6.674,29
% Cambio a/a		4,8%	(38,2%)	(9,5%)	(24,3%)			154,8%	25,9%	(84,2%)	189,4%	309,9%	(19,4%)
% Margen antes de impuestos	45,3%	43,1%	30,9%	24,0%	17,8%		9,1%	21,4%	23,8%	4,8%	14,2%	36,2%	29,7%
Beneficio neto normalizado	4.344	4.669,95	3.036	2.685	2.000	-89	305	1.704	2.209	36	790	4.637	3.361,4
% Cambio a/a	66,9%	7,5%	(35,0%)	(11,6%)	(25,5%)	(104,5%)	442,7%	458,7%	29,6%	(98,4%)	2.094,4%	487,0%	(27,5%)
% Margen beneficio neto	22,9%	22,4%	16,9%	12,8%	9,3%	(0,6%)	2,0%	10,4%	11,9%	0,2%	5,6%	20,3%	14,9%
BPA normalizado	4,65	4,89	3,18	2,65	1,96	-0,08	0,2	1,17	1,52	0,02	0,54	3,13	2,35

millones, nos da un posible beneficio normalizado de 1,5 dólares por acción.

Normalmente, acciones tan cíclicas como éstas suelen cotizar de media a 10 veces beneficios o menos, por lo que podríamos calcular un valor intrínseco en torno a 15 dólares (1,5 dólares × 10). No obstante, en Bolsa, la idea es comprar algo por menos de lo que vale, ese valor intrínseco del que tanto habla Warren Buffett. Si la acción tiene un valor intrínseco en ese momento de 15 dólares, lo más acertado es comprarla por mucho menos, como, por ejemplo, 6 u 8 dólares por acción.

Si un inversor hubiera hecho este sencillo ejercicio en 2014, habría decidido esperar a que la cotización de Freeport-McMo-Ran bajara mucho más antes de comprar, porque a 20 dólares, seguramente, estamos comprando algo sobrevalorado para los beneficios por acción que puede tener la compañía de forma «normalizada» a lo largo de un ciclo.

Acciones cíclicas con alto crecimiento

Las acciones cíclicas con alto crecimiento son un tipo de acciones que, personalmente, me han dado más alegrías que las acciones cíclicas de bajo crecimiento, y creo que constituyen una inversión que puede ser muy lucrativa. El principal motivo de que piense esto es que, con estas acciones, el tiempo juega a nuestro favor, incluso si no seleccionamos el mejor momento de compra y tenemos que soportar la parte desfavorable del ciclo, ya que, cuando la empresa emerge del período más crítico, seguramente, su valor intrínseco será mucho mayor que antes de iniciar la caída. Esto hace que el hecho de comprar a la baja sea más lucrativo que en el ejemplo anterior, en el que no había esa generación de valor. Obviamente, los principios básicos que ya hemos comentado para invertir en acciones cíclicas siguen siendo aplicables. Debemos comprobar que la empresa no va a tener problemas de deuda y, de igual forma, tener en cuenta los márgenes de beneficio normalizados. En general, la volatilidad de las acciones cíclicas, ya sean de bajo o alto crecimiento, es más alta que las de negocios más «estables»; por lo tanto, se pueden producir fuertes caídas en su cotización cuando el mercado considera que hay atisbos de crisis.

La ventaja es que, precisamente por este motivo, podemos obtener altos retornos, y, además, son potencialmente buenas inversiones en tiempos de crisis, debido a las valoraciones tan atractivas que suelen alcanzar.

Veamos algunos ejemplos interesantes de acciones cíclicas de alto crecimiento...

AutoNation (AN) ha sido una acción cíclica que ha dado buen retorno desde que salió a Bolsa, ya que su precio se ha multiplicado por más de diez veces. Hace veinte años, sus beneficios por acción eran de 1 dólar, y ahora superan los 15 dólares; sin embargo, no ha sido un camino lineal.

AutoNation posee concesionarios de automóviles en Estados Unidos, y, aunque el negocio de venta de automóviles es cíclico, la compañía ha crecido mucho estos años comprando concesionarios independientes, que suelen tener una gestión deficiente y márgenes bajos, pero que encierran un potencial de crecimiento. Una de sus estrategias es comprar negocios a buen precio a pequeños empresarios locales que están en proceso de jubilación y que llevan 40-50 años operando en el sector.

La segunda forma que tiene la empresa de crecer es recomprar acciones de manera agresiva para aumentar el beneficio por acción. A este respecto, resulta clave contar con una buena directiva que gestione el negocio de forma prudente, sobre todo en lo que se refiere a mantener bajos los niveles de deuda. De esta forma, cuando atraviese la fase más complicada del ciclo, en lugar de verse obligada a emitir acciones, la empresa podrá tener capacidad de aprovechar la situación, ya sea recomprando sus acciones en el mercado a precios de derribo o realizando adquisiciones que aporten valor, ya que las mejores oportunidades se pueden encontrar cuando hay crisis en el sector.

En la tabla 8.9 podemos ver las cuentas de AutoNation entre los años 2007 y 2012. En este período se produjo la peor crisis para el sector del automóvil de los últimos ochenta años.

Tabla 8.9. Resumen financiero de AutoNation (2007-2012).
Cifras en millones

UENTA PÉRDIDAS Y GANANCIAS	31/12/07	31/12/08	31/12/09	31/12/10	31/12/11	31/12/12
entas	15.763,80	12.722,20	10.270,30	11.994,30	13.304,80	15.019,70
gresos financieros	555,7	455,7	348,6	418,9	474,5	571,2
tras ventas	65,7	60,8	47,1	47,8	53	76,6
otal de Ventas	16.385,20	13.238,70	10.666,00	12.461,00	13.832,30	15.667,50
% Cambio a/a	(10,1 %)	(19,2 %)	(19,4 %)	16,8 %	11,0 %	13,3 %
oste de ventas	-13.742,20	-11.013,70	-8756,2	-10.333,50	-11.528,30	-13.181,30
eneficio bruto	2.643	2.225	1.909,80	2.127,50	2.304	2.486,20
% Cambio a/a	(9,5 %)	(15,8 %)	(14,2 %)	11,4 %	8,3 %	7,9 %
% Margen bruto	16,1 %	16,8 %	17,9 %	17,1 %	16,7 %	15,9 %
oste generales	-1.876,40	-1.675,10	-1.446,90	-1.552,10	-1.649,40	-1.749,30
epreciación y mortización	-84	-84	-76,7	-76,8	-83,7	-87,3
tros costes operativos	0,4	-14,4	-1	-4,8	-2,4	0,4
otal de costes	-1.960	-1.773,50	-1.524,60	-1.633,70	-1.735,50	-1.836,20
eneficio operativo	683	451,5	385,2	493,8	568,5	650

Fuente: TIKR (tikr.com).

En la tabla 8.9 podemos ver que, entre 2007 y 2009, las ventas (o ingresos totales) bajaron desde casi 16.000 millones de dólares a poco más de 10.000 millones de dólares, lo que provocó una caída de beneficios operativos (de 683 millones de dólares a sólo 385 millones de dólares). Es un desempeño razonable para una empresa de un sector cíclico. Recordemos que, en esa época, muchas empresas de automóviles estuvieron a punto de la quiebra o, en el peor de los casos, quebraron. Sin embargo, dentro del sector, los concesionarios de automóviles son un buen barco para resistir la tormenta, ya que más de la mitad de sus beneficios provienen de reparaciones y mantenimiento, y tienen una línea de negocio más estable, predecible y con altos márgenes de beneficios. Warren Buffett ha invertido en más de una ocasión en este tipo de negocios, y ha manifestado que le gustaría seguir apostando por él.

Observa que, en 2012, tan sólo tres años después de tocar su punto más bajo de rendimiento, AutoNation había recuperado su nivel previo de ventas y beneficios operativos. Cabe reiterar que estamos hablando de una de las peores crisis del sector; en anteriores crisis, como la del año 2000, la empresa apenas redujo sus beneficios.

Lo interesante viene a continuación. A partir del año 2006, la cotización de AutoNation bajó de 20 dólares a 15 dólares en 2007; y en 2008 bajó hasta los 6 dólares por acción. En esos momentos es donde una buena directiva puede hacer maravillas. En el caso de AutoNation, estaba claro que la empresa era solvente y podía hacer beneficios con su línea de negocio más estable; de modo que la empresa comenzó a adquirir sus propias acciones en el mercado, para después cancelarlas y aumentar así el beneficio por acción. Esto puede sonar como ingeniería financiera, pero es una herramienta que, bien utilizada por parte de las empresas, puede generar mucho valor. Entre el año 2007 y 2012, la empresa pasó de 200 millones de acciones en circulación a menos de 125 millones.

Tal y como puedes ver en la tabla 8.10, esto tuvo un efecto fantástico, ya que, para 2012, el beneficio por acción había pasado de 1,38 dólares a 2,54 dólares, a pesar de que la empresa ganaba el mismo beneficio operativo, que era de unos 600 millones de dólares.

Tabla 8.10. Beneficios por acción de AutoNation (2007-2012)

	31/12/07 A	31/12/08 A	31/12/09 A	31/12/10 A	31/12/11 A	31/12/12 A
BPA normalizado	1,38	1	1,15	1,56	1,94	2,54
% Cambio a/a	(10,4 %)	(27,5 %)	15,0 %	35,7 %	24,4 %	30,9 %

Fuente: TIKR (tikr.com).

Obviamente, esto se vio reflejado en la cotización, ya que, incluso un inversor que hubiera comprado en el peor momento, justo antes de la crisis de 2008, cuando la acción cotizaba a 20 dólares, podría haber obtenido beneficios en 2012, cuando la acción cotizaba a más de 35 dólares. (Véase el gráfico 8.5.)

Gráfico 8.5. Cotización de AutoNation (2007-2012)

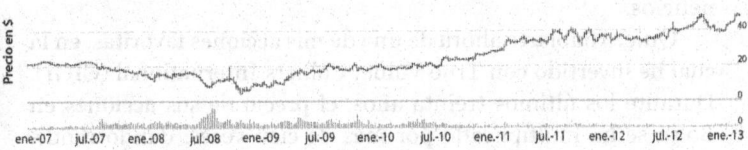

Fuente: TIKR (tikr.com).

Un consejo muy importante para tener éxito en esta clase de acciones es aprovechar la volatilidad. Recuerda no gastar todas las balas en la primera compra; es mejor comprar poco a poco a la baja para obtener un precio medio adecuado. Es muy difícil saber cuándo va a acabar la crisis en esta clase de acciones; por eso, la mejor estrategia para construir su posición es ir comprando a la baja en diferentes niveles. Por ejemplo, si un inversor hubiera hecho esto en AutoNation entre 2008 y 2009, quizá habría comprado más acciones a 15 dólares, y luego a 10 dólares, e incluso a 6 dólares. De esa forma habría creado un precio medio de compra de 10-15 dólares. Piensa que, si la cotización está a 35 dólares dos o tres años después, la tasa de retorno es excelente, a pesar de haber empezado a comprar en el peor momento de la peor crisis del sector en ochenta años.

Es importante buscar una buena valoración de entrada, que, idealmente, no sea superior a 12 veces beneficios, y esperar a que la cotización haya comenzado a bajar un 30-40 por ciento. Esta lección la aprendieron los inversores poco informados de AutoNation en la crisis del año 2000. A pesar de que comparativamente fue una crisis más leve, la empresa hizo la misma gestión magistral doblando los beneficios entre el año 1998 y 2003. No obstante, antes de la crisis del año 2000, las acciones llegaron a cotizar a 50 veces beneficios, a una media de 30 dólares por acción entre el año 1996 y 1999; como resultado, la cotización caería con fuerza y no se volvería a recuperar hasta 2012, dieciséis años después. Esto es un claro ejemplo de lo peligroso que es no ser disciplinado y firme en Bolsa respecto a los precios que estamos dispuestos a pagar. Claramente, una valoración de 50 veces beneficios es una locura para esta clase de acciones, que normalmente deberían cotizar a 10-15 veces beneficios.

Quiero hablarte ahora de una de mis acciones favoritas, en la cual he invertido con True Value: Colliers International (CIGI). Durante los últimos treinta años, el precio de sus acciones en Bolsa se ha multiplicado por más de cien veces, dando rendimientos anuales de más del 20 por ciento.

Colliers es un bróker inmobiliario especializado en grandes transacciones. Cuando uno quiere vender un rascacielos, no puede simplemente llamar a las inmobiliarias de su barrio, ya que seguramente no contarán con los conocimientos, la experiencia y las herramientas necesarias para negociar inmuebles de este tipo. En esos casos es necesario contactar con compañías especializadas en este nicho de mercado, como, por ejemplo, Colliers, CBRE o JLL.

El principal negocio de un bróker inmobiliario es cobrar un porcentaje sobre el precio de compra/venta de los activos inmobiliarios que gestiona; por lo que, en períodos de crisis, donde normalmente hay menos transacciones y posiblemente a menor precio, sus beneficios se ven afectados.

Sin embargo, las tres principales empresas del sector tienen una ventaja muy importante sobre los pequeños rivales: la reputación y la escala. En el pasado había múltiples intermediarios locales, y el sector inmobiliario se regía por operativas arbitrarias, tanto para compradores como para vendedores; sin embargo, estas empresas principales profesionalizaron y estandarizaron la operativa del sector de las grandes transacciones, haciéndolo más seguro y equitativo. Por este motivo crecen de forma orgánica a un ritmo elevado.

Colliers, además, tiene una segunda vía de crecimiento: compra pequeñas agencias inmobiliarias locales a buenos precios y las optimiza introduciendo su sistema de gestión administrativa. Esto es lo que se conoce como *consolidar* un sector muy fragmentado. Colliers, al igual AutoNation (el concesionario de automóviles), tiene líneas de negocio que no son cíclicas, y, de hecho, por este motivo, más de la mitad de sus beneficios tienden a ser más estables. La empresa ofrece fondos de inversión inmobiliaria de gestión propia, por los que cobra comisiones fijas; también ofrecen servicios de gestión de edificios (administración, mantenimiento, etcétera), lo cual es una fuente de ingresos muy recurrente, al igual que la gestión de alquileres.

Colliers es posiblemente la empresa mejor gestionada del sector. Su fundador, Jay Hennick, sigue al frente de la dirección del negocio, y tiene la mayor parte de su patrimonio personal ligado al valor de las acciones. Colliers es una de esas historias norteamericanas de emprendimiento digna de admiración. Jay Hennick tiene unos orígenes humildes. Empezó a trabajar durante los veranos como socorrista en comunidades de vecinos; esta experiencia le permitió ser testigo de la creciente demanda de servicios en ese campo, que no sólo abarcaba al personal de piscinas, sino al de jardinería, limpieza, seguridad... Con un pequeño capital de 1.000 dólares que pidió prestado a su padre, y con la ayuda de algunos amigos que aceptaron trabajar con él, fundó una pequeña compañía que proporcionaba personal para servicios de administración integral de comunidades. Su estrategia se basaba en ofrecer precios más bajos que otras empresas, y, con ello, el negocio empezó a escalar.

Cuando tenía treinta años de edad, ya era rico; sin embargo, aunque el éxito llegó pronto, también muy pronto se enfrentó a grandes dificultades. Tras haber sido diagnosticado de cáncer cerebral, tuvo que ser sometido a una compleja operación y, posteriormente, a un largo tratamiento; se vio forzado a detener todas sus actividades, incluidas las empresariales. Superada esa etapa, y cuando todo parecía ir por buen camino, pocos años después, el cáncer volvería a aparecer, obligándolo a librar una segunda batalla contra la enfermedad, de la que nuevamente salió vencedor. El resto es historia... Colliers es una de las empresas más exitosas del sector. Estas experiencias nos dan una idea de la clase de líder empresarial del que estamos hablando.

La última vez que invertimos en Colliers con los fondos de True Value fue en 2020, durante la crisis por la COVID-19, cuando cotizaba a unos 65 dólares de media. En ese momento cumplía las tres premisas básicas de una acción cíclica de crecimiento:

1. La cotización había bajado más de un 40 por ciento, desde 120 a menos de 70 dólares por acción.
2. En ese punto, la empresa estaba cotizando a una valoración de 13 veces los beneficios del año anterior, lo cual es un precio razonable para esta clase de acciones, como ya hemos visto antes.
3. La empresa tenía un nivel de deuda que no suponía un problema.

Estaba claro que, durante el año 2020, la empresa sufriría los efectos de la crisis, y, efectivamente, los beneficios bajaron en torno al 15 por ciento. A pesar de que se trataba de un comportamiento habitual en escenarios similares, lo cierto es que la crisis por la COVID-19 nos tomó a todos por sorpresa. En su momento, nadie esperaba que la situación se agudizara hasta tal punto.

Sin embargo, previendo un escenario más extremo, como la crisis financiera e inmobiliaria de 2008, donde los beneficios de la compañía podrían descender hasta un 40 por ciento, con las repercusiones que esto conlleva para la cotización, nos habíamos asegurado de realizar nuestras primeras compras sin comprometer demasiado la cartera con el tamaño de la posición. De esta forma contábamos con margen de maniobra por si surgía la oportunidad de adquirir más acciones a un precio más bajo que nuestro precio de entrada (recuerda que compramos a 65 dólares).

Sabíamos que, finalmente, los beneficios de la compañía retornarían a un punto más alto desde los 4 dólares por acción que tenía previsto ganar en 2020, y que podrían ser de 6 o 7 dólares para 2022-2023. Esta acción suele cotizar a una valoración de 20 veces beneficios (de media) por su alta calidad, lo cual implicaba un valor de 120 dólares o 140 dólares por acción a dos o tres años vista. Aun si la cotización se precipitaba a los 40 o los 30 dólares, podríamos seguir aumentando nuestra posición para obtener una tasa mayor de retorno futuro.

Lo que acabó sucediendo es que, tan sólo un año después, en 2021, la empresa ganaba más de 6 dólares por acción, y las acciones remontaron a más de 130 dólares. En el momento de escribir estas líneas (diciembre de 2022), las acciones han vuelto a bajar hasta alrededor de 90 dólares, esta vez por el temor a una recesión global.

Para 2022 y 2023 se esperan unos beneficios de 8-8,50 dólares por acción, lo que equivale a una valoración de 11 veces beneficios. Espero que la compañía gane más de 10 dólares por acción en dos o tres años, incluso si hay una crisis de por medio. Si finalmente no se da la tan anunciada crisis o recesión, el crecimiento puede ser mayor para 2025.

Si te interesa estudiar este tipo de acciones, hay otros casos de los que puedes aprender:

- Ahstead (AHT) es una empresa dedicada al alquiler de equipos industriales y de construcción. Es un sector en consolidación, en el que sus dos principales empresas tienen una gran ventaja competitiva. Durante la última década, Ahstead acumula crecimientos de beneficios por acción superiores al 25 por ciento anual. La empresa, además, está bien dirigida, tiene baja deuda y hace recompra de acciones. A finales de 2022 cotizaba a 12 veces beneficios, y durante los últimos diecisiete años ha dado un rendimiento medio anual en Bolsa del 24 por ciento.
- TFI International (TFII) es una empresa dedicada al transporte por carretera. Es un sector cíclico donde la única ventaja competitiva son los bajos costes y la buena gestión. El fundador posee muchas acciones, y la cultura empresarial es buena. Su forma de crecer es comprar empresas mal gestionadas del sector y optimizarlas con su modelo empresarial. Tiene una baja deuda, y ocasionalmente también recompran acciones cuando cotizan baratas. Su beneficio por

acción crece a una media del 15 por ciento anual. La última vez que invertimos en las acciones de TFI International fue en 2015-2016, cuando cotizaban a 20 dólares por acción. Fue una inversión exitosa, ya que, al poco tiempo, vendimos por 35 dólares. Después, la cotización prolongó su viaje alcista hasta más de 100 dólares hacia 2021. En esa época, yo no comprendía lo importante que es dejar correr las acciones si siguen generando valor, siempre y cuando la valoración no se vaya a niveles prohibitivos. El enfoque de *¡beneficio rápido y a otra cosa!* es más apropiado para acciones cíclicas sin crecimiento y baja calidad; con las acciones cíclicas de crecimiento y buena calidad, uno debe ser más tolerante y concederles tiempo para florecer. A finales de 2022, TFI International cotizaba a 12 veces beneficios, una valoración por debajo de su media histórica de los últimos diez años, que se sitúa en 14 veces beneficios.

- Patrick Industries (PATK) es una compañía que se dedica al sector de los vehículos recreacionales (autocaravanas, embarcaciones, *quads*, etcétera). Es un sector con crecimiento predecible por el envejecimiento de la población. En Estados Unidos es habitual que la gente desarrolle el *hobby* de la navegación con pequeñas embarcaciones o los viajes en autocaravana; sobre todo después de la jubilación. No obstante, se trata de un sector cíclico, ya que, cuando llegan las crisis, la gente pospone la compra de este tipo de vehículos, por razones obvias. Como dato curioso, Patrick Industries ha sido la mejor acción en Bolsa desde el año 2009, ya que su precio se ha multiplicado por más de doscientos. Su viabilidad estuvo al límite durante la crisis de 2008 debido a su elevada deuda, pero, finalmente, la empresa no quebró, y la acción se recuperó desde pocos céntimos a más de 95 dólares por acción; sin embargo, invertir en la compañía en aquel momento no hubiera sido la decisión más responsable, dado el elevado riesgo que suponía. Una vez superada la hecatombe de 2008, la empresa integró a una directiva nueva que optimizó la gestión del negocio y que operaba con niveles más prudentes de deuda. Entre los éxitos más recientes de la empresa está el auge que experimentó tras la COVID-19, cuando tanto sus ventas como sus márgenes de beneficio crecieron de forma vertical. A finales de 2022, el mercado ofrecía las acciones a menos de 5 veces beneficios, y el turista de la Bolsa podría decir: «¡Qué ganga!», pero el lector de este libro (o un alumno de la escuela online Arte de Invertir) siempre debe preguntarse por qué el mercado ofrece las acciones a ese precio. En este caso hay que hacer el trabajo de normalizar márgenes a niveles previos a la COVID-19 y suponer que las ventas bajarán respecto al nivel anormalmente elevado de 2021; esto da lugar a unos beneficios normalizados más bajos y a una valoración «real» más elevada. Si respondemos a esta pregunta y aun así es una valoración razonable, puede ser una inversión inteligente.

Si trabajas tus habilidades con esta clase de acciones, la recompensa económica y emocional puede ser muy elevada.

Acciones estables de bajo crecimiento

Las acciones estables de bajo crecimiento son como el *Air Force One*, el lugar más seguro de la Bolsa en caso de guerra. Son acciones de baja volatilidad, bajo riesgo, rendimientos predecibles y en las que, normalmente, no podemos esperar ganar más del 10 por ciento al año, por el simple hecho de que no aumentan sus beneficios a un ritmo alto.

En este grupo de acciones tenemos nombres ilustres de la Bolsa, como Coca-Cola, McDonald's, Disney, Procter & Gamble, Nestlé, Pfizer, PepsiCo, American Express, Johnson & Johnson, Lockheed Martin, Oracle, Nike, etcétera.

Según mi experiencia, creo que este tipo de acciones pueden ser adecuadas en tres situaciones...

En primer lugar, pueden ser idóneas para inversores que, aun sabiendo que invertir en Bolsa es una buena alternativa, no quieren experimentar una alta volatilidad en sus carteras, y que a cambio aceptan un rendimiento inferior a largo plazo, pero a la vez satisfactorio con respecto a otras alternativas.

Una forma sencilla de calcular cuál puede ser la rentabilidad de las acciones estables y con bajo crecimiento es, primero, estimar cuánto van a crecer de media los beneficios por acción a largo plazo, y, después, sumar la rentabilidad por dividendo. Veámoslo con el caso de Coca-Cola.

Durante los últimos diez años, los beneficios por acción de Coca-Cola han crecido a una media del 2 por ciento al año, y para el año 2012 su rentabilidad por dividendo era del 3 por ciento. De esta forma, con esta sencilla fórmula podemos calcular que un inversor que hubiera apostado por Coca-Cola en 2012 tendría la expectativa de ganar un 5 por ciento al año (2 por ciento de crecimiento más 3 por ciento de dividendo). Si observamos lo que ha pasado con Coca-Cola desde 2012, nos daremos cuenta de que ha subido en Bolsa un 4 por ciento de media al año, pasando de 40 a 55 dólares por acción a finales de 2022, y que ha seguido dando un 3 por ciento de dividendo al año; con lo cual el rendimiento real para el accionista ha sido del 7 por ciento anual. La pregunta que te puedes estar haciendo es qué ha sucedido para que el rendimiento haya sido mayor del que sugiere esta sencilla fórmula de dos variables. La diferencia está en que, en 2012, la valoración en Bolsa era de 17 veces sus beneficios de ese año, mientras que, en 2022, la valoración en Bolsa es de 23 veces los beneficios de ese año. Por este motivo, es necesario añadir una tercera variable a la fórmula: la valoración a la que invertimos. Esta variable puede tener un efecto importante en el rendimiento futuro de estas acciones. Recordemos que, históricamente, las acciones estables de bajo crecimiento se han movido en el rango de valoración 15-25 veces beneficios; si somos disciplinados y compramos a un mejor precio, el rendimiento esperado va a tender a ser mejor que el que sugiere la fórmula *porcentaje de crecimiento + porcentaje de dividendo*. Esto lo descubrieron los accionistas de Coca-Cola, que compraron acciones de la compañía en la burbuja de Bolsa entre los años 1998 y 2000. En ese momento, Coca-Cola cotizaba a una valoración de más de 42 veces sus beneficios esperados, el precio de la acción era de más de 40 dólares y tenía una rentabilidad por dividendo de tan sólo el 1 por ciento. Aunque los beneficios crecieron a su ritmo habitual, desde 0,80 dólares, en 2000, hasta más de 1,10 dólares, en 2006, las acciones bajaron de 40 a 20 dólares... Una dolorosa lección.

En el año 2000, una valoración atractiva para Coca-Cola hubiese sido en torno a 15 veces beneficios, lo cual equivalía a 12 dólares por acción (0,80 × 15), muy lejos de los 40 dólares a los que cotizaba. La decisión en esos momentos es sencilla, hay que tener paciencia y esperar mejores momentos, o bien buscar otras acciones. Pero vamos más allá, no hablemos sólo de una valoración atractiva, sino más bien de una valoración *justa*; es decir, no está mal, pero podría ser mejor... Situémonos en torno a 20 veces beneficios, lo cual equivalía a 16 dólares por acción (0,80 × 20). De esta forma, seis años después (en 2006), si la empresa pasa a ganar 1,10 dólares y la Bolsa tiende a valorar las acciones de forma *justa* en el largo plazo, un inversor podría esperar haber ganado unos 16-22 dólares por acción en seis años, más el dividendo anual. No es una rentabilidad estratosférica, pero son acciones interesantes para inversores que están aprendiendo a invertir o para grandes carteras que quieren tranquilidad y consistencia.

Éste es un sencillo ejercicio para aprender a valorar acciones y calcular la rentabilidad futura que podemos obtener. Si te interesa aprender a invertir y quieres ser capaz de valorar todo tipo de acciones de forma profesional, te invito a visitar la web de nuestra escuela de inversión Arte de Invertir (<www.artedeinvertir.com>), donde encontrarás información acerca de las formaciones online que llevamos a cabo periódicamente, y donde yo mismo te enseño los conocimientos que he acumulado en estos años en Bolsa.

En la actualidad sería muy difícil predecir rentabilidades superiores al 10 por ciento anual para las acciones estables de bajo crecimiento; después de varios años alcistas en Bolsa, sus valoraciones han pasado de ser inferiores a 17 veces beneficios, en 2011-2013, a ser de más de 22 veces beneficios, en 2022. Esto, probablemente, reduce la expectativa de beneficio futuro, incluso para empresas como Nestlé, cuyos beneficios se espera que crezcan a ritmos del 3-5 por ciento anual en los próximos años, con una rentabilidad por dividendo actual del 3 por ciento y partiendo de una valoración de 21 veces beneficios.

Si empiezas con un capital pequeño en Bolsa (menos de 100.000 euros) y quieres hacerlo crecer, probablemente esta clase de acciones no cumplan tu objetivo, si se comparan con otras alternativas.

Ya hemos visto el primer caso en el que es adecuado invertir en acciones estables de bajo crecimiento. En el segundo caso, hemos de tener en cuenta que estas acciones pueden desempeñar un papel estratégico y temporal. Cuando la Bolsa ha subido mucho y las valoraciones son exigentes, podemos decidir mantenernos fuera del juego y, simplemente, acumular liquidez esperando mejores oportunidades; pero esto tiene la desventaja de que no sabemos cuándo bajará la Bolsa, y, mientras tanto, el coste de oportunidad es alto. Además, la liquidez se deprecia con la inflación, o bien, si los tipos son negativos, incurrimos en costes por el simple hecho de tener liquidez. En este escenario, puede ser interesante invertir parte de la cartera en este tipo de acciones, ya que la Bolsa podría seguir subiendo, y estas acciones han reflejado históricamente esas subidas en Bolsa, con lo cual nuestro dinero seguirá produciendo. Una ventaja añadida es que, una vez culminado el período alcista de la Bolsa e iniciada la fase bajista, las acciones estables normalmente tienden a bajar mucho menos que la Bolsa y se pueden vender fácilmente. De esta forma, podemos tener liquidez disponible para aprovechar las oportunidades que vayan apareciendo, como las gangas que hemos visto anteriormente en algunos ejemplos.

Veamos ahora el tercer caso en que resulta adecuado invertir en acciones estables de bajo crecimiento, el cual está marcado por el hecho de que se pueden obtener rentabilidades anualizadas por encima del 10 por ciento cuando están baratas por algún problema coyuntural. En este punto, tenemos que aplicar el sentido común para comprender si es un problema permanente o temporal.

Durante los años 2003 y 2004, la reputación de McDonald's se vio afectada debido al famoso documental *Super Size Me*, que cuestionaba la calidad y ética de sus productos; y, como resultado, las acciones bajaron por debajo de 15 dólares desde sus máximos anteriores de 45 dólares, creando el pánico entre los inversores.

En estos casos es mejor seguir los resultados de la empresa y aislarse del ruido de Wall Street, que siempre intentará transportarnos al peor de los escenarios. En la tabla 8.11 podemos ver las cuentas de McDonald's durante esos años. Creció en todos y cada uno de ellos, sin excepción. La empresa aumentó el pago de dividendos por acciones ordinarias en cada año, y el flujo de caja (efectivo que genera el negocio) fue estable y creciente.

Tabla 8.11. Resumen financiero de McDonald's Corp. (2000-2005)

DOLLARS IN MILLIONS, EXCEPT PER SHARE DATA	2005	2004	2003	2002	2001	2000
Company-operated sales	$15.352	14.224	12.795	11.500	11.041	10.467
Franchised and affiliated revenues	$5.108	4.841	4.345	3.906	3.829	3.776
Total revenues	$20.460	19.065	17.140	15.406	14.870	14.243
Operating income	$4.022	$3.541	$2.832	$2.113	$2.697	3.330
Income before taxes and cumulative effect of accounting changes	$3.702	$3.203	$2.346	$1.662	$2.330	2.882
Net income	$2.602	$2.279	$1.471	893	$1.637	1.977
Cash prived by operations	$4.337	3.904	3.269	2.890	2.688	2.751
Capital expenditures	$1.607	1.419	1.307	2.004	1.906	1.945
Treasury stock purchases	$1.228	605	439	687	1.090	2.002
Common stock cash dividends	$842	695	504	297	288	281

Fuente: Comisión de Bolsa y Valores (Securities and Exchange Commission, SEC) de Estados Unidos.

Sin embargo, la empresa llegó a cotizar a una valoración de tan sólo 12 veces beneficios, un nivel no visto, ni siquiera en la crisis de 2008. Entre 2002 y 2005, los beneficios por acción de la empresa crecieron de 1,25 a 2 dólares por acción, y, cuando pasó el miedo en 2006, las acciones habían subido desde 15 a más de 40 dólares (en menos de cuatro años). Como resultado, volvieron a cotizar a la valoración habitual de esta clase de compañías, que se sitúa en torno a 20 veces beneficios.

La última vez que incorporamos McDonald's en la cartera de True Value fue en el año 2015. En aquel momento, la compañía gozaba de una salud financiera estupenda, y la directiva estaba en proceso de introducir cambios con el objetivo de incrementar la rentabilidad. Entre las nuevas propuestas estaba la de ofrecer menús de desayuno, reparto a domicilio y la ampliación del menú, que incluiría productos más prémium para atraer a un público mayor. Aquellos cambios tuvieron efecto, ya que los beneficios de la compañía aumentaron desde 4,80 hasta casi 8 dólares por acción en el año 2019, y las acciones respondieron muy positivamente, dando un salto desde los 95 dólares hasta más de 200 dólares.

Lo cierto es que este tipo de situaciones siempre va a suceder, generando buenas oportunidades en compañías de mucha calidad. Johnson & Johnson (empresa en la que también invertimos en 2020) es otro ejemplo de esto durante los últimos cinco años. La reputación de la compañía fue objeto de controversia durante 2018 debido a sus famosos polvos de talco para bebé y la posibilidad de que fueran nocivos para la salud. Finalmente, aquello no tuvo efecto, pero, durante ese período, pese a que los beneficios crecían, las acciones apenas subieron en Bolsa, y la valoración de la compañía descendió hasta 15 veces beneficios, creándose así una buena oportunidad, ya que compañías como ésta rara vez se suelen ver por debajo de 15 veces beneficios.

Aunque los problemas transitorios de una compañía pueden ser fuente de oportunidades, las buenas noticias obviamente pueden ser igual de rentables. Muchas veces no hace falta que una empresa de calidad esté pasando por una mala racha; podemos identificar buenas oportunidades de inversión si prestamos atención a cambios que estén enfocados en mejorar un negocio que ya es bueno. Se me viene a la memoria el caso de Shiseido (4911), la famosa compañía japonesa de cosméticos de lujo. Se trata de una marca consolidada y que está en un sector muy predecible. Las acciones de Shiseido no hicieron nada reseñable entre los años 2005 y 2013; sin embargo, si observamos el gráfico 8.6, donde se muestra su cotización en 2013-2019, podemos apreciar que el precio de las acciones despegó como un cohete, pasando de los 1.500 yenes a más de 7.000 yenes por acción. ¿El motivo?: una nueva directiva enfocada en aumentar los márgenes operativos de la compañía. Cuando esta directiva tomó las riendas del negocio, los márgenes operativos eran de tan sólo el 3 por ciento, mientras que la media en empresas similares, como L'Oréal o Unilever, ¡era cercana al 20 por ciento!

Tras implementar una estrategia de recorte de costes —que se llevó a cabo durante varios años con el objetivo de alcanzar un parecido con los costes de la competencia—, la compañía consiguió alcanzar niveles de márgenes operativos del 12 por ciento en 2019, multiplicando por más de cuatro los beneficios y creando igualmente grandes beneficios para el accionista en Bolsa.

Gráfico 8.6. Cotización de Shiseido Company Ltd. (2013-2019)

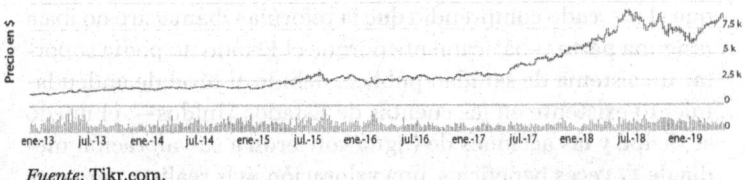

Fuente: Tikr.com.

Pero ¿qué pasa si el problema no es la compañía, sino el sector?

Podemos encontrarnos con estigmas o negatividad acerca del sector, miedos infundados que generalmente no se suelen cumplir y que —y esto es muy importante cuando revisamos las cuentas de la compañía— no están teniendo repercusión.

Un claro ejemplo de esto lo constituyeron las empresas del sector de la salud privada en Estados Unidos durante los años 2011, 2012 y 2013. Dichas empresas se vieron perjudicadas con la puesta en marcha del plan gubernamental llamado Obamacare. La famosa reforma sanitaria del presidente Barack Obama estaba pensada para reducir los costes sanitarios en Estados Unidos y establecer un modelo de financiación pública de la sanidad. La presión bajista que sufrieron las acciones de este sector fue muy elevada. Entre las «damnificadas» teníamos empresas de mucha calidad, como Cigna, Anthem y United Healthcare. Esta última forma parte de uno de los fondos de True Value.

Tomemos el caso de Cigna (CI), una de las mayores empresas de planes privados de salud de Estados Unidos. Durante 2010-2013 cotizaba a una media de 8 veces beneficios, lo cual es una valoración totalmente ridícula para una empresa resistente a las crisis, con una baja deuda y una buena directiva. En los años posteriores, la empresa tomaría ventaja de los bajos precios en Bolsa para recomprar sus acciones y elevar así el beneficio por acción desde 6 dólares, en 2013, a más de 14 dólares, en 2014; y, mientras tanto, el negocio seguía creciendo a su ritmo habitual. De esta forma, un negocio de bajo crecimiento consiguió aumentar sus beneficios a un ritmo acelerado gracias al saber hacer de la directiva. Las acciones subieron en Bolsa desde 60 dólares en 2013 a más de 200 dólares en 2017. Una vez que el mercado comprendió que la reforma Obamacare no iba a ninguna parte —básicamente porque el Estado no podía soportar un sistema de sanidad público, debido al nivel de endeudamiento existente en las cuentas de Estados Unidos—, el miedo se disipó y las acciones de Cigna volvieron a su valoración media de 17 veces beneficios, una valoración más realista para este tipo de compañías.

Curiosamente, con la llegada de los demócratas a la Casa Blanca en 2020, representados por Joe Biden, el mercado ha renovado sus miedos, y las acciones de Cigna cotizan en la actualidad a una valoración de 11 veces beneficios. La directiva está volviendo a aplicar la misma receta, al tomar ventaja del bajo precio de las acciones en Bolsa para recomprarlas y hacer crecer el negocio. También es curioso que, a pesar de que la valoración se ha comprimido, las cotización de las acciones está en máximos históricos... Esto es raro, pero posible. La cotización de una acción puede estar en máximos y, no obstante, estar barata en términos de valoración; lo que realmente importa, recuérdalo siempre, es cuánto ganará un negocio a futuro y cuál es su cotización.

Los miedos generalizados en un determinado sector pueden ser una oportunidad muy lucrativa, y no sólo para este grupo de acciones, sino también para cualquiera de los cuatro tipos de acciones tratados. Lo importante es aplicar la lógica y pensar cómo puede evolucionar la situación.

Otro ejemplo son las acciones del sector de defensa, como Lockheed Martin o Northrop Grumann.

Joe Biden fue proclamado presidente de Estados Unidos a finales de 2020, y, hacia 2021, en True Value ya nos habíamos asegurado una posición en las acciones de estas compañías, pese a que en ese momento la negatividad de moda recaía sobre todo en el sector de defensa. El mercado temía que los demócratas recortaran el presupuesto destinado para tal fin, con lo cual las acciones relacionadas se ofrecían a valoraciones bajas, de en torno a 10 veces beneficios.

Las empresas de defensa suelen estar bien gestionadas y tratan bien al accionista; son negocios muy estables y tienen un crecimiento predecible, aunque no muy elevado. Sin embargo, ¿qué pasaría si su mayor cliente, el gobierno, decidía recortar el presupuesto destinado a adquirir sus productos o servicios? La cuestión era resolver si los miedos del mercado estaban basados en una posibilidad real o simplemente eran conjeturas sin fundamento.

Revisé las cuentas e informes anuales de Lockheed Martin y Northrop Grumann haciendo hincapié en lo que teóricamente fue uno de sus períodos más difíciles, la década de 1990, ya que, después de la Guerra Fría, los presupuestos de defensa en Estados Unidos se redujeron enormemente. Para mi sorpresa, descubrí que estas empresas experimentaron un crecimiento de beneficios incluso durante ese período. ¿Cómo es posible? La clave reside en que estas compañías fabrican equipamiento de defensa que es primordial para la supremacía militar de Estados Unidos y de la OTAN: piezas militares muy avanzadas, como el caza F22-Raptor, los antiguos cazas F-18/F-16, el bombardero invisible B-2 o el sistema de lanzamisiles HIMARS, que tanto ayudó (y aún ayuda) a la resistencia ucraniana en la reciente guerra contra Rusia iniciada en 2022.

Normalmente, cuando el Estado reduce los presupuestos de defensa lo hace en áreas que no se consideran tan prioritarias, como, por ejemplo, el número de soldados o en las piezas de equipamiento menos avanzadas y poco relevantes en los tiempos modernos.

El mercado suele ofrecer estas gangas. Lo mismo sucedió a principios de 2010, con el inicio de la retirada de tropas estadounidenses en Irak y el anuncio de hacerlo también en Afganistán para 2014. Se podían encontrar acciones de empresas muy sólidas a valoraciones inferiores a 10 veces beneficios. El resultado es que, desde entonces, el precio de muchas de estas acciones se han multiplicado en Bolsa por más de cinco y han seguido creciendo, por el simple hecho de que el Estado no puede prescindir de sus productos y servicios.

Es muy importante que te conviertas en un estudioso de la historia empresarial y bursátil, pues, aunque el futuro no será igual al pasado, tendrá tendencia a parecerse. Este hábito me ha ayudado mucho para ganar la confianza necesaria en momentos clave con ciertas acciones, o bien ante eventos inesperados, como la COVID-19.

Cuando hay un miedo generalizado hacia un sector, también es bueno analizar cuán importante y vital es para el funcionamiento del Estado o de la economía. Si el Estado te ve como algo insignificante y, además, has cometido excesos que puedan afectar a muchos votantes, seguramente no tendrán piedad.

Un ejemplo de esto fueron las escuelas privadas en Estados Unidos en la década de 2010. La educación privada es un sector bueno, en crecimiento y muy estable. Incluso podemos argumentar que su desempeño es mejor cuando hay crisis y desempleo, ya que mucha gente busca formarse para mejorar sus posibilidades de conseguir empleo. En aquella época, el problema de este sector fue que casi todas las empresas se volvieron demasiado avariciosas. Los servicios educativos se vendían con técnicas agresivas de alta presión para hacer que los clientes adquirieran préstamos estudiantiles en condiciones desfavorables, se redujeron los estándares de formación y, posteriormente, los estudiantes no conseguían mejorar su futuro laboral.

Los medios de comunicación se hicieron eco de estas historias, ya que estaba afectando a miles de personas jóvenes, muchas de ellas pertenecientes a las clases más desfavorecidas. Finalmente, el gobierno estadounidense intervino para regular severamente el sector.

Las acciones fueron un campo de minas. Cotizaban a valoraciones muy bajas, pero en cada presentación de resultados se hacía evidente que los beneficios se reducían más y más; no podía ser de otra manera, pues venían de estar inflados, gracias a todas las prácticas poco éticas que habían proliferado en los años anteriores. Muchas compañías quebraron o perdieron la mayor parte de su valor en Bolsa. Esto ocurrió porque el Estado y el sistema educativo pueden funcionar perfectamente sin estas compañías, es decir, son empresas prescindibles.

Pero piensa en las prácticas de los bancos, las constructoras y las agencias de calificación durante la burbuja inmobiliaria de 2008, que desembocaron en una de las mayores crisis de la historia. Las repercusiones sólo en Estados Unidos fueron de una magnitud cien veces mayor que las repercusiones que tuvieron las inaceptables prácticas de las empresas de educación privada, y, desde luego, se vieron afectadas gravemente muchas más personas. Sin embargo, estas empresas (y estos sectores) sí son clave para el funcionamiento del Estado y de la economía, por lo que no podemos prescindir de ellas. Lo que sucedió tras este tsunami, es que el gobierno les largó una regañina, como hace un padre a un hijo que ha roto el cristal de la ventana jugando con la pelota..., y la cosa no pasó a mayores.

Por este motivo fueron buenas inversiones cuando sus cotizaciones estaban por los suelos en 2009. Tú puedes estar o no de acuerdo en cómo son las cosas, pero ésta es la realidad y, como inversores, nos tenemos que adaptar y debemos comprender que así funciona el juego.

Ser conscientes de esta dinámica resultó de vital importancia cuando las acciones de Volkswagen bajaron de 230 euros a 90 euros en pocas semanas debido al famoso *dieselgate* en 2015: la compañía instaló de manera ilegal un software para alterar los resultados de emisiones contaminantes en millones de sus automóviles con motor diésel vendidos entre 2009 y 2015. Como resultado de este fraude, sus motores habían superado los métodos de homologación de emisiones en Europa y Estados Unidos.

No obstante, para Alemania y el resto de Europa, Volkswagen es un coloso, uno de los mayores proveedores de empleo de calidad y un referente mundial en un sector clave de la economía. El caso salió a la luz, y la compañía recibió el sermón de turno, acompañado de una multa simbólica que podían pagar con menos de un año de beneficios, pero todo ello quedaba bien ante la opinión pública.

Quizá podríamos temer los efectos negativos en la reputación de la compañía, así como lo que esto conlleva, porque la reputación es un factor clave en empresas de consumo; pero lo cierto es que son otros los factores que podrían espantar a los clientes, como problemas graves de seguridad, fiabilidad o altos consumos. Tan sólo dos años después, las acciones de Volkswagen habían vuelto a los 180 euros, dando excelentes beneficios a los inversores que se aseguraron de comprar a buenos precios durante las caídas.

Pero vayamos más allá. Cuando estamos ante situaciones como ésta, nuestro radar no se puede fijar únicamente en el objetivo en apuros; las ondas expansivas pueden llegar más lejos de lo que crees. Esto pasó con algunos de los proveedores de Volkswagen, quienes también se vieron afectados por el escándalo de la compañía y vieron importantes bajadas en la cotización de sus acciones. ¿Por qué? Porque la gente tiende a extrapolar.

Esto último es la razón por la cual, en True Value, compramos las acciones de Plastic Omnium, un fabricante de piezas para la industria automotriz (parachoques, módulos de puertas traseras, alerones, sensores, etcétera) que provee a muchas empresas importantes del sector, entre ellas, Volkswagen. Piensa en un escenario verdaderamente desfavorable: Volkswagen queda fuera de juego, y sus rivales, automáticamente, se agencian la cuota de mercado que le corresponde. Sin embargo, empresas bien gestionadas, como Plastic Omnium, continuarán proveyendo a la industria, independiente de si el cliente es Volkswagen o Toyota.

Siendo honestos, el peor escenario en este caso es poco probable. Volkswagen es demasiado importante, y un evento como el llamado *dieselgate* ciertamente no suponía un riesgo tan alto como el mercado temía. Imagina entonces el bajo riesgo que suponía la situación para sus proveedores, que habían sido castigados sin fundamentos de peso; pero, por lo mismo, el potencial de recuperación implícito en ambos casos era el mismo. Desde que True Value compró a 20 euros en la segunda mitad de 2015, las acciones de Plastic Omnium subieron rápidamente hasta 35 euros en 2017.

En Bolsa no ganan las personas más inteligentes, sino aquellas que aplican el sentido común, que controlan sus emociones y que tienen la mente fría para analizar de forma independiente los hechos y para plantearse los potenciales escenarios de cómo puede evolucionar una situación en el futuro.

Acciones estables de alto crecimiento

En mi opinión, las acciones estables de alto crecimiento son las más interesantes de la Bolsa y las que más fortunas han construido a lo largo del tiempo. Personalmente, es ahí donde más dinero he ganado invirtiendo; de hecho, creo que, si me hubiera centrado en esta temática desde que empecé, seguramente, mi patrimonio sería mayor.

También son las acciones que más han contribuido a revalorizar el patrimonio de nuestros clientes de True Value durante los últimos nueve años. Hablo de «caballos ganadores», como Constellation Software (en la que multiplicamos nuestra inversión por nueve), Umanis (en la que se multiplicó por doce), Judges Scientific (por seis) o Goeasy (por cinco). Luego tenemos otro grupo de acciones igual de fantásticas, en las que nuestra inversión se multiplicó por tres o cuatro en un período de 3-5 años, como, por ejemplo Premium Brands o Boyd Group, entre otras muchas. Sin embargo, mis aventuras en acciones cíclicas, empresas en restructuración o empresas de bajo crecimiento y calidad media, aun cotizando a bajas valoraciones en su momento, no me dieron más que disgustos y lecciones para corregir mis errores en el futuro. En Bolsa, las lecciones que se aprenden con el paso de los años cuestan mucho dinero; por este motivo, quiero compartir mis experiencias contigo en este libro, para que no cometas los mismos errores que yo cometí invirtiendo. Si aplicas estos consejos, seguramente amortizarás por cientos de veces el coste de este libro.

Como ya he comentado antes, Warren Buffett dice que a lo largo de su vida ha tenido más de quinientas acciones en cartera, pero que el 95 por ciento de su fortuna actual provenía de un selecto grupo de unas veinte acciones, muchas de las cuales habían multiplicado su patrimonio por varias veces. Entre ellas hay nombres emblemáticos, como Coca-Cola, Disney, Gillette, Moody's, Whasington Post, Geico, American Express o Wells Fargo, entre otros.

¿Quieres saber que tenían en común esas veinte acciones? Pues que eran acciones estables de alto crecimiento.

Muchas de las acciones estables con bajo crecimiento que conocemos en la actualidad fueron un día de empresas de alto crecimiento que proporcionaron altos rendimientos a sus accionistas, gigantes de su sector, como Starbucks, Nike, Microsoft, Home Depot... Todas ellas tienen negocios resistentes al ciclo económico, y crecieron a ritmos superiores al 15 por ciento anual durante muchos años.

Tomemos el caso de la empresa Starbucks, que empezó a cotizar a principios de la década de 1990 en torno a los 0,50 dólares por acción y que, hacia 1995, contaba con unos mil establecimientos en todo el mundo. Casi treinta años después, cotiza a unos 100 dólares y tiene más de 50.000 establecimientos. Sigue siendo un negocio muy bueno, pero ya se encuentra en una fase madura, en un mercado más bien saturado, con lo cual no puede seguir creciendo como en tiempos pasados. A estas alturas, sus rendimientos en Bolsa no serán tan espectaculares, como en aquella gloriosa década de 1990.

En el gráfico 8.7 podemos ver los resultados de Starbucks entre el año 1995 y 1999. ¡En sólo cuatro años multiplicó sus beneficios por cuatro! De 25 millones de dólares a más de 100 millones de dólares anuales.

Gráfico 8.7. Ventas y beneficios de Starbucks entre 1995 y 1999

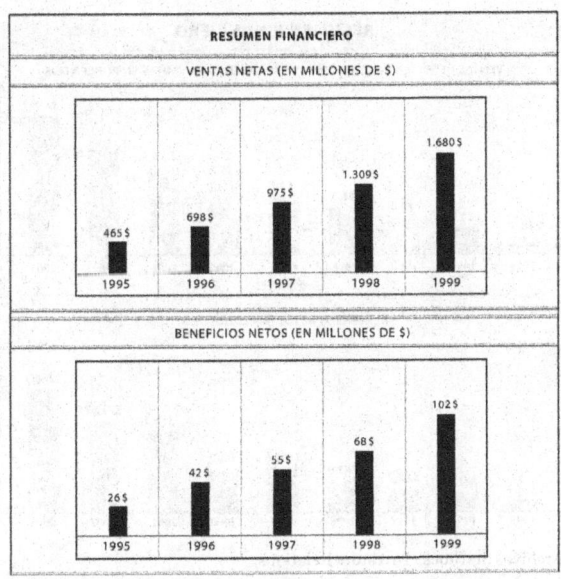

Fuente: Archivos Starbucks Investors Relations.

Obviamente, el mercado reflejó este crecimiento, y las acciones subieron desde 1 dólar hasta más de 4 dólares por acción. ¡Esto implica rendimientos compuestos anuales superiores al 40 por ciento! En ese período 1995-1999, las acciones cotizaban a una valoración media de entre 30-50 veces beneficios anuales. Tal precio podría parecer alto, pero, si la empresa puede mantener ese crecimiento por muchos años, es un precio muy atractivo.

Pronto, mientras la compañía atravesaba este período de alto crecimiento, sobrevino la crisis del año 2000 provocada por la burbuja tecnológica, y muchas empresas se fueron a pique. Pero, felizmente para Starbucks, aún en ese período, la gente seguía tomando café por las mañanas... El gráfico 8.8 no ayuda a ver qué sucedió en las cuentas de la empresa en esos años.

Gráfico 8.8. Ventas y beneficios de Starbucks entre 1994 y 2004

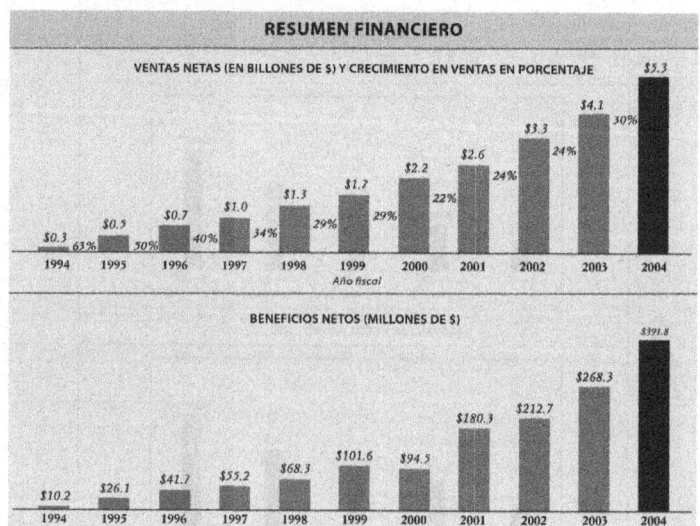

Fuente: Archivos Starbucks Investors Relations.

Observa que el único efecto que experimentó el negocio de Starbucks en el año 2000 es que el beneficio apenas disminuyó hasta los 95 millones de dólares, en comparación con los 100 millones de dólares que ganó en 1999. Pero fíjate en que ya estaba ganando la impresionante cifra de 180 millones de dólares en 2001. ¿Quieres saber qué pasó con sus acciones en Bolsa? A finales de 1999, cuando la crisis era inminente, las acciones bajaron de 4,80 a 2,40 dólares: ¡un perturbador 50 por ciento!

A pesar de ello, hacia finales del año 2001, cuando ya había pasado el pánico inicial, la cotización del valor escaló hasta más de 6 dólares por acción, y hacia el año 2006 estaría cotizando por encima de 12 dólares. Si eres un inversor que ha hecho sus deberes previos y sabes cómo se comporta el negocio en las crisis, tienes el poder de mantener la calma fácilmente, e incluso de aprovechar la situación para incrementar tu posición a precios muy atractivos.

La historia de Starbucks también me sirve para recodarte que todas aquellas acciones que se van a multiplicar por muchas veces en Bolsa son muy volátiles, y es importante comprender esto para operar con ellas con éxito. Todo se basa en la psicología humana. La mayoría de las acciones que tienen gráficos parabólicos suelen tener una base de inversores que acumulan enormes beneficios sobre el papel, razón por la cual, en cuanto sopla una brisa, se ponen nerviosos y tienden a vender para proteger esos beneficios. Si observas gráficos de acciones cuyo precio se ha multiplicado por más de cien a lo largo de su historia, como Tesla o Apple, serás capaz de contar varias caídas superiores al 40 por ciento y una decena de caídas superiores al 20 por ciento. Es importante mantener la calma. Muchas veces, lo más difícil a la hora de invertir en acciones de alto crecimiento no es encontrarlas, sino mantenerlas en cartera, resistir la tentación de recoger un beneficio relativamente rápido a cambio de renunciar a obtener beneficios descomunales en el futuro.

Después de este tipo de acciones, en mi opinión, las acciones cíclicas de alto crecimiento son las más lucrativas; sin embargo, estas últimas tienen dos problemas que limitan su capacidad de generación de valor. En primer lugar, al ser negocios cíclicos y, por lo tanto, de más alto riesgo, sus empresas no pueden endeudarse tan fácilmente o en condiciones ventajosas —como sí pueden hacerlo los negocios más estables—. Esto limita su capacidad de reinversión y crecimiento. En segundo lugar, cuando sobreviene una crisis en el ciclo económico o en su sector, estas compañías suelen experimentar uno o dos años de disminución de beneficios, y, posteriormente, pueden demorarse otros dos años más en recuperar o superar sus niveles previos de rentabilidad. Si tenemos en cuenta que las crisis, de media, suceden cada 8-10 años, el resultado es que estas compañías tienen 2-4 años perdidos entre caídas y recuperaciones de beneficios.

En el lado contrario, los negocios más estables pueden seguir creciendo (aunque sea a un ritmo menor) durante una crisis, y de esta forma pueden acumular un crecimiento más alto.

Una ventaja adicional de los negocios estables es que generan mucha confianza al inversor, y es esa confianza lo que nos lleva a tener convicción en nuestras decisiones. Es muy importante tener convicción en que las acciones que hemos comprado son buenas, porque eso nos ayudará a tomar buenas decisiones cuando las cosas se pongan feas en Bolsa o en la economía.

Interioriza esto: todas las acciones pueden bajar en Bolsa. No seas el típico turista de la Bolsa que piensa que una vez que compras una acción ésta sólo puede seguir subiendo. Sean estables o cíclicas, es probable que, ante un mercado bajista como el de 2022, todas las acciones (o la mayoría) bajen en mayor o menor medida. Sin embargo, cuando has estudiado el negocio en el que has invertido y consideras que éste lo va a hacer bien en una crisis, sabes que, tras los períodos bajistas, antes o después las acciones se recuperarán y escalarán a nuevos máximos. Esto elimina gran parte del estrés que tendrías si estuvieras invirtiendo en un negocio cíclico, situación en la que tenemos que preguntarnos constantemente si tal o cual empresa puede llegar a quebrar antes de que se recupere la economía, o bien si tendrá que emitir millones de acciones en el peor momento para capear el temporal, con la consiguiente dilución del valor de la acción, que puede llegar a ser enorme y lastrar gravemente su evolución futura.

No hay fórmulas secretas para invertir en acciones estables (en realidad, ni en estables ni en ningún otro tipo de acciones), pero hay una combinación de ciertos factores que te puede ayudar a conseguir el éxito.

En primer lugar, hay que estudiar cómo de grande es el mercado potencial de la compañía. Esto lo puedes hacer fácilmente usando el buscador Google y siendo creativo en las búsquedas; se trata de una habilidad que enseño a mis alumnos y que es de vital importancia para la inversión. Tú puedes lograrlo con práctica y sentido común.

Por ejemplo, en la actualidad podemos investigar la cadena de comida rápida prémium Shake Shack, que es básicamente un McDonald's pero con mucha más calidad en el producto y mejor servicio y atención. Si aplicamos la lógica e investigamos cuántos establecimientos de McDonald's y de Burguer King hay en el mundo, llegamos a una cifra de más de 50.000 restaurantes. Normalmente, el 20 por ciento de un mercado se puede considerar prémium, o con público capaz de pagar una prima por un mejor producto o servicio, como ocurre con Shake Shack o con empresas similares que están comenzando a emerger, pero que aún no cotizan en Bolsa, como Five Guys o In-N-Out. Podríamos establecer un mercado potencial de más de 10.000 restaurantes fácilmente. Shake Shack cuenta tan sólo con 400 establecimientos, pero está creciendo fuertemente a ritmos superiores al 20 por ciento anual.

Cuando descubrí las acciones de Constellation Software en 2014, quedé impresionado al ver que crecía a ritmos del 25 por ciento anual y solamente facturaba 1.600 millones de dólares al año. El mercado de software vertical representa más de 120.000 millones de dólares en todo el mundo, por lo que la empresa apenas tenía un 1 por ciento de cuota, en un mercado en expansión.

Este paso es importante para determinar cuánto tiempo le queda de alto crecimiento a la compañía, ya que será la época más lucrativa y determinará el precio que estamos dispuestos a pagar por las acciones.

En segundo lugar, tiene que haber una buena directiva y que la empresa tenga alguna ventaja competitiva que nos haga confiar en que puede mantener un ritmo alto de crecimiento sin experimentar competencia por el camino (algo que podría arruinar nuestra inversión). Recordemos lo que pasó con Under Armour cuando consiguió alcanzar las ligas mayores y tuvo que competir cara a cara con Nike y Adidas, o bien el caso de la compañía de tónicas prémium Fever-Tree, que, tras años de alto crecimiento, se frenó en seco al pasar a niveles en los que debía enfrentarse a gigantes de las bebidas como Coca-Cola. Normalmente, para evitar este problema, aconsejo invertir en compañías que tengan un buen historial cotizando en Bolsa, a fin de tener referencias de cómo lo han hecho a lo largo de los años. Esto te evitará sorpresas desagradables.

Y, en tercer lugar, es clave ser disciplinado con la valoración a la que cotizan las acciones, ya que eso te protegerá de imprevistos. Los inversores de Under Armour que estaban pagando en máximos de cotización más de 80 veces beneficios tuvieron serias minusvalías; sin embargo, si hubieran sido disciplinados y sólo hubieran invertido cuando la valoración era inferior a 30 veces beneficios, tal vez podrían haberse equivocado igualmente respecto al futuro del negocio, pero su pérdida no habría superado el 70 por ciento (con suerte, ésta habría sido la mitad o mucho menor). El hecho de comprar barato también puede aumentar el beneficio futuro, porque nuestros rendimientos en Bolsa serán mayores cuando la empresa sea más conocida y otros inversores estén dispuestos a pagar valoraciones más elevadas.

Recordemos que las acciones estables de crecimiento son las que suelen cotizar a un mayor precio, de entre 20 y 35 veces beneficios. (Véase la tabla 8.6. Ratios de valoración media de las acciones según el grado de ciclicidad y crecimiento.)

Muchas de las mejores inversiones que he realizado en este tipo de acciones han sido a múltiplos atractivos, pero nunca inferiores a 10 veces beneficios. Recuerdo que Constellation Software cotizaba a 20 veces beneficios en 2014; Judges Scientific, a 13 veces beneficios; Boyd Group, a 16 veces beneficios... Aunque hubiera comprado estas empresas a valoraciones un 20-30 por ciento por encima, el resultado final hubiera sido igual de bueno, porque pronostiqué correctamente el futuro del negocio. De hecho, el 90 por ciento del resultado de tu inversión dependerá de pronosticar bien cuánto va a ganar la empresa a 5-10 años vista. Obviamente, si invertimos a 100 veces beneficios, el riesgo será enorme, y el 90 por ciento de tu resultado dependerá del precio pagado.

Cuando se invierte en empresas estables de crecimiento es importante distinguir cómo se genera el crecimiento. Como vimos anteriormente, existen dos tipos fundamentalmente: orgánico e inorgánico. Personalmente, he tenido mucho éxito con empresas que crecen de forma inorgánica, ya que son empresas que cotizan a una valoración más barata, porque el mercado es más escéptico respecto a este tipo de crecimiento. Esto aumenta el margen de seguridad y la rentabilidad esperada.

Por lo general, como estamos viendo en esta sección, si un sector es estable y bueno, para la empresa es muy difícil crecer a un ritmo elevado y generar un alto rendimiento en Bolsa. Habitualmente, lo que sucede es que, al ser sectores donde hay muchas ventajas competitivas y barreras de entrada, resulta muy difícil robar cuota de mercado a otras empresas. Sin embargo, existe la posibilidad de comprar las empresas rivales a precios atractivos, y generar con ello un alto crecimiento. Las razones pueden ser diversas, como, por ejemplo, menor escala de otros competidores, peor cultura empresarial, falta de ventajas competitivas o motivos externos (divorcios, herencias, problemas entre socios, jubilaciones, etcétera).

Una empresa de crecimiento inorgánico con la que tuvimos mucho éxito en True Value es Heico (HEI), un negocio familiar estadounidense fundado en la década de 1990 y que ofrece piezas de repuesto y mantenimiento para el sector de la aviación y otros. El precio de sus acciones se ha multiplicado en Bolsa por más de cien, y en la actualidad sigue creciendo a tasas del 15-20 por ciento anual. Heico se encuentra en un sector estable y predecible, ya que el gobierno de Estados Unidos y los fabricantes de aviones exigen el mantenimiento y la reparación de los aviones cada cierto tiempo de uso; además, por razones estructurales, la aviación crece anualmente a ritmos del 5 por ciento anual. Heico surgió como una solución alternativa frente a un problema al que se enfrentaban las aerolíneas. El nicho de la fabricación y mantenimiento de piezas para aviación estaba monopolizado por un reducido grupo de empresas que cobraban cifras astronómicas. Para que te hagas una idea, un grifo de aluminio instalado en el baño de un avión podría valer más de 900 dólares, mientras que un grifo similar para una vivienda se puede encontrar por 50 dólares. Pues bien, Heico podía fabricar piezas de aviación con su propia «marca blanca», cumpliendo con los estándares de calidad y fiabilidad necesarios para superar los test de seguridad del gobierno estadounidense. De esta forma, Heico era capaz de ofrecer el mismo grifo por 500 dólares, obtener márgenes de beneficios altos, ahorrar costes a las aerolíneas y robar cuota de mercado a sus rivales.

Ahora pensemos en el largo proceso que implica certificar las más de 30.000 piezas que tiene de media un avión. Para una aerolínea, eso ya es una labor titánica, como para añadirle además la tarea de buscar entre cientos de proveedores para elegir aquel que ofrece el santo grial de los mejores precios. La logística y la gestión se complican en una industria que de por sí ya es complicada; por lo tanto, si las empresas ya trabajan con proveedores eficientes que ofrecen precios competitivos, tienden a establecer una relación de fidelidad con ellos.

Hay un refrán que dice más o menos así: «Si no puedes contra tu rival, únete a él». Heico sabía que muchas pequeñas empresas rivales también habían desarrollado componentes de marca blanca, pero no alcanzaban la escala suficiente como para ser todo lo rentables que desearían. Por este motivo, Heico podía comprar estas empresas a un precio muy barato, integrarlas posteriormente en su sistema de distribución y abrirles la puerta a grandes clientes. Gracias a esta estrategia, Heico tenía la capacidad de aumentar las ventas y el beneficio globalmente. La ventaja de hacer numerosas adquisiciones de negocios más pequeños es que se reduce el riesgo, porque la compañía no se compromete con una inversión demasiado grande, y, si se tiene un *expertise* probado sobre la base de repetir este proceso una y otra vez, puede crecer con este método durante mucho tiempo. Al crear un sistema repetitivo de crecimiento, su rendimiento se vuelve más predecible.

Heico tiene un crecimiento orgánico superior a la media del sector, en torno al 7 por ciento, lo cual indica que cuenta con una fuerte ventaja competitiva y que seguramente está robando cuota de mercado a sus rivales. El crecimiento vía adquisiciones representa un 8 por ciento anual de media; esto ha hecho que, entre 1990 y 2021, su facturación haya pasado de 26 millones a más de 2.000 millones de dólares, y sus beneficios, de 2 millones a más de 335 millones de dólares.

Al invertir y estudiar casos de éxito como el de Heico, me di cuenta de lo lucrativa que podía ser esta estrategia bien aplicada y de cómo el mercado infravalora estas empresas constantemente, debido a su crecimiento inorgánico.

En mi opinión, las claves para que un negocio de crecimiento inorgánico sea exitoso a largo plazo son las siguientes:

- Que cuente con una directiva alineada; es decir, que ésta tenga su patrimonio ligado a las acciones del negocio. De esta forma, la directiva está incentivada a realizar adquisiciones que realmente generen valor para la empresa.
- Detectar la razón por la cual las adquisiciones se pueden realizar a buen precio y por qué tiene sentido usar esa fuente de crecimiento.
- Que sea un buen sector, con barreras de entrada y estable.
- Que la empresa realice numerosas adquisiciones, preferiblemente de empresas más pequeñas, para reducir el riesgo.
- Que la empresa tenga un historial probado de al menos 5-10 años ejecutando esta estrategia con buenos resultados. Es importante tener certeza de que la estrategia funciona y la empresa tiene un sistema que se puede aplicar de manera repetitiva.

Por otra parte, cuando invertimos en empresas que fundamentalmente crecen de manera orgánica en sectores estables, hay dos razones por las que una empresa se puede encontrar en una situación de alto crecimiento.

En primer lugar, eso puede suceder porque la empresa ha creado una nueva categoría de un producto o servicio que no existía antes. Tenemos el caso de las bebidas energéticas, con empresas como Monster Energy, que fue una de las mejores acciones en Bolsa durante la década de 2000. El sector de las bebidas es un buen sector, predecible, con barreras de entrada y altos retornos; sin embargo, crece a un ritmo muy bajo porque es un sector maduro. Por eso, empresas como Coca-Cola o PepsiCo presentan un bajo crecimiento. No obstante, al crear una nueva categoría de bebidas desde cero, las reglas cambian; y lo bueno es que, hasta que no alcanza cierto tamaño, la empresa no se enfrentará a competidores de alto nivel que frenen su crecimiento.

Por increíble que parezca, la cuota de mercado de las bebidas energéticas dentro del total de refrescos o bebidas no alcohólicas es menor del 2 por ciento. Sin embargo, a los accionistas de Monster Energy les ha ido excepcionalmente bien. Hace quince años, la empresa crecía a ritmos anuales del 30 por ciento; ahora se espera que crezca a un ritmo del 10 por ciento, que es prácticamente lo que crecerá el mercado de las bebidas energéticas. Es una tasa de crecimiento interesante para un producto de consumo; pero, hoy en día, la competencia es mayor, y mantener tasas del 30 por ciento anual, como en sus inicios, implicaría tener que convencer a muchos consumidores de otras bebidas no alcohólicas que se pasan a las bebidas energéticas, y eso ya es una tarea más complicada.

En segundo lugar, es posible que haya aparecido un nuevo mercado o una nueva tecnología que esté experimentando un alto crecimiento, y es normal que las mejores empresas de ese sector crezcan a mayores tasas. Tenemos ejemplos recientes, como Google con la publicidad online, que no existía hace treinta años; o Tesla, con los coches eléctricos; o Facebook, con las redes sociales...

El problema de estas situaciones es que son muy obvias para el resto de los partícipes en el mercado, y, por lo mismo, las acciones suelen cotizar a unas valoraciones prohibitivas cuando están en su fase más alta de crecimiento. Recientemente, en 2021, vivimos una burbuja en muchas acciones de sectores «calientes», como el *cloud computing*, las energías renovables, los vehículos eléctricos, las empresas disruptivas, las criptomonedas/blockchain, las impresoras 3D y hasta el turismo espacial. Muchas de estas acciones bajaron en Bolsa más de un 70 por ciento al año siguiente.

Pese a ello, hay que tener cierta flexibilidad con los precios que pagar en este tipo de acciones, porque lo que parece caro hoy puede ser muy barato dentro de cinco años si tenemos en cuenta el crecimiento. Aun así, tampoco podemos pagar valoraciones prohibitivas de más de 50, 100 o 200 veces beneficios anuales.

En el momento de escribir estas líneas (diciembre de 2022), una de mis principales inversiones en True Value es Nagarro (NA9), una compañía de crecimiento orgánico que cotiza en la Bolsa alemana y que se dedica a proveer servicios de ingeniería digital. Está en un sector nuevo en el que se esperan crecimientos superiores al 15 por ciento anual en los próximos diez años. Las empresas tienen necesidades tecnológicas cada vez más específicas, y las soluciones generalistas que se ofrecían hace años, como Oracle, Microsoft o SAP, han evolucionado; ahora, la nueva tendencia es crear software a medida para una compañía. Si tú tienes, por ejemplo, una aplicación de banca privada en tu smartphone, probablemente haya sido diseñada por una empresa como Nagarro, Epam o Globant, entre otras.

Además, se trata de un sector estable, porque estos desarrollos informáticos necesitan ser actualizados constantemente, para mejoras o monitorizaciones; de ahí que los beneficios de estas compañías siguieran creciendo incluso en años tan difíciles como 2008 o 2020.

Nagarro ha crecido, pasando de los 30 millones de euros de facturación en 2011 a más de 1.000 millones de euros en 2023 (estimados). Uno de los motivos que explican este éxito es la presencia de una directiva alineada con los objetivos de la compañía. Los directivos cobran un sueldo simbólico (dentro de la media del mercado laboral), pero poseen el 16 por ciento de las acciones de la compañía, por lo que su mayor beneficio se genera solamente si las acciones suben en Bolsa; de esta forma, ellos están incentivados para generar valor consistente para el negocio y los accionistas.

La empresa espera mantener un crecimiento del 25 por ciento anual durante los próximos diez años, hasta multiplicar su tamaño por más de diez veces.

Por último, hay una tercera forma de generar crecimiento en Bolsa que también puede ser muy lucrativa y que es menos apreciada por el mercado. Estamos hablando del crecimiento en beneficios por acción generados a través de recompras agresivas de acciones, lo que Charlie Munger, socio de Warren Buffett, describe como las «empresas caníbales», ya que en cierta medida es como si se devorasen a ellas mismas.

Hay algunas empresas que comprenden esta técnica y la han usado de forma sistemática para hacer ricos a sus accionistas. Compañías como AutoZone, O'Reilly, Home Depot o Domino's Pizza.

Aquellos que hemos denominado como turistas de la Bolsa se suelen fijar en las ventas de un negocio para determinar cuánto crece; esto es un error, porque, como ya hemos visto y ejemplificado sobradamente, lo que determina el precio a largo plazo en Bolsa son los beneficios por acción.

Los «negocios caníbales» suelen crecer menos del 10 por ciento en ventas, y generalmente lo hacen de forma orgánica; pero, gracias a la recompra agresiva de acciones que llevan a cabo usando los beneficios de cada año, el beneficio por acción puede crecer a más del 15 por ciento anual, dando lugar a un negocio de alto crecimiento en un sector que es estable pero de bajo crecimiento. Desde luego, esto genera un buen comportamiento en Bolsa.

Tomemos como ejemplo las cuentas de Domino's Pizza (DPZ). Las ventas de la compañía crecieron a un ritmo del 10 por ciento anual entre 2012 y 2022; no obstante, su beneficio neto creció a ritmos del 14 por ciento gracias a su ventaja competitiva. La compañía también expandió ligeramente sus márgenes de beneficio neto del 7 por ciento al 10 por ciento.

La empresa ha estado recomprando acciones durante los últimos diez años, reduciendo el número de acciones en circulación de 56 millones a 37 millones de acciones. Por este motivo, el beneficio por acción de la compañía ha crecido a un ritmo del 19 por ciento anual, pasando de 2 dólares a más de 12 dólares por acción, y, como puedes imaginar, las acciones también han escalado desde los 32 dólares a más de 340 dólares en Bolsa, lo cual equivale a un rendimiento del 23 por ciento anual para el accionista.

Esto es remarcable para un negocio muy resistente a las crisis, que mantuvo sus beneficios incluso durante la crisis del año 2008.

Ya lo sé, es una historia encantadora, pero ¿dónde encuentras estas minas de oro?

Puedes usar herramientas llamadas *screeners*, que no son más que buscadores con acceso a una base de datos que aloja información de todas las acciones cotizadas alrededor del mundo. Estos buscadores tienen opción de introducir una serie de condiciones y parámetros, de tal manera que puedes acotar la búsqueda según tus intereses. Por ejemplo, puedes aplicar uno de mis filtros favoritos: «acciones de empresas cuyos beneficios por acción han crecido al 15 por ciento anual».

Hay muchos proveedores de *screeners*, tanto gratuitos como de suscripción (mensual o anual); aunque lo cierto es que, actualmente, las bases de datos más completas se encuentran en los de suscripción. En Arte de Invertir recomendamos principalmente TIKR (tikr.com), una de las plataformas más completas e intuitivas que existen en el mercado y que, sobre todo, es accesible para el inversor particular que quiere contar con medios de calidad que faciliten su labor. Además, puedes aprovechar nuestro descuento de afiliación, usando el código *arte15*, que te aplicará un 15 por ciento de descuento en la suscripción (código de uso temporal; consulta más condiciones en tikr.com).

Clasificar las acciones según las variables y los principios que hemos visto en este capítulo te facilitará la tarea de buscar y analizar buenas inversiones. Puede que toda esta información te resulte abrumadora al principio, pero debes recordar que, como en cualquier tema que queramos dominar, todo depende de ser constantes en la práctica y el estudio. Yo también estuve en tu misma situación (abrumado), pero ten la certeza de que, con el tiempo, dominarás estos conceptos y los podrás aplicar.

He enseñado a muchos alumnos durante muchos años, y doy fe de que cualquier persona con dedicación y curiosidad puede dominar la parte más técnica de la inversión; pero lo que te llevará al siguiente nivel es controlar tu psicología en Bolsa. (En el capítulo 10 hablaremos más al respecto.)

9

Cuándo comprar y vender para aumentar tus rendimientos

Este capítulo es de vital importancia. Mucha gente piensa que, para ganar mucho dinero en Bolsa, lo más importante es encontrar las mejores oportunidades, saber analizarlas y decidirse a comprar. Esto es sólo la primera fase de un proceso de tres fases. La segunda fase es la gestión de nuestra cartera de inversiones; esta parte es probablemente igual de importante o mucho más. Cualquier inversor de éxito estará de acuerdo con esto. Cuando empecé a invertir, yo no prestaba tanta atención a este punto, pero ahora puedo decir que va a determinar cómo van a ser nuestros rendimientos.

Las acciones no son activos estáticos, sino dinámicos. Esto significa que el precio fluctuará en gran medida a lo largo del tiempo que estemos invirtiendo en ellas. Seguramente tendremos que tomar decisiones de compra adicional o de venta o reducción de peso en cartera. De igual forma influye el peso inicial que decidamos darles en nuestra cartera de acciones.

La tercera fase del proceso, que veremos en próximos capítulos, es la psicológica, ya que, aunque podamos ser muy buenos en la teoría, si no controlamos nuestras emociones, cometeremos errores o fallos en los momentos clave, errores que se pueden llevar por delante todo el trabajo realizado.

En este capítulo te mostraré cómo gestionar de una forma

eficiente tu cartera de inversiones, aplicando el sentido común y un nivel de seguridad elevado.

Cuando vamos a construir una cartera de acciones, mucha gente se pregunta cuántas acciones es bueno tener en cartera. He conocido personas que tenían tres acciones en cartera y pensaban que eran muchas; otras tenían unas cien acciones diferentes... En Bolsa, lo adecuado y lo que debemos hacer es diversificar, porque siempre puede haber sorpresas; pero todo tiene un equilibrio. Imagina que tu cartera de inversiones hubiera estado compuesta de acciones de hoteles o aerolíneas durante la reciente crisis por la COVID-19 o que en 2008 hubieras tenido en cartera muchas acciones de bancos y constructoras. Da igual si tenías cinco o cincuenta acciones en cartera, inevitablemente te hubieras quedado fuera de juego, y, sobre cero euros, el interés compuesto que se puede obtener es cero.

Tenemos que ser realistas con nosotros mismos y comprender en qué fase del aprendizaje estamos en lo que se refiere a la Bolsa, ya que esto también determina cuántas acciones es recomendable tener en cartera.

Afortunadamente, se han realizado muchos estudios sobre este aspecto de la inversión en Bolsa. Existe un número de acciones en cartera a partir del cual no logramos ningún beneficio adicional con la diversificación. En la tabla 9.1 podemos ver la varianza de una cartera en función del número de acciones (o valores) en ella. La varianza de una cartera mide con qué volatilidad se podría comportar en diferentes escenarios.

Tabla 9.1. Varianza en función del número de acciones en cartera: efecto de la diversificación

NÚMERO DE ACCIONES	VOLATILIDAD ESPERADA EN CARTERA	VARIACIÓN EN LA VOLATILIDAD	RIESGO TOTAL
1	46,619	1.411,041	46,811
2	26,839	201,963	26,934
4	16,948	31,553	16,996
6	13,651	11,184	13,683

NÚMERO DE ACCIONES	VOLATILIDAD ESPERADA EN CARTERA	VARIACIÓN EN LA VOLATILIDAD	RIESGO TOTAL
8	12,003	5,477	12,027
10	11,014	3,186	11,033
20	9,036	0,623	9,045
50	7,849	0,075	7,853
100	7,453	0,013	7,455
200	7,255	0,001	7,256
500	7,137	0,000	7,137
1.000	7,097	0,000	7,097
Mínimo	7,070	0,000	7,070

Fuente: Journal of Business.

En la tabla 9.1 vemos que hay una diferencia importante entre poseer dos acciones o seis acciones en una cartera; con la mitad de varianza, que se reduce de 26,83 a 13,65. Sin embargo, si consideramos tener 50 acciones o 1.000 acciones diferentes, vemos que apenas hay diferencia en la volatilidad que va a experimentar la cartera, ya que pasa de 7,84 a 7,09.

Por este motivo, si estás empezando, tener 20-30 acciones es un buen número. Hoy en día, con los brókeres de bajo coste online, es muy barato operar en acciones; esto hace posible tener un número elevado de acciones en cartera sin incurrir en costes excesivos. Al principio, es preferible que los posibles fallos graves que puedas cometer no afecten a un porcentaje muy alto de tu cartera. Quizá no puedas conocer tan en profundidad veinte acciones como solamente ocho, pero recuerda que esto es sólo en una fase inicial de aprendizaje. A medida que progresemos y entendamos por qué estamos ganando o perdiendo dinero en Bolsa, podremos concentrar más la cartera —es decir, reducir el número de acciones que poseemos, siempre y cuando sea una cifra superior a 6 acciones—, preferiblemente en seis sectores diferentes que sean buenos y no correlacionados. Justo antes de iniciar el proyecto de los fondos de inversión, mi cartera personal se movía en el entorno de 8-12 acciones, pero conozco otros inversores exitosos que también lo hacen bien con 20-25 acciones. Lo importante es que cada una de ellas sea una buena inversión de forma individual. Si compramos acciones malas, éstas no mejorarán por arte de magia al juntarlas en una cartera.

De igual forma, si tenemos seis sectores malos para un escenario de estrés económico, como banca, automóviles, construcción, materias primas, energía y aerolíneas, nuestra cartera va a sufrir mucho, porque todos estos sectores son extremadamente sensibles al ciclo económico, con lo cual no lograremos el principio básico de una gestión de cartera, que es diversificar.

El siguiente concepto que debes aprender en Bolsa es el valor del tiempo. Mucha gente dice: «Esta acción está a 40 dólares y creo que puede valer 80 dólares». Sin embargo, a continuación debería preguntarse: «Sí, pero ¿en cuánto tiempo es probable que eso suceda?». Si sucede en cinco años, la tasa media de retorno anual compuesto es del 15 por ciento, una tasa aceptable. Pero si eso sucede en doce años, implicaría un 6 por ciento anual..., algo no tan aceptable. De esta cuestión ya hemos hablado en capítulos anteriores, así como de qué forma podemos calcular a futuro el valor intrínseco de un activo. Cuanto mayor sea la expectativa de beneficio, mayor debería ser su peso en cartera.

Otro punto muy importante que debes interiorizar es cuánto ganas cuando aciertas y cuánto pierdes cuando te equivocas. Normalmente, cuando empezamos a invertir en Bolsa estamos muy enfocados en querer acertar siempre, porque socialmente se valora mucho estar en lo cierto, y tendemos a medir nuestros resultados de forma binaria como acierto/fallo.

Stanley Druckenmiller es probablemente uno de los mejores especuladores de toda la historia. Logró rendimientos anuales superiores al 30 por ciento durante más de treinta años, y, durante ese período, en el cual gestionaba capital de clientes, no perdió dinero ningún año. Cuando hablamos de gestión de carteras, Druckenmiller es probablemente una de las personas más cualificadas del mundo, desde un punto de vista práctico, y no teórico.

Druckenmiller ha comentado en múltiples entrevistas que la mayoría de sus operaciones son perdedoras, con cifras que alcanzan el 70 por ciento de fallos. Sin embargo, cuando gana, el porcentaje de beneficio es mucho mayor, y lo es sobre una posición mayor en su cartera. Esto ha dado como resultado un *track record* impresionante.

Asimismo, Druckenmiller también explica que debemos tener clara la relación riesgo/recompensa de una posición. El turista de la Bolsa sólo se enfoca en cuánto puede ganar, sin evaluar bien los riesgos; esto le lleva a ponerse en situaciones desfavorables en términos de riesgo/recompensa.

Este concepto me fue de mucha utilidad en 2020 para gestionar la cartera de True Value, en un período extremadamente volátil. Antes de la crisis por la COVID-19, teníamos en cartera dos empresas de alquiler de aviones: Aercap (AER) y Air Lease (AL). Como recordarás, a raíz de los confinamientos iniciados mayoritariamente en marzo de 2020, se prohibió todo tipo de turismo prácticamente en todo el mundo, y el temor generalizado respecto al futuro de la economía hizo que los inversores entraran en pánico y que las acciones de esas dos compañías en concreto bajaran desde 50 dólares a menos de 10 dólares por acción. Antes de esta caída, ambas eran buenas inversiones, aunque no espectaculares; por eso tenían un peso combinado de en torno al 3 por ciento en la cartera de True Value. Sin embargo, cuando cayeron con tanta fuerza me empecé a preguntar cuál era el riesgo real... Llegué a la conclusión de que estas empresas podrían resistir dos años con el balance que tenían. Ciertamente, la prolongación de los confinamientos era un riesgo importante, pero me parecía difícil que esta medida durase dos años o más, debido al impacto que supondría para la economía. Por otro lado, los gobiernos anunciaron importantes ayudas para las aerolíneas. Piensa que, en un escenario como ése, si no quiebran los principales clientes de Aercap y Air Lease, tendrán dinero para pagar los alquileres de los aviones, vuelen o estén en tierra. Esto reducía mucho el riesgo. En aquel momento, en True Value decidimos invertir en estas compañías el máximo porcentaje legal que nos permitía la regulación; casi un 10 por ciento en cada una, hasta tener un peso combinado del 20 por ciento en el fondo. La posición se construyó a un precio medio de 15 dólares, a pesar de que las acciones llegaron a tocar los 8 dólares... Es casi imposible comprar en el mínimo en períodos tan volátiles; aun así, nuestro precio medio era excelente. En apenas un año, triplicamos nuestra inversión, y tan sólo dos acciones de las treinta que teníamos en cartera nos sirvieron para recuperar todas las pérdidas generadas por la COVID-19. El resto de las acciones se comportaron de forma positiva, y esto hizo que el fondo superara rápidamente niveles previos a la crisis por la COVID-19. Cuando realmente entendemos el riesgo, es muy seguro tomar posiciones grandes, y nuestras inversiones se convierten en inversiones con expectativa positiva.

Otro ejemplo de cómo tomar provecho de esto fueron las acciones de MTY Food (MTY), una empresa de restaurantes de comida rápida. Antes de la mencionada crisis, teníamos acciones de MTY Food con un peso medio en cartera de en torno al 6 por ciento; pero, durante la crisis, las acciones bajaron rápidamente de 70 dólares a menos de 15 dólares, también debido al miedo que generaron los confinamientos. Aunque el mercado estimaba que la empresa podía quebrar, si mirábamos sus resultados en esos meses tan complicados, se mantenía con flujo de caja positivo por el reparto a domicilio. Incluso cuando ya se había levantado el confinamiento y la empresa volvía a ser rentable, ¡las acciones se podían comprar por apenas 20 dólares! En ese momento compramos hasta conseguir una posición cercana al máximo legal del 10 por ciento, ya que la relación riesgo/recompensa era extremadamente favorable. En doce meses, el valor de estas acciones se triplicó.

Actualmente, el nuevo miedo de la gente es cómo va a afectar la inflación a los resultados de las compañías, y la cotización de la mayoría de las acciones ha bajado, independientemente de su comportamiento empresarial. Tu labor como inversor es buscar aquellas acciones que el mercado haya vendido como resultado de estos miedos y que en realidad no se verán afectadas por el riesgo que todos temen. Personalmente, he identificado varias, que ya están entre las principales posiciones del fondo True Value y que espero nos den muchas alegrías durante los próximos años.

La gente siempre va a encontrar algo por lo que preocuparse;

esto es bueno para encontrar oportunidades de inversión. Eventos como la COVID-19, con las repercusiones que conllevan, no suceden a diario; pero, según mi experiencia, sí es verdad que todos los años suele haber situaciones macroeconómicas o microeconómicas que dan paso a nuevas oportunidades. Se producen situaciones en las que se desata el pánico, y las acciones se venden por razones emocionales, a un precio muy inferior al de su valor real.

Invertir es como ver cazar a un cocodrilo: la mayoría del tiempo, no hay acción. Se trata de una profesión como cualquier otra; pero, de repente, es posible que una manada de cebras cruce delante de ti. En ese momento, siguiendo con el símil anterior, el cocodrilo no saltará a por la primera cebra que se cruza en su camino, porque sabe que la oportunidad es extraordinaria y no puede fallar. Lo que hace el cocodrilo es esperar el momento oportuno, de modo que estudia la situación hasta que se decide por la presa más fácil. Ahí es donde emplea toda su energía y todos sus recursos.

A la hora de comprar una acción es de vital importancia conocer los riesgos para establecer situaciones de riesgo/recompensa favorables, ya que esas situaciones son las que nos darán la convicción de mantener una acción a largo plazo ante la volatilidad del mercado. Tener bien acotados los riesgos de una inversión reduce el estrés y la posibilidad de que aparezcan noticias negativas en el futuro.

Joel Greenblatt es uno de los mejores inversores de todos los tiempos —quizá algo menos conocido que Warren Buffett, ya que se ha «retirado» a una edad temprana—. Durante los veinte años que estuvo gestionando dinero para clientes, Greenblatt generó rendimientos anuales medios del 40 por ciento invirtiendo en acciones, principalmente en acciones de baja capitalización y situaciones especiales. (Te recomiendo leer su libro *Tú puedes ser un genio de la Bolsa: aunque seas un novato*, Profit Editorial, 2021.)

Greenblatt ha explicado en múltiples ocasiones que el secreto de su éxito en Bolsa es la actitud que ha tomado frente a la gestión de su cartera. Otro factor clave ha sido tener una cartera concentrada de acciones con una excelente ratio riesgo/recompensa, porque, según sus propias palabras, eso le ha proporcionado la convicción para comprar en gran cantidad esa clase de acciones.

Cuando empezamos a invertir, no nos es fácil ver dónde está el riesgo; sin embargo, según vamos aprendiendo, cada vez podremos ser más capaces de ver los posibles problemas o aspectos que pueden ir mal, y este proceso, poco a poco, nos transformará en mejores inversores.

Una vez que hemos invertido y tenemos una cartera diversificada, corresponde llevar a cabo el proceso de monitorización de cada una de nuestras inversiones. Esto implica seguir las noticias o presentaciones de resultados que puedan afectar al valor intrínseco de cada compañía. En función de este flujo de noticias/resultados, las acciones fluctuarán en Bolsa, y es nuestra labor tomar ventaja de esos movimientos que pueden dar lugar a buenas oportunidades de venta o de compra.

Una forma fácil de monitorizar acciones es entrar en la web de relación con inversores de cada empresa. En la inmensa mayoría de esas webs existe la opción de suscribirnos para recibir alertas sobre notificaciones de hechos relevantes de la compañía por correo electrónico. Yo suelo hacer esto con las compañías en las que he invertido, pero también con las empresas rivales, ya que eso ayuda a estar al día de lo que sucede en el sector. Incluso estoy suscrito a alertas de empresas que, simplemente, tengo en seguimiento, por si aparecen oportunidades de inversión.

Lo más habitual es revisar los resultados trimestrales o semestrales de la compañía. Normalmente no hay nada demasiado significativo; pero a veces puede que haya noticias relevantes que repercuten en el valor intrínseco de la compañía, y entonces es importante que uno comprenda por qué.

Te voy a dar dos ejemplos concretos... En 2017, True Value tenía una posición importante en Umanis (ALUMS), una compañía que proveía soluciones de IT (informática y telecomunicaciones). Al actualizar sus resultados anuales, la compañía explicó que sus márgenes en ese mismo año pasarían del 6 por ciento al 9 por ciento, y que experimentarían algo más de crecimiento; esto implicaba claramente que la compañía ganaría al menos un 50 por ciento más de dinero y que el valor de sus acciones era un 50 por ciento mayor, ya que podría mantener esos márgenes en el futuro. Éste era un punto importante en mi tesis, y esperaba que sucediera según lo que preveía, pero no tan rápido. La mañana siguiente a la noticia, la cotización de las acciones abrió subiendo solamente un 10 por ciento, cuando el valor intrínseco era un 50 por ciento mayor. Compramos todas las acciones que pudimos, pero, al tratarse de un fondo de inversión, hay una limitación debido a la liquidez del mercado, ya que no hay tantas acciones a la venta en empresas pequeñas. Es como si quisieras comprar mil pares de zapatos a un artesano local que sólo dispone de cien pares a la venta. Sin embargo, un inversor privado puede aprovechar estas ineficiencias, porque es una situación de bajo riesgo y alta recompensa. Volviendo a un símil que ya hemos barajado, es como jugar al póker viendo las cartas del rival. Al final del día, las acciones acabaron subiendo un 20 por ciento, pero el mercado todavía no acabó de reflejar el valor creado; aunque en pocas semanas las acciones subirían más de un 90 por ciento.

El segundo ejemplo fue Redbubble (RBL) en 2021. Esta compañía es un *marketplace* de internet que conecta artistas que imprimen sus obras en artículos de *merchandising* con personas que quieren comprar algo diferente. El negocio crecía, tenía buenos números y estaba «barato». Comencé a comprar para el fondo a 5 dólares, y de inmediato se convirtió en una inversión ganadora, subiendo hasta casi 7 dólares por acción. Sin embargo, mi error fue infravalorar lo mucho que el confinamiento por la COVID-19 había ayudado a estas empresas; así, con la reapertura de la economía, el negocio volvió a una realidad más dura. A mediados de 2021, la empresa contrató un nuevo CEO, que, durante la presentación de resultados, explicó cuáles eran los objetivos financieros «realistas» a tres años. No había que ser experto para entrever que la nueva realidad era de menor crecimiento y de un 50 por ciento menos de beneficio. Ese mismo día, las acciones abrieron bajando un 15 por ciento; afortunadamente se trataba de una compañía grande, y sus acciones tenían más liquidez, por lo que pudimos vender la mayor parte de la posición que teníamos en el fondo a un precio medio de 4 dólares. La cotización acabó el día bajando un 20 por ciento.

La noticia era terriblemente mala; sin embargo, en muchas ocasiones, el mercado de acciones es ineficiente, y, gracias a la liquidez diaria de la Bolsa, podemos evitar grandes pérdidas. Este tipo de noticias implican al menos un 50-70 por ciento de pérdida de valor; no obstante, en True Value pudimos vender Redbubble con sólo una pérdida del 20 por ciento de nuestra inversión inicial. En Bolsa, el hecho de limitar las pérdidas también es una forma de «ganar dinero». Finalmente, las acciones continuaron bajando hasta llegar a los 0,50 dólares en 2022...

Todos los inversores, incluido Warren Buffett, pueden tener sorpresas negativas o cometer errores alguna vez, o bien muchas veces. Lo importante es saber aceptar tales errores y no tener miedo a liquidar una inversión que presente pérdidas en el presente, a fin de reducir mayores pérdidas futuras y, asimismo, reducir el coste de oportunidad.

Una vez que hemos aprendido a comprar acciones y a monitorizarlas, el último paso es aprender a venderlas. Hay una serie de razones para vender una acción, las cuales voy a detallar a continuación; pero, antes de eso, creo que es importante recordar que, en la Bolsa, estamos en el negocio de hacer buenas compras, y no tanto buenas ventas. Es muy probable que las acciones que vendas sigan subiendo; a muchas personas, esto les crea sesgos mentales que les impiden actuar de forma racional en el futuro. Tú no puedes controlar lo que va a hacer una acción después de que la vendas, pero lo que sí puedes controlar es cuándo vas a comprar una acción y las razones que te llevan a hacerlo. En el mercado hay todo tipo de tentaciones para invertir en acciones; recibirás todo tipo de mensajes, y, probablemente, cuando veas que las acciones de tu cartera suben menos que las que decidiste no comprar, te podrás sentir tentado a operar impulsado aún más por tus emociones. ¡Esto es lo peor que puedes hacer! Recuerda la metáfora del inversor en Bolsa y el proceso de caza de un cocodrilo. Tener control emocional y sentido común es mucho más importante que el coeficiente intelectual o la experiencia.

Dicho esto, veamos las principales razones para vender una acción:

- *Reducción del potencial de revalorización.* Si, por ejemplo, compraste Apple a 100 dólares porque pensabas que en cuatro años podría tener un valor intrínseco de 180 dólares, puede suceder que, en tan sólo un año, haya subido hasta 150 dólares. Esto implica que en los siguientes tres años, debería subir sólo un 20 por ciento adicional para llegar hasta 180 dólares, siempre y cuando no hayas recalculado su valor intrínseco. Eso sería una tasa de retorno muy pequeña, de menos del 6 por ciento anual... Así que lo lógico sería vender. Puede darse el caso de que, llegados al punto de los 150 dólares, haya habido noticias que expliquen que ahora su valor intrínseco a cinco años puede ser, por ejemplo, de 250 dólares; entonces, la decisión podría ser mantener e incluso aumentar posiciones. Pero todo reside en cuánto esperamos ganar y en qué plazo temporal. Recuerda: en Bolsa, el tiempo es dinero, y todo se mide en tasas de retorno anual.

- *Nuevos riesgos/noticias que afecten al valor intrínseco.* En este punto, recuerda el caso de Redbubble, que supone un claro ejemplo de cuándo está bien vender una acción. De igual forma, se puede dar el caso opuesto, es decir, que una compañía publique algo negativo, pero que el mercado sobrerreaccione haciendo que la acción baje mucho más de lo que realmente indica esa nueva información. En ese caso podemos mantener o incluso aumentar posiciones. A este respecto, me gustaría remarcar que comprar a la baja para promediar es una herramienta peligrosa; no debes usarla a la ligera si no sabes lo que estás haciendo. Ante la duda, siempre, vende... y espera fuera, hasta que estés de verdad convencido de lo que debes hacer. Este consejo te puede evitar perder miles de euros.

- *Necesidad de liquidez.* Se puede dar el caso de que tengamos todo o casi todo nuestro capital invertido y de que no contemos con suficiente liquidez en cartera para invertir en nuevas oportunidades que aparezcan, ya sea en acciones específicas o sectoriales, porque el mercado esté bajando. En estos casos, es válido vender acciones con menos expectativa de retorno para comprar esas nuevas oportunidades con mejores expectativas. En todo mercado bajista, tu cartera siempre va a tener acciones que han bajado poco y otras que han bajado mucho, y es precisamente en esas épocas turbulentas en las que más acciones cotizan a valores muy diferentes a su valor intrínseco.

- *Aparición de nuevos riesgos.* Muchas veces puede suceder que, una vez que hemos invertido en una acción, comprendemos mejor el negocio y sus riesgos. El hecho de que no estemos cómodos con esos riesgos es ya una buena razón para vender. Piensa que la vida es corta para vivir preocupado por tus inversiones. Para mantener una acción durante 3-5 años hay que estar convencidos; si no, tu «vida bursátil» no será una experiencia satisfactoria, y, sin que lo adviertas, esto te llevará a querer dedicar cada vez menos tiempo e ilusión a tus inversiones. Así, poco a poco irás perdiendo el interés, porque te has visto en situaciones límite. También se puede dar el caso de que, aunque las acciones no hayan bajado en Bolsa, descubras nuevos riesgos o detectes que el sector está empeorando, lo cual puedes advertir al analizar la información que facilitan las empresas rivales en sus presentaciones de resultados o sus comunicaciones a los accionistas.

Finalmente, hay un test muy sencillo, pero efectivo, para gestionar una cartera. Piensa en una acción que ya tienes en tu cartera... Si esta acción no estuviera en tu cartera, ¿la comprarías? Si la respuesta es negativa, probablemente sea el momento de venderla. Recuerda que, en Bolsa, sólo importa el futuro. No tomes decisiones influenciado por «lo que han hecho las acciones por ti». Resulta irrelevante si una acción te ha hecho ganar dinero o si, por el contrario, te ha hecho perderlo; las acciones no te deben nada, no saben a qué precio las has comprado.

Haz este ejercicio habitualmente, con cada una de las acciones de tu cartera, y tendrás un nuevo punto de vista interesante.

La gestión correcta de una cartera es algo sencillo de comprender, pero lo importante es que tengas la disciplina suficiente como para tomar decisiones valientes en los momentos clave.

10

Psicología de la inversión: la habilidad más importante para ganar en Bolsa

Su peor enemigo como inversor es usted mismo.

BENJAMIN GRAHAM

Este capítulo es probablemente el más importante de este libro. El control de las emociones es la base de todo en la Bolsa; es el equivalente a los cimientos de la casa. Las personas podemos reaccionar de formas impredecibles cuando sentimos que no entendemos una situación, y, en consecuencia, podemos tender a actuar por impulso y de forma irracional. Muchas personas piensan que, para controlar sus emociones, deben hacer algún tipo de ritual chamánico o retirarse a meditar al Tíbet a fin de hallar el equilibrio; pero se trata de algo más simple: el autocontrol nace del conocimiento y de la experiencia.

Hacer paracaidismo puede ser una actividad estupenda para una persona formada y con experiencia; sin embargo, para una persona común y corriente, saltar por primera vez de un avión con tan sólo una mochila llena de tela y cuerdas puede ser algo temerario. Si saltas, por muy bien que domines tus pensamientos y tus emociones, si no sabes aplicar correctamente la técnica, es posible que te estampes contra el suelo. Esto es precisamente lo que sucede a diario en la Bolsa, muchas personas deciden lanzarse al mundo de las inversiones con pocos conocimientos y con poca experiencia; independientemente de que tengan autocontrol y estén motivadas, probablemente, el resultado será que se estamparán contra el suelo, financieramente hablando. El mismo final le espera a una persona con amplios conocimientos pero incapaz de controlarse a sí misma en situaciones límite.

El problema es que la Bolsa da una falsa sensación de seguridad, porque parece fácil; al fin y cabo son decisiones binarias las que hay que tomar: simplemente, hay que elegir entre comprar o vender. Esta falsa sensación de seguridad hace que mucha gente decida lanzarse al mercado sin conocimientos. Se convencen a sí mismos de que sabrán manejar la situación, pero, aun tratándose de personas frías y muy racionales, si no se han formado y no han acumulado experiencia, van a tener momentos desagradables invirtiendo.

Cuando se hacen encuestas acerca de cómo de buenos nos consideramos conduciendo, la mayoría de la gente se considera por encima de la media, lo cual, estadísticamente, no es posible. Lo cierto es que tendemos a sobrevalorar nuestras capacidades y a creer que sabemos lo que estamos haciendo en todo momento; deseamos tener todo bajo control, porque, si no, la vida sería muy estresante.

A menudo veo inversores preocupados en el día a día por lo que va a decir la Reserva Federal, por las noticias políticas, por los resultados de las empresas y por la evolución de los mercados; sin embargo, apenas veo inversores preocupados porque no están aprendiendo lo suficiente, preguntándose cómo pueden mejorar sus habilidades de inversión o qué están haciendo a diario para ser mejores.

Todos queremos estar bien con nosotros mismos, sentir que si algo va mal —como, por ejemplo, perder dinero en Bolsa— es por culpa de factores externos. De esta forma vivimos más tranquilos. Le echamos la culpa a la inflación, a los tipos de interés, a las políticas chinas, a los resultados de una compañía o incluso al clima.

Este ego es el que nos impide avanzar. Cuando tú comprendas que eres es el único responsable de tu éxito a largo plazo en Bolsa, empezarás a tomar las riendas de tu aprendizaje, comenzarás a trabajar duro cada día para buscar la siguiente gran inversión y te preocuparás por gestionar tu cartera de inversiones. Tu toma de decisiones mejorará, y controlarás tus emociones, porque entenderás el entorno en el que operas. La Bolsa se convertirá en una experiencia positiva, no sólo para tus finanzas, sino también para tu autoestima.

Quiero compartir contigo una filosofía de aprendizaje que me sirvió para acelerar mi crecimiento como inversor. Se trata del *círculo de aprendizaje*. Es un concepto que leí en los libros de Anthony Robbins, uno de mayores expertos en desarrollo personal de los últimos tiempos.

Robbins explica que el proceso de aprender una nueva habilidad tiene cuatro fases, y que cómo gestionamos cada una de ellas puede hacer que sigamos mejorando o que abandonemos completamente el aprendizaje. (Véase la figura 10.1.)

Figura 10.1. El círculo de aprendizaje

Fuente: *Controle su destino*, de Anthony Robbins.

La primera fase son las ideas. En esta fase nos encontramos con la idea de aprender a invertir en Bolsa, quizá porque un amigo nos comentó algo al respecto, porque vimos un vídeo en internet o porque leímos acerca del tema en una revista, etcétera. Una vez que esta idea se ha establecido en nuestra mente, pasamos a la segunda fase, que es la preparación; y aquí es cuando nos interesamos por leer libros, buscamos más información en internet, hacemos un curso... Posteriormente, nos movemos a la fase de acción; y aquí es donde fallan muchas personas. Se dan casos de personas que se aventuran a invertir muy temprano, sin apenas conocimientos, así como casos opuestos, es decir, de personas que tiene conocimientos pero se sienten paralizadas por el miedo a empezar —lo que se llama *parálisis por análisis*.

Tengas más o menos miedo, parte del aprendizaje en Bolsa puede involucrar perder dinero al principio; yo he experimentado esa parte, tú lo harás..., y hasta Warren Buffett pasó por ello en su día.

Por último, tenemos la cuarta fase: los resultados. Al principio, mucha gente comete el error de medir sus resultados en Bolsa sobre la base de si ha ganado o perdido dinero. ¡Éste es un error muy grave! Sobre todo si lo cometes en los primeros 12-24 meses como inversor. La Bolsa es muy impredecible en un plazo tan corto; recuerda lo que hemos visto en capítulos anteriores.

Es en la fase de resultados en la que a la mayoría de las personas les surge el gran problema. Puesto que empiezan a medir sus resultados con la vara de gano/pierdo, cuando pierden, retroceden a la primera fase, que es la de las ideas. Se dicen a sí mismos que no valen, que esto de la Bolsa no es dinero fácil como pensaban y que nada tiene sentido; esto hace que dejen de prepararse y aprender (segunda fase), con lo cual no vuelven a pasar a la acción (tercera fase), y seguramente abandonen la Bolsa. Esto es una tragedia, ya que la Bolsa es un mecanismo excelente para rentabilizar nuestros ahorros, protegernos de la inflación y hacer crecer nuestro dinero por décadas.

No obstante, tú puedes proteger tu proceso de aprendizaje si aplicas un enfoque preventivo. Mi recomendación es que te pongas objetivos y resultados que dependan de ti, y no del entorno, como, por ejemplo, analizar en profundidad una acción cada semana, leer un libro de Bolsa al mes o aprender acerca de un nuevo sector de la economía. Esta clase de objetivos iniciales sólo dependerán de ti, son fácilmente medibles y te llevarán al siguiente nivel. Con ello comenzarás a introducir ideas positivas acerca de la Bolsa en tu mente, y eso te llevará a la fase de preparación, en la que seguirás mejorando y cuestionándote cómo haces las cosas. Se condescendiente contigo mismo al principio, y no midas tus resultados los primeros veinticuatro meses por cuánto dinero has ganado, ya que eso podría frustrarte enormemente.

Este mismo círculo de aprendizaje lo puedes aplicar en otras áreas de la vida, ya sea para perder peso, aprender un nuevo idioma o adquirir una nueva habilidad.

Otro aspecto muy importante que puede ayudarte es ser consistente en relación con los objetivos que tengas en Bolsa. Hay personas que simplemente buscan en la Bolsa un *hobby* rentable, ya que tienen otra ocupación, bien sea como empleados, autónomos o empresarios. Por el contrario, hay personas que quieren dedicarse profesionalmente a la Bolsa, vivir de esta profesión e incluso llegar a gestionar dinero de otras personas. Obviamente, cuanto mayor sea nuestro objetivo, mayor será el esfuerzo que le debemos dedicar.

Suelo contar la anécdota de una persona que se puso en contacto con el equipo de nuestra escuela de inversión antes de inscribirse en el curso online. Según sus propias palabras, su gran pasión era la Bolsa, y aspiraba a ser gestor profesional; sin embargo, en el mismo e-mail comentaba que el inicio del curso le suponía un inconveniente porque éste se llevaría a cabo en agosto; y, claro, él solía tomar sus vacaciones en agosto. Si lo piensas detenidamente, esto es una contradicción. Si tienes un objetivo tan grande y de tanta responsabilidad, como lo es gestionar el dinero de otras personas, debes ser consciente de que tendrás que dedicar mucho tiempo y esfuerzo para lograrlo, y cuanto antes empieces el camino que te llevará a tu meta, mucho mejor. Si, además, ese objetivo es tu pasión, debería estar en tu lista de prioridades por encima de unas vacaciones. Si yo estuviera en el lugar de esta persona, estaría deseando que el curso comenzará mañana mismo si es posible, no dentro de dos meses. Cuando aspiraba a vivir de la Bolsa, estuve muchos años sin irme de vacaciones y ahorrando cada euro posible, porque alcanzar un determinado capital cuanto antes era importante para mí. Desde luego, eso no significa que todo el mundo tenga que hacer esto; pero sí es recomendable ser consecuente y realista con nuestras ambiciones.

Puede que el objetivo de la mayoría de las personas que lean este libro sea el de ser inversores particulares, tener una buena rentabilidad y disfrutar de las bondades de la Bolsa, lo cual, posiblemente, exige un nivel de compromiso inferior al que se le puede exigir a un aspirante a profesional de la Bolsa. En este punto, te tengo que dar una mala y una buena noticia.

La mala noticia es que en Bolsa no es suficiente con estar en la media. En otras profesiones, como la ingeniería, la medicina o la arquitectura, profesionales que están en la media se suelen ganar bien la vida, incluso aquellos profesionales por debajo de la media ejercen su profesión y viven de ello.

En la Bolsa, según un estudio de J. P. Morgan, el inversor medio obtiene una rentabilidad del 2 por ciento, por lo que estaría mejor invirtiendo en un fondo indexado al S&P 500 para ganar un 9 por ciento anual. En diferentes estudios realizados sobre los resultados de cuentas de *trading* o especulación, más del 80 por ciento de las cuentas son perdedoras. Claramente, estar en la media no es buena idea.

Uno puede hacer un máster en economía, un MBA o un curso de Bolsa y seguir siendo perdedor en Bolsa. A diferencia de lo que ocurre en otras profesiones, aquí, los títulos no te garantizan nada, porque es un entorno totalmente meritocrático. Al mercado le da igual tu religión, si llevas el pelo corto o largo, o si vienes de una familia rica o pobre. No discrimina a nadie.

Hay que alcanzar un punto de inflexión en el que uno comience a ser ganador. La buena noticia es que, cuando alcances ese punto, podrás explotar esta habilidad para el resto de tu vida y beneficiarte enormemente de las ventajas del interés compuesto. En Bolsa, los mismos conocimientos que te harán ganar 10.000 euros te serán de utilidad para ganar 200.000 euros.

En este punto también es importante recordar que no hay atajos. Muchas personas buscan la vía rápida para ganar en Bolsa, y ésta es una de las razones por las que existen las estafas en internet, como, por ejemplo, los robots de *trading* que venden por 300 euros y que, supuestamente, al «enchufarlos» producen dinero automáticamente, lo cual es, simplemente, una idea bizarra. Quizá, si te hago la propuesta de usar uno de esos robots en frío, seguramente te reirías de mí; no obstante, con el suficiente marketing y un público ansioso de obtener atajos para el dinero fácil, esos engaños acaban funcionando, o extendiéndose al menos.

Si entras en la inversión en Bolsa manejando el tópico de que eso es dinero fácil y que se trata sólo de apretar un botón, esta base te llevará a tomar «atajos» que te harán perder dinero en el mercado, o bien hará que los euros que están en tu bolsillo vayan a parar al bolsillo de un «inventor de atajos», de esos que tanto abundan hoy en día.

La gente busca todo tipo de atajos en Bolsa, desde qué acciones recomienda el periódico de hoy, pasando por los consejos bursátiles que le dio un cuñado en la barbacoa del fin de semana, hasta cuál es la siguiente criptomoneda que ha promocionado el actor famoso de turno y que hay que comprar enseguida. Cada vez que asisto a cualquier evento y se corre la voz de que me dedico a la Bolsa, suele aparecer un gran número de personas interesadas en el tema, y su pregunta más habitual es qué opino de tal o cual acción o cómo veo la Bolsa en los próximos meses. Es muy raro que reciba preguntas acerca de cómo aprender a invertir o sobre qué consejos daría para evitar no perder dinero en Bolsa.

Esto me indica que hay una enorme cantidad de gente operando en el mercado que sólo está buscando el atajo fácil. Quieren que alguien les diga lo que tienen que hacer o dónde van a ganar dinero rápidamente, ya que eso es más cómodo que hacer el trabajo por sí mismos. Así es la naturaleza humana: si es fácil y rápido, mejor. Si tú empezaste en la Bolsa con este planteamiento, no es tu culpa, pues existe mucha desinformación al respecto; pero, cuanto antes te des cuenta del error, mejor será para tus finanzas y tu psicología.

Otro aspecto importante de la Bolsa es aprender a lidiar con la frustración y la incertidumbre. De nuevo, nos han educado para tener el mayor control posible de nuestras vidas. Normalmente, sabemos o prevemos lo que va a suceder cada día en nuestras vidas, y, por lo general, hay pocas sorpresas. La Bolsa es completamente diferente. En una cartera de 20 acciones siempre vas a tener imprevistos, cosas que no esperabas pero que tendrás que aceptar, y, asimismo, deberás mantener tu estrategia a largo plazo, aunque no esté funcionando a corto plazo. Te puede suceder que hayas hecho un buen trabajo de análisis y que la acción no haga nada o que incluso baje durante dos años; mientras tanto, quizá veas cómo las acciones de tus amigos y conocidos no paran de subir.

La Bolsa está llena de tentaciones a diario. Si no estás ganando dinero a corto plazo con tus acciones, verás todo tipo de acciones que sí lo están haciendo, y tendrás un fuerte impulso de saltarte toda tu estrategia para comprarlas de forma emocional.

Si enfrentamos a Warren Buffett con un principiante en Bolsa, es posible que este último tenga mejor rendimiento en períodos inferiores a tres años; pero si yo tuviera que apostar por quién va a ganar a diez años, seguramente lo haría por Buffett. Esto se debe al simple hecho de que el tiempo juega a favor de quien tiene unos conocimientos y una estrategia de inversión superior. En el ajedrez, por ejemplo, no sucede esto. Si enfrentamos a un profesional con un principiante, el profesional ganará cada partida; por este motivo, ningún principiante se plantea ganarse la vida como ajedrecista. Sin embargo, como ya he dicho anteriormente, la Bolsa tiene la particularidad de crear una falsa sensación de seguridad a corto plazo, lo cual atrae a millones de personas inexpertas en todo el mundo. Al principio, por un momento pueden experimentar la sensación de batir al mercado, para luego darse cuenta, a largo plazo, de que no eran tan fácil.

Durante el año 2015, True Value compró acciones de Credit Acceptance (CACC), una empresa de financiación de compra de automóviles. Después de haber realizado un buen análisis, la compañía cumplía con muchas de las cosas que hemos visto en este libro: tenía crecimiento, ventaja competitiva, bajo endeudamiento y buena directiva. Cotizaba a unos 200 dólares y a una valoración baja, de 10 veces beneficios. Durante los siguientes dos años, las acciones no hicieron nada en Bolsa... Nada. Estuvieron prácticamente laterales. Mientras tanto, el mercado había subido casi un 50 por ciento, y muchas otras acciones se estaban doblando de precio. Como todos somos humanos, pensé que algo pasaba; pero no había ninguna mala noticia, y la empresa seguía creciendo. Cometí el clásico error de principiante de buscar rentabilidad a corto plazo: caí en el aburrimiento y la frustración al ver que todo estaba funcionando según mi análisis, pero que la cotización no respondía a ello. El fondo vendió sus acciones casi al mismo precio de compra. Desde el momento en que las vendimos, las acciones subieron de forma vertical en los siguientes dos años, pasando de 190 dólares a unos 500 dólares en 2019 y a unos 680 dólares en 2021. (Véase el gráfico 10.1.)

Gráfico 10.1. Cotización de Credit Acceptance Corp. (2015-2022)

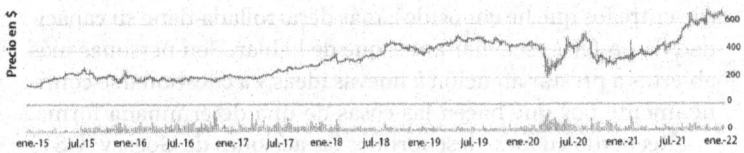

Fuente: TIKR (tikr.com).

Se suele decir que la inversión en valor funciona a largo plazo, porque hay períodos a corto plazo en los que no funciona. Esto fue una cara lección que yo mismo aprendí con Credit Acceptance, y que ahora comparto contigo para que no te suceda lo mismo.

Con el paso de los años, he tenido el placer de conocer a algunos de los mejores inversores de Europa y Norteamérica, y he descubierto que la mayoría de ellos tienen cuatro características en común acerca de cómo enfocar el mundo de las inversiones.

La primera característica es que son positivos acerca del futuro. Ésta es una característica fundamental si quieres ganar en

Bolsa. Si piensas que todo va a ir a peor y que el mundo se hundirá, es mejor que no inviertas. Aunque veas cada día en las noticias toda clase de eventos negativos, lo cierto es que cada vez hay menos pobreza en el mundo, que es cada vez es un lugar más seguro, y que el número de conflictos armados se ha reducido enormemente. Además, los avances científicos y tecnológicos nunca han sido tan grandes. Hay cientos de millones de personas que se van a incorporar a la clase media en la próxima década. Estas personas van a necesitar productos y servicios, y las empresas más importantes del mundo que cotizan en Bolsa van a capitalizar ese crecimiento.

Pero este optimismo tiene que estar compensado con una dosis fuerte de realidad y pragmatismo; no sólo por pensar de forma positiva y verle el lado bueno a las cosas vamos a tener éxito invirtiendo, sino que tenemos que haber cultivado nuestras habilidades.

La segunda característica es que no tienen prejuicios y tienen una mente abierta. Voy a intentar explicarte esto lo mejor posible... Me he percatado de que, cuanto más exitoso es el inversor (de entre los que he conocido), más desarrollada tiene su capacidad de preferir escuchar antes que de hablar. Son personas más abiertas a prestar atención a nuevas ideas y a cuestionarse continuamente por qué hacen las cosas de una determinada forma.

Recuerdo cuando descubrimos las acciones de Goeasy (GSY) en 2016, empresa financiera dedicada a los préstamos *subprime* de la que ya hablé en el capítulo 1. Quería compartir mi hallazgo con otros inversores, pues me parecía una empresa muy interesante; así que intenté explicar la idea a algunos colegas de la profesión. Apenas habían transcurrido unos minutos de charla cuando mencioné que se trataba de una empresa del sector *subprime*, y eso bastó para recibir una cortante negativa a saber más al respecto. La crisis *subprime* de 2008 aún estaba muy presente en sus mentes... Sin embargo, esa empresa no sólo resistió a la crisis, sino que incluso aumentó sus beneficios durante ese período. Si se tienen prejuicios o vivimos anclados en eventos pasados creyendo que así son las cosas y punto, la mente no estará abierta al aprendizaje continuo. Le presenté esta idea a otros inversores más exitosos y todos la escucharon con una mente abierta, en vez de expresar una decisión prejuiciosa respecto a esta opción de inversión.

Desde 2016, las acciones de Goeasy han subido desde 20 dólares a más de 200 dólares, en 2021; y con el mercado bajista de 2022, descendieron hasta los 100 dólares (véase el gráfico 10.2). Ha sido una de nuestras mejores inversiones.

Gráfico 10.2. Cotización de Goeasy Ltd. (2016-2022)

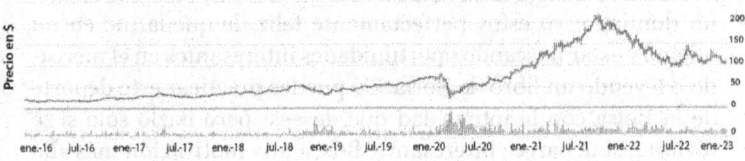

Fuente: TIKR (tikr.com).

Abundan las personas que ven una acción que ha subido mucho en Bolsa y automáticamente dicen: «Ya no es una oportunidad», o bien: «Está muy cara». Pero no se toman el tiempo de analizar el negocio, investigar a qué valoración cotiza y cuál es su futuro. Esto nace de los prejuicios y de los sesgos mentales. Algunas de mis mejores inversiones han sido compañías que estaban en máximos históricos, pero que tenían sentido como inversión y que han continuado subiendo después de invertir en ellas.

La tercera característica en común es que disfrutan la inversión. Les gusta de una forma genuina, les entusiasma el reto mental que supone, disfrutan olfateando el mercado en busca de oportunidades. No conozco a ninguna persona que haya tenido éxito en Bolsa si su única motivación era el dinero. Aquellas personas que están planeando en qué se van a gastar el dinero que todavía no han ganado en el mercado tienen un futuro complicado; los dioses de la Bolsa no recompensan ese tipo de comportamiento.

Recuerdo que, hace doce años, yo invertía mis primeros 10.000 euros con la misma ilusión con la que ahora invierto 300 millones de euros de True Value. De hecho, los primeros momentos eran los mejores; eran emocionantes a pesar de que la recompensa económica era muy baja; pero eso me daba igual, porque había descubierto algo que me imaginaba haciendo el resto de mi vida. Es como cuando conoces al amor de tu vida, la emoción de los primeros momentos nunca se volverá a repetir.

Recuerdo que me imaginaba algún día apareciendo en la lista de los principales accionistas de una compañía cotizada en Bolsa, y, diez años después, True Value ha sido la mayor accionista en muchas compañías, tan sólo superada por los fundadores.

Para mucha gente, su plan ideal es salir de pesca o ir en bici un domingo; yo estoy perfectamente feliz de quedarme en mi oficina y estar buscando oportunidades interesantes en el mercado o leyendo un libro de Bolsa. Tú puedes practicar este deporte de la Bolsa con la intensidad que desees; pero hazlo sólo si te divierte, si te parece interesante. Busca una motivación más allá del dinero. (Por cierto, en el próximo capítulo hablaremos del enfoque hacia el dinero para tener éxito en Bolsa.)

La cuarta característica en común es que son personas que tienen una vida equilibrada. Hay tres áreas fundamentales que tienen que estar en orden para poder invertir bien: salud, dinero y amor... Fíjate que digo *en orden*, y no *perfectas*; simplemente, intenta ser práctico y busca el progreso, no la perfección.

Si tenemos deudas fuera de control y gastamos más de lo que ganamos, no podremos invertir. Utiliza el dinero con sensatez; recuerda que el interés compuesto puede hacer milagros por ti.

Si no cuidamos nuestra salud, no podremos practicar esta actividad de la inversión a un alto nivel ni por mucho tiempo. Los excesos y los desequilibrios son perjudiciales: el alcohol, los desvelos, la mala alimentación, el sedentarismo..., todo esto afecta a tu capacidad mental, diluye tu energía y, al final, se traslada a tu estado emocional.

Si tenemos una vida emocional inestable con nosotros mismos y con los demás, nuestra actitud en Bolsa será inestable. Hoy en día hay mucha información acerca de la salud mental, del control de las emociones y del desarrollo personal. Muchos expertos han escrito sobre estos temas, y son ellos los que te pueden aportar más ideas al respecto.

Espero que este capítulo te haya sido de ayuda. En el próximo capítulo veremos los errores más habituales en Bolsa y cómo evitarlos; muchos de estos errores se producen en el área mental, por eso creo que ese tema es la perfecta continuación a este capítulo.

11

Los errores más comunes del inversor en Bolsa y cómo evitarlos

Hay conductas que deberíamos evitar a toda costa cuando estamos invirtiendo. En este capítulo compartiré contigo algunos consejos fáciles de comprender y de aplicar, para que tu experiencia en Bolsa sea positiva, y no sólo para tu cartera, sino también para tu persona.

Cuanto más tiempo llevo en esto de la inversión, más convencido estoy de que, si no cometemos grandes fallos y no tenemos grandes pérdidas, tendremos éxito a largo plazo. En este mismo sentido, Warren Buffett tiene un famoso lema: «La regla número 1 es no perder dinero. La regla número 2 es no olvidar la regla número 1».

Muchas personas creen que pierden dinero en Bolsa por «mala suerte», pues parten de la premisa de que la Bolsa es como un casino; su problema es el planteamiento de base. Esto no es fácil de solucionar, pero tampoco es una tarea imposible. Por otro lado, están los que han superado esta premisa pero piensan que no ganan en Bolsa porque «han elegido malas inversiones». El hecho de elegir malas inversiones es una consecuencia, y no la raíz, de un problema algo más profundo, problema que podemos resumir en los principales errores que he observado con el paso el tiempo.

Actitud hacia el dinero

La Bolsa es dinero, y el dinero es la herramienta de trabajo del inversor (al igual que para el fontanero lo es la llave inglesa). Sin dinero no podemos hacer nuestro trabajo. El problema es que la sociedad actual le otorga un valor casi místico al dinero. La educación que hemos recibido desde pequeños acerca del dinero es que es escaso y valioso, y que está mal «perderlo». Nos han educado para pensar de forma lineal en el proceso de acumulación de riqueza. Piensa por un momento... La mayoría de la gente no está preparada para desenvolverse en un entorno donde se pierde dinero a diario y donde la volatilidad es muy elevada; esto impacta en su mente, y esas personas acaban invirtiendo guiadas por emociones, en vez de usar la razón. Normalmente, cada persona ha estudiado algo, se ha formado en algo o tiene una profesión. Para la mayoría de nosotros, llega un momento en que logramos conseguir nuestro primer trabajo y tenemos un salario, supongamos de 1.000 euros. La sociedad nos ha dicho que si trabajamos duro ganaremos más dinero, quizá 2.000 euros al mes, al cabo de tres años. La gente suele ir ahorrando parte de ese dinero, y la cuenta del banco siempre avanza proporcionalmente, cada vez poseemos más dinero o más cosas. Es un entorno lineal.

Si una persona entra en la Bolsa por primera vez y se encuentra con un año como 2022, en el que su dinero vale un 30 por ciento menos o una de las acciones que compró baja un 60 por ciento, en su cabeza se produce un cortocircuito, porque no está preparada para ese entorno; simplemente, no sabe cómo asimilarlo. Cuando no asimila algo, el ser humano puede reaccionar de muchas formas, pero casi todas ellas son negativas para las inversiones. En general, hay algunos comportamientos que se repiten a menudo en estas situaciones.

Un comportamiento habitual es el de quien se obsesiona con «recuperar» las minusvalías a toda costa, sin aplicar ningún tipo de análisis, sin tomarse un momento para pensar en la mejor estrategia. Siente que la acción que compró le debe algo, y su objetivo primordial es recuperar esa pérdida, lo cual es un enorme error. Por otra parte, tenemos al «suicida» que compra más acciones a la baja porque todo lo que ha bajado «le parece barato»; pero, como dijimos en capítulos anteriores, que una acción haya bajado mucho no significa necesariamente que esté barata. Todo depende del futuro del negocio, de la valoración a la que invertimos y de si la directiva está alineada con la empresa y tiene en cuenta a los accionistas. Después está el inversor «inseguro», que, en cuanto compra, si la acción sigue bajando un 5-10 por ciento en su contra, se asusta rápidamente y vende, con lo cual no encuentra un aliado en la volatilidad, sino un enemigo.

El problema es que casi todos nos convencemos a nosotros mismos con alguna razón analítica para justificar decisiones puramente emocionales. Es el mecanismo del ser humano para estar en paz consigo mismo.

Perder, desde luego, no es el único detonante de los comportamientos erráticos; cuando las acciones suben, también podemos dejar de ganar por nuestra actitud hacia el dinero. En este sentido, tenemos a los que invierten bajo el lema «nadie se hizo pobre por vender con beneficio», y son los principiantes que venden una acción apenas ésta ha comenzado a subir. Esta reacción nace de la inseguridad y la falta de análisis, ya que, cuando empezamos en Bolsa, no nos sentimos ganadores en nuestro fuero interno. Por eso, cuando estamos ganando, sentimos la tentación de tomar beneficios muy pronto, porque no estamos acostumbrados a gestionar los beneficios. También está el «avaricioso», es decir, aquella persona que compra una acción que le llega a producir ganancias, y luego, en respuesta, aumenta drásticamente sus posiciones cuando ésta se encuentra en el punto más alto, cuando la empresa se sitúa en su valoración más cara y cuando menos valor generará a futuro. Estos inversores son los que sabrán qué es perder a lo grande.

Este último error fue el que cometió Isaac Newton al invertir en Bolsa durante la burbuja de la Compañía de los Mares del Sur, que estalló en 1720. Isaac Newton, que es considerado una de las mentes más brillantes de la historia, analizó correctamente que esta compañía pionera en el comercio marítimo podría ser muy rentable, y decidió comprar una pequeña posición a 180 libras la acción. Hizo un buen análisis y una gestión de cartera correcta, ya que se trataba de un negocio prometedor pero de alto riesgo. El precio de las acciones comenzó a subir en vertical, y Newton decidió tomar beneficios a 400 libras; una buena decisión de nuevo, ya que las acciones estaban mucho más caras en lo que se refiere a valoración. Pero Newton, al igual que tú y yo, tenía su lado emocional. Cuando vio que sus amigos aún seguían ganando ríos de dinero con la Compañía de los Mares del Sur, mientras que él ya había soltado las acciones, no pudo resistir la tentación de invertir de nuevo, pero esta vez cometería dos graves errores: primero, invirtió muchísimo más dinero que la primera vez, y a un precio muy superior, de 700 libras; y segundo, lo hizo en un momento en el que las acciones ya cotizaban a nivel de burbuja, después de haberse multiplicado su precio por más de ocho en menos de dos años. En los siguientes seis meses, las acciones bajarían más de un 80 por ciento, dejando a Newton totalmente arruinado, pues decidió vender toda su posición 180 libras la acción y asumir una gran pérdida.

Gráfico 11.1. Operaciones de Isaac Newton en la Compañía de los Mares del Sur

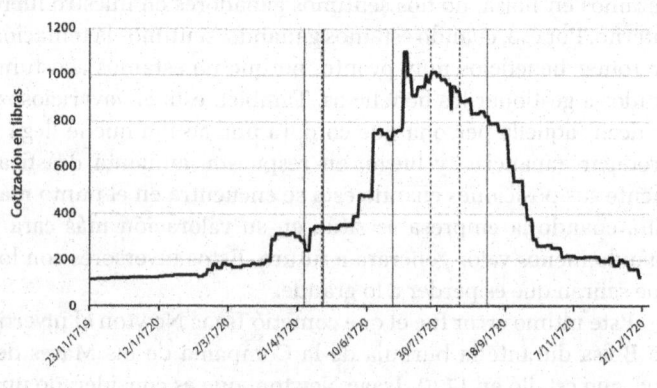

Fuente: Newsletter Marc Faber, analista de mercados.

El error de Newton no fue seleccionar la acción incorrecta, sino su gestión de cartera y las decisiones tomadas guiado por factores emocionales, entre ellos, la envidia, que es uno de los más peligrosos en Bolsa. Lo irónico de esta historia es que la Compañía de los Mares del Sur sobrevivió a la burbuja y siguió operando durante más de ciento veinte años en lo que entonces era una industria boyante.

El dinero transforma a las personas. Suelo poner el ejemplo de la oficina de un banco y una frutería. Si observas el ambiente cuando entras a una frutería, verás que es más distendido y cercano, y hay un tono de voz elevado; sin embargo, observa el ambiente al entrar a una oficina bancaria. Hay un ambiente fúnebre, el tono de voz es bajo y no hay lugar para las bromas. Las personas que visitan las fruterías y las oficinas de bancos están haciendo tareas rutinarias, como comprar comida o poner al día sus cuentas; realmente no sucede nada especial en una oficina de un banco que no suceda en una frutería; a pesar de ello, todo lo que rodea el dinero y la posibilidad de perderlo genera tensión y emociones al límite.

Un consejo fácil que siempre doy a mis alumnos para empezar a solucionar este problema es que piensen cuál es el peor escenario y por qué no es tan terrible como solemos pensar. El mero hecho de imaginar algo negativo le genera al ser humano casi las mismas sensaciones que cuando el propio evento sucede. La gente que invierte constantemente con miedo en Bolsa está sujeta a una montaña rusa de emociones negativas todos los días.

Si aplicamos una gestión de cartera racional y hemos desarrollado mínimamente nuestras habilidades de inversión, es muy poco probable tener pérdidas a largo plazo. Si tú partes de esta premisa, serás consciente de que, una vez cada 10-20 años, tu cartera podrá bajar temporalmente más de un 50 por ciento, y que eso está bien; a Warren Buffett le ha pasado cuatro veces en los últimos sesenta años, y es una de las personas más ricas del mundo. Piensa que, en ese escenario, tendrás la misma familia y los mismos amigos, que seguirás yendo a tu restaurante preferido y que conducirás el mismo coche; tu vida «real» no cambiará tanto como crees. Recuerda que el dinero es tu herramienta de trabajo; si cuidas tu actitud hacia el dinero, la Bolsa podrá ser un viaje muy gratificante.

Es complicado entrenar a alguien para que acepte la volatilidad del dinero, pero esto no quiere decir que no se pueda hacer. La vía más efectiva es comenzar a invertir cuanto antes, y no con todo tu patrimonio; es mejor empezar con una pequeña parte de él e ir incrementando la inversión a medida que te sientas más cómodo y tengas más conocimientos. Las llamadas *cuentas demo* en el mundo de la inversión son una pérdida de tiempo, porque eliminan el componente emocional. Debes tener siempre presente que todo lo que pase en Bolsa (si estás haciendo las cosas con sentido común) no va a afectar a tu vida real, especialmente a corto plazo. Sé autocrítico y consciente de tus emociones, tales como la envidia, el miedo, la avaricia o la euforia.

Mirar demasiado las cotizaciones

El segundo error habitual es mirar continuamente las cotizaciones. Esto es un clásico y, además, con la tecnología actual es muy fácil tener esta información a diario, en tiempo real y cuantas veces quieras. De hecho, hay estudios que afirman que el inversor medio mira su cartera unas ¡siete veces al día! Esto nos lleva a cometer errores emocionales de nuevo, errores que son muy fáciles de evitar.

Si has invertido en Bolsa, sabrás que la sensación de ganar dinero es de relajación, liberación, alegría, satisfacción, etcétera, y es mucho menos intensa que la de perder dinero. En parte, esto se debe a que, durante todo el proceso de inversión, asumimos que tenemos que ganar dinero; es decir, eso es lo esperado, y por ello no nos sorprende cuando sucede. Sin embargo, sabrás de sobra que perder dinero es otra historia; las pérdidas producen sensaciones mucho más intensas y que incluso se trasladan al plano físico, como la ira, el odio, el miedo o la ansiedad que provoca la incertidumbre. Digamos que, seguramente, la intensidad emocional de perder es entre cinco y diez veces más intensa que la de ganar.

De media, una acción sube el 51 por ciento de los días del

año; es decir, la relación entre subida o bajada es casi un 50/50. Si miras tus acciones tantas veces al día, es como someter a tu cuerpo a una especie de tortura china que no te lleva a ninguna parte, ya que las emociones de los días negativos eclipsan totalmente las de los días positivos.

Una herramienta sencilla que ofrecen casi todos los brókeres o las páginas de seguimiento bursátil, como Yahoo! Finance, es la de alertas de precio que se pueden programar para que nos avise de cuándo una acción sube o baja más del 5 por ciento, por ejemplo; esto es muy útil, porque puede que en ese momento sí haya algo relevante que exija una revisión y un análisis. El otro evento fundamental es la presentación de resultados empresariales; y, para estar al tanto de ello, podemos visitar la web de relación con inversores de cada compañía y suscribirnos a las alertas por e-mail, para que nos avisen de hechos relevantes que afectan el valor de las acciones. Con estas dos herramientas, no necesitas estar mirando a diario las cotizaciones de tus acciones como un poseso; además, así disfrutarás mucho más de la Bolsa..., y tu cartera te lo agradecerá.

Warren Buffett ha comentado en muchas entrevistas que pasa días o semanas enteras sin mirar el precio de las cotizaciones. Esto mismo me han comentado muchos grandes inversores que he tenido la suerte de conocer. Oblígate a mirar cada vez menos las cotizaciones, e incluso haz de ello un juego. Esto te ayudará a controlar tus emociones y a pensar de forma racional acerca de tus inversiones.

Pensar como las masas

El tercer error más habitual en Bolsa es pensar como las masas. Así es la naturaleza del ser humano: se siente seguro en grupo, siendo igual a los demás. Al parecer, para muchas personas, perder dinero «acompañadas» es más placentero que perderlo estando solas. Reza el dicho popular: «Mal de muchos...».

Si nuestro vecino o nuestro amigo está ganado mucho dinero

con algún tipo de inversión, nosotros no queremos ser menos, e inevitablemente nos subimos al carro, aunque racionalmente no tenga sentido alguno. Es por esto por lo que existen las burbujas en Bolsa; no hay nada más excitante para el ser humano que ganar mucho dinero en poco tiempo y, además, acompañado de un grupo de gente similar.

En Bolsa es muy habitual encontrar el perfil del inversor «cazador de rendimientos». Es la persona que invierte de manera reiterada en aquello que mejor lo ha hecho a corto plazo; a eso se reduce su estrategia... Por supuesto, se convence a sí mismo de estar en lo correcto con justificaciones que parecen lógicas en su mente. En 2014, la inversión estrella era la energía, y muchos inversores se apuntaron a esta temática; pero, año y medio después, a mitad de 2016, se daban cuenta de que resultó un sector perdedor. Seguramente, muchos vendieron en ese punto; aunque, luego, la energía volvió a brillar en Bolsa desde 2016 a 2017, para después tener otros tres años terribles hasta 2021.

Lo mismo sucedió con las acciones tecnológicas. La mayoría de la gente se emborrachó de éxito en 2021, pensando que los árboles crecían hasta el cielo; pero, en 2022, el árbol fue podado hasta el tronco, o casi.

Joel Greenblatt dice que en la Bolsa hay que tener una mente abierta, pero no un agujero en la cabeza. Hay mucha gente que se pasa al pensamiento contrario a la gran masa del mercado, y esto también es potencialmente peligroso. Ese proceder suele conducir a involucrarse en situaciones de mucho riesgo, como, por ejemplo, invertir en sectores o compañías con problemas estructurales, con mucha deuda o con directivas dudosas.

Elige una estrategia en Bolsa que se ajuste a tu personalidad y a tus objetivos monetarios; concédete tiempo para que ese plan madure, y entonces podrás sacar conclusiones que te servirán para realizar los ajustes pertinentes. Pero no vayas por los mercados financieros como pollo sin cabeza, persiguiendo aquello que lo ha hecho bien a corto plazo para sumarte a la nueva tendencia, porque pasarán los años y te darás cuenta de que habrás estado mucho tiempo dando vueltas en círculo y sin un rumbo claro; y recuerda que, en Bolsa, el tiempo es dinero.

Un entrenador de fútbol tiene una cartera de jugadores que alinea para los partidos; y casi siempre son los mismos, porque cree en esa «cartera» de jugadores. Si un partido va mal, no cambia toda la alineación para el siguiente partido; lo habitual es que no haga nada o que, como mucho, cambie uno o dos jugadores del once inicial. Si hay toda una mala temporada, puede que haga cambios más importantes o numerosos; pero habrá dejado tiempo suficiente para ver qué resultados rinde la estrategia que ha elegido. La Bolsa es muy parecida en eso a los deportes profesionales. Hay una estrategia ganadora a largo plazo, como es la inversión en valor, pero hay que practicarla durante suficiente tiempo para poder ver los resultados y, en su caso, hacer modificaciones.

Operar con base en recomendaciones

El siguiente error más habitual es operar basándose en recomendaciones de un tercero, que puede ser un bróker, un amigo, un cuñado...

Este error se relaciona con la búsqueda de atajos para ganar dinero fácil en Bolsa, es decir, sin poner sobre la mesa el trabajo que hace falta. Piensa que, cuando pierdas dinero, el «proveedor de recomendaciones» no se va a responsabilizar de los resultados ni te va a reponer tus fondos perdidos. Sólo tú puedes cuidar de tu patrimonio.

El 90 por ciento de las recomendaciones de los brókeres son para comprar o mantener. Sin embargo, está estudiado que, a largo plazo, el 60 por ciento de las acciones rinden menos que el mercado. Pero es así como funciona la industria de las recomendaciones en Bolsa. El negocio del bróker es tener clientes contentos, no clientes que ganen dinero. La gente quiere escuchar cuál es la siguiente gran idea; quieren una nueva aspiración, una nueva acción con la que cumplir sus sueños monetarios de dinero fácil y sin esfuerzo. Hablar de los riesgos de una acción o de lo mala que es una acción no atrae público a la industria de las recomendaciones.

Para un bróker, ofrecer recomendaciones de venta es la peor

idea para su negocio, ya que sólo le creará enemigos entre las compañías de las que hable mal. Piensa que en la industria hay muchos intereses cruzados: «Si tu analista habla bien de mí en su informe, quizá piense en ti para hacer la siguiente colocación de acciones o de bonos, a cambio de la cual te pagaré altas comisiones...».

Si un analista habla bien de una empresa, seguramente la empresa le invite a todo tipo de eventos —que a menudo incluyen estancias en hoteles de cinco estrellas en lugares paradisíacos—. Asimismo, lo mantendrá al día de su evolución para que difunda esa información en sus informes; de este modo, el analista se convierte en un empleado valioso y con posibilidades de ascenso. Si sólo gana enemigos haciendo recomendaciones negativas, pronto se quedará sin compañías que analizar, porque éstas no le recibirán y su popularidad como analista bajista irá creciendo hasta ver que sus servicios ya no son demandados.

No obstante, puede estar bien basarse en las ideas de otras personas para tener un punto de partida. Yo personalmente lo he hecho, escaneando las carteras de grandes inversores que admiro e incluso de inversores privados que conozco y que tienen un gran historial; pero esto es sólo el punto de partida. Mi consejo es que verifiques toda la información, que entiendas todos los puntos de una inversión y que seas plenamente responsable del futuro de esa inversión.

Si has realizado una inversión por recomendación y ésta comienza a moverse en tu contra, seguramente sentirás la necesidad de consultar con otra persona sobre qué debes hacer, y eso es muy probable que se deba a que no comprendías en profundidad la idea. Los grandes inversores toman decisiones por sí mismos. No me imagino a Warren Buffett llamando a un analista de J. P. Morgan cuando bajan las acciones de Coca-Cola para preguntarle qué debe hacer con ellas. Si experimentas esto alguna vez, es mejor que vendas en ese mismo momento y comiences a invertir en cosas que sí entiendas y respecto a las cuales creas que puedes tomar decisiones por ti mismo.

Invertir sin planificar

Invertir sin tener un plan previo de lo que podría pasar en diferentes escenarios y ante posibles riesgos sólo conduce al fallo. Normalmente, las personas sólo imaginan una inversión funcionando a la perfección; en consecuencia, cuando no sucede tal y como han previsto, los invaden las dudas y llegan a tomar malas decisiones. El ser humano no afronta bien lo inesperado, la incertidumbre y lo desagradable.

Es un error muy grave no considerar que un negocio o una inversión pueden ir mal ni lo que puede implicar para el valor futuro de esa inversión o ese negocio. Hay diversos factores y riesgos, como, por ejemplo, de deuda, de modelo de negocio, regulatorios, etcétera, de los que muchas veces no es posible cuantificar sus potenciales repercusiones de forma exacta; pero sí podemos establecer algunas pautas que nos ayudarán a medir el grado de riesgo:

1. *Considerar si puede ser un problema pasajero o permanente.* Esto podría significar un mayor o menor potencial de pérdida.
2. *Considerar la probabilidad de que ese evento suceda.* Simplemente hay que analizar si es una probabilidad alta o baja; por ejemplo, si la compañía tiene alta dependencia de un cliente, ¿qué grado de riesgo tendría perder ese cliente? Piensa que, si la compañía es difícilmente reemplazable o tiene ventaja competitiva, esta probabilidad es muy baja, o bien sería de un grado bajo; pero no sería así tratándose de una compañía que tiene muchos competidores u ofrece productos estandarizados o indiferenciados dentro del sector.
3. *Considerar el nivel de deuda.* Este factor amplifica los efectos negativos derivados de los riesgos latentes.

A comienzos de 2022, yo tenía en los fondos algunas posiciones en empresas relacionadas con el sector inmobiliario. Entre los posibles riesgos estaba la subida de tipos de interés, ya que este mercado es especialmente sensible a ello: por un lado, tiene impacto sobre la valoración del activo; y, por otro lado, reduce la capacidad de generar beneficios, ya que un mayor pago de interés reduce el flujo de caja. Cuando empezó a ser evidente que los tipos tendrían que subir mucho más de lo esperado y a un ritmo mayor, vendimos de forma acelerada esas posiciones con una pequeña pérdida; de esa forma evitamos incurrir en las caídas aún mayores que experimentó el sector después, y que superaron el 50 por ciento.

En todas las inversiones que vayas a realizar, siempre habrá riesgos; no existe la inversión perfecta y en la que todo está en orden. De hecho, si alguna vez crees que tienes algo parecido a una inversión perfecta, seguramente habrás olvidado analizar algún aspecto. Lo importante es que sepamos cómo debemos actuar ante cada riesgo, evento o suceso; esto es lo que nos da poder en Bolsa.

Invertir sin tener en cuenta nuestra personalidad

Otro error es no adaptar nuestro estilo de inversión a nuestra personalidad. Si tienes más de treinta años, probablemente ya tengas una personalidad definida para el resto de tu vida; a partir de esa edad, intentar cambiarla es generalmente muy complicado. A menudo veo gente con una personalidad más bien tranquila y adversa al riesgo, las clásicas personas que no practicarían deportes de riesgo y que conducen de forma prudente, pero que, sin embargo, están invirtiendo con carteras muy concentradas en acciones cíclicas de alta volatilidad y alto riesgo. Si adoptas este enfoque, te verás en situaciones de mucha incomodidad, y, en vez de disfrutar de la Bolsa, tu experiencia se convertirá en una lucha continua.

Si se tiene un perfil similar, sería más adecuado tener una cartera más diversificada, de unas 15-20 posiciones, en negocios más estables, predecibles y con baja deuda.

Sin embargo, una persona más extrovertida y que prefiera la novedad y la acción en todo momento quizá disfrute más de la experiencia de inversión y tenga mejores resultados con acciones cíclicas, en restructuración o con alta volatilidad —siempre y cuando sean inversiones con expectativa positiva.

Personalmente, con el paso de los años he aprendido que estoy más cómodo invirtiendo en negocios predecibles, donde hay pocas sorpresas. Me resulta más fácil soportar la volatilidad inherente a las *small caps*, a cambio de poder comprar estos buenos negocios a una mejor valoración de la que cotizan empresas similares más grandes y volátiles.

Desde que comprendí esto, disfruto más de la Bolsa, ya que mi estilo de inversión está alineado con mi personalidad. Es recomendable que seas honesto contigo mismo; analiza las inversiones que has realizado y observa cuáles han sido más o menos estresantes, independientemente de haber ganado o perdido dinero. Puede que, en algunos casos, este análisis te lleve a inversiones potencialmente menos rentables, pero vivirás tranquilo. Recuerda que, cuanto más disfrutes la inversión, más años la practicarás y mejor inversor llegarás a ser. Esto es una carrera de fondo, así que sienta unas buenas bases para la próxima década y ten presente que lo importante es aprovechar la magia del interés compuesto durante muchos años. Si te quemas rápido con la inversión, nunca sabrás la rentabilidad que puedes ser capaz de conseguir a largo plazo.

12

Cómo afrontar los períodos bajistas en Bolsa

Uno de los mayores miedos que tienen las personas al invertir en Bolsa es no saber qué hacer en los momentos bajistas. Esto es comprensible, por los factores que hemos comentado en anteriores capítulos. La razón principal por la que muchas personas no ganan dinero o evitan poner un solo euro en la Bolsa es el miedo a la volatilidad y la posibilidad de perderlo todo ante una crisis de mercado.

Lo primero que tenemos que comprender es que la volatilidad es una característica más de la Bolsa. La mayoría de la gente piensa que es una anomalía, y se sorprende cuando aparece. Esto se debe a que, cuando iniciamos una nueva inversión, condicionamos nuestra mente para creer que vamos a ganar mucho dinero; por lo tanto, nuestra mente sólo es capaz de visualizar el precio de cotización por encima del precio al que compramos. Por eso, que la Bolsa o una acción en particular baje nos desconcierta, y aquí es donde vienen los fallos.

Para evitar que esto te ocurra te debes preparar para las bajadas de Bolsa antes de que sucedan, y no durante o después, como hacen la mayoría de los inversores.

Hay dos tipos de situaciones que se pueden dar. La primera situación es la bajada de una acción en particular, sin que el mercado en general esté bajando; en este escenario, se verá afectada sólo una parte de nuestra cartera, si es que tenemos varias posiciones y estamos diversificados. Y la segunda situación es una bajada generalizada del mercado, en la cual se verá afectada la mayoría de nuestra cartera. Vamos a analizar qué factores debemos tener en cuenta en cada uno de estos dos escenarios.

Al público le preocupan menos las bajadas en Bolsa de acciones en particular que las bajadas del mercado en general; pero, en mi opinión, el primer caso es el que más respeto debería producirnos.

Normalmente, cuando una acción individual baja más de un 20 por ciento (en una o varias sesiones) es porque ha ocurrido algo que afecta al valor fundamental del negocio en cuestión. Esto es peligroso, y tendremos que analizar si la nueva dificultad puede ser algo solucionable o es algo que amenaza de forma permanente a la empresa. Dependiendo de este análisis, la decisión debería ser comprar más acciones o reducir posiciones.

¿Por qué comentaba antes que nos tenemos que preparar *antes* para las bajadas en Bolsa? En el caso de bajadas de acciones individuales, si hemos hecho un buen análisis, hemos sido disciplinados con el precio que hemos pagado y hemos evaluado bien los potenciales riesgos antes de invertir, tenemos mucho a nuestro favor para ganar. De esta forma, minimizamos las eventuales sorpresas negativas. Aunque seas un analista excelente, siempre aparecerán eventos inesperados y tendrás que asumir pérdidas en ciertas inversiones, plegar velas y dirigirte hacia mares más tranquilos.

Al menos el 10-15 por ciento de las inversiones que hemos realizado en True Value han sido pérdidas, y aun así el resultado global ha sido muy positivo. Lo ideal es que las posiciones perdedoras no sean las que tienen mayor peso en una cartera.

Por otra parte, tienes que ser extremadamente cuidadoso cuando compres más acciones a la baja. Ésta es, normalmente, la mayor fuente de pérdidas del inversor inexperto; es una herramienta poderosa en algunas ocasiones, pero en muchos casos le puede llevar por una calle sin salida.

Después de la reciente burbuja de acciones en el año 2021, mucha gente ha perdido la mayoría de su dinero. Estamos hablando de minusvalías del 75 por ciento al 90 por ciento en algunas acciones de moda como Peloton, Beyond Meat, Carvana, Shopify, Snowflake... Sólo por nombrar algunas, pero la lista es de cientos. Puede que algunos inversores incluso deban dinero a su bróker, porque invertían usando deuda. Estas personas no querrán volver a saber nada de la Bolsa, probablemente para el resto de su vida, y además tratarán de persuadir al resto para que no se acerque a la Bolsa.

Curiosamente, pese a que estas acciones han bajado un 80 por ciento o más, todavía siguen cotizando a una valoración más cara que la media del mercado, y en muchos casos ni siquiera producen beneficios. Casos como éstos suponen una pérdida permanente de capital, y es lo que debes evitar a toda costa en tus inversiones. Si vas acumulando muchas pérdidas permanentes en tu cartera, jamás te recuperarás y el barco se hundirá; esto es lo que te debería quitar el sueño como inversor, porque este aspecto es clave para tener éxito invirtiendo. Al final las crisis económicas siempre pasan; puede que una empresa gane menos dinero un año, pero en los siguientes dos años, posiblemente, vuelva a ganar más que al inicio de la crisis, y, si la has comprado a un buen precio, la cotización subirá y tendrás beneficios. Y más aún si aprovechaste la bajada para comprar más acciones.

El problema de las pérdidas permanentes deriva de no hacer un buen análisis previo. Si no somos disciplinados en las valoraciones a las que invertimos, tendremos problemas a futuro. Si elegimos negocios con mucha deuda y que puedan tener bajadas de beneficios, tendremos problemas; y si elegimos equipos directivos que nos roben legal o ilegalmente, tendremos problemas.

La segunda situación y seguramente la que más te preocupa es qué hacer cuando baja el mercado en general. Estas bajadas normalmente suceden por miedo a crisis en la economía o noticias geopolíticas.

Te puedo decir con total confianza, después muchos años invirtiendo en Bolsa, que este tipo de situación es mucho más favorable para tus intereses como inversor. Si has hecho los deberes previos y tienes una cartera sólida con acciones de empresas ubicadas en regiones económicamente estables, donde se respeta la ley, tienes poco de lo que preocuparte. Es muy difícil anticiparse a las bajadas en Bolsa. Si me dieran un euro cada vez que alguien me pregunta cuando será la próxima crisis... Parafraseando a Peter Lynch: «Se ha perdido más dinero tratando de predecir la siguiente crisis en Bolsa que en la propia crisis». Si al final sucede la temida crisis, mantén la calma; preocuparse excesivamente no cambiará lo que está ocurriendo. Aprovecha la oportunidad y toma ventaja para ampliar tus posiciones si lo consideras acertado; actúa de manera racional, y no dominado por tus emociones.

A continuación te muestro algunas estadísticas reveladoras que deberías asimilar para que no te sorprendan las bajadas que puedan suceder en el mercado:

- Se producen bajadas del 10 por ciento cada 12 meses, de media.
- Se producen bajadas del 20 por ciento o más cada 3-5 años, de media.
- Se producen bajadas del 30 por ciento o más cada 10 años, de media.
- Se producen bajadas de más del 40 por ciento cada 30 años, de media.

De hecho, probablemente, las grandes bajadas generales que tanto asustan las vivirás sólo dos o tres veces en toda tu vida inversora, y normalmente son situaciones en las que puedes ganar mucho dinero a largo plazo si tienes buenos conocimientos y una pizca de valentía.

La mayoría de los errores que se cometen en las bajadas de mercado suelen venir de la gestión de la cartera. Los errores más habituales que he visto son los siguientes:

1. *Una vez que la cartera ha bajado un 10, un 20 o un 30 por ciento, vender para «esperar a verlo más claro».* Este error se debe a un sesgo cognitivo que nos hace creer que ya no soportamos el dolor de estar perdiendo, con lo cual queremos salir del mercado. Este comportamiento también es resultado de la propensión del ser humano a ex-

trapolar el presente más cercano al futuro más lejano. En esta situación, la persona podría pensar: «Si en seis meses he perdido un 20 por ciento de mi dinero, a este ritmo habré perdido el 80 por ciento en 18-24 meses; así que es mejor vender y esperar».

2. *Aprovechar para comprar en las empresas más «seguras» del mercado, que normalmente son las que menos han bajado.* Este error se debe a que nos convencemos a nosotros mismos de que nuestro dinero estará más seguro ahí cuando haya volatilidad; pero la realidad es que estas compañías *más seguras* subirán mucho menos cuando la Bolsa se recupere, y eso supondrá un alto coste de oportunidad. No obstante, aunque esto es un error, lo cierto es que, comparativamente, se puede considerar como una mejor alternativa que la del punto 1 anterior.

3. *Vender acciones que han bajado mucho para comprar las acciones ganadoras del ciclo pasado.* Este error, de nuevo, se debe a un sesgo cognitivo, el de creer que, si algo funcionó bien en el pasado más cercano, seguirá siendo así cuando se recupere el mercado. Aquí es importante hacer distinciones, ya que, si se trata de buenas empresas (como las que hemos descrito en capítulos anteriores) y nuestro análisis indica que están a buen precio, pueden dar buen resultado. Hay que ser cauteloso, porque, en cada bajada grande del mercado, las acciones más castigadas suelen ser aquellas en las que había más euforia... e incluso burbujas. Muchas de estas acciones no se recuperarán en años, y aquellos que inviertan en ellas verán cómo el mercado se recupera mientras su cartera se queda en coma.

4. *Apostar en contra del mercado, bien sea con venta en corto de acciones o de derivados, a fin de beneficiarnos con las bajadas adicionales.* Ésta es otra idea pésima, y no te la aconsejo bajo ninguna circunstancia. Es el camino rápido a la ruina y la frustración, porque habitualmente son operaciones fruto del pensamiento impulsivo y carente de análisis previo. Si bien algunos especuladores expertos usan esta técnica, se suele ejecutar «antes» de que haya

comenzado la propia bajada, no cuando la Bolsa ya ha bajado un 25 por ciento..., y ése es precisamente el gran error, hacerlo «después».

Ahora bien, respecto a las medidas que podemos tomar antes de una caída de mercado, hay varios puntos que tener en cuenta. Veámoslos...

En primer lugar, resulta recomendable tener algo de liquidez, pero no en exceso —quizá un 5-10 por ciento de la cartera, por aquello de las oportunidades que puedan aparecer—. Lo lógico es usar la liquidez cuando el mercado baje un 10-15 por ciento.

Si el mercado continúa bajando hasta un 20-25 por ciento, lo que yo suelo hacer es vender inversiones más seguras o estables que ya tenía en cartera antes de la crisis, acciones que quizá no tienen tanto potencial, pero que habrían proporcionado algo de retorno si el mercado hubiera seguido subiendo. Una vez que dispongo de fondos adicionales, lo que hago es comprar acciones con mayor potencial, ya que, en los mercados bajistas, es muy habitual que muchas acciones de calidad bajen un 40-50 por ciento incluso sin que les ocurra nada reseñable —como mucho podrán ganar algo menos de lo previsto a corto plazo, pero el modelo de negocio seguirá intacto.

Adicionalmente, y sólo si la Bolsa baja más de un 30 por ciento, se puede empezar a considerar usar un apalancamiento moderado —no más del 20-30 por ciento del valor de la cartera— con el objetivo de tener la oportunidad de comprar buenas acciones a precios de derribo. Ésta es una herramienta que no puedo usar en los fondos de inversión, debido a las reglas del regulador; pero sí que la usaba siendo inversor particular. Normalmente, la gente lo hace al revés: se apalancan cuando el mercado está en máximos, fruto de su avaricia y envidia, y, cuando el mercado cae, sus pérdidas se multiplican. Actualmente, en la mayoría de los brókeres es muy fácil usar apalancamiento para comprar más acciones. Simplemente, te permiten comprar por más dinero del que está depositado en la cuenta a cambio de un pequeño interés anual, que suele ser muy bajo, comparado con lo que se puede ganar cuando el mercado se recupera. Se trata de una herramienta peligrosa, así que úsala sólo si tienes amplia experiencia y sabes muy bien lo que estás haciendo.

De igual forma, hay que ser disciplinado para deshacer el apalancamiento una vez que el mercado se recupera y vuelve a un estado más «normal». Hay que volver a no tener deuda a fin de disponer de pólvora seca para el siguiente ciclo bajista, en vez de una bomba que pueda explotarte en la cara cuando menos te lo esperes.

Cuando el mercado está en máximos, un error habitual es invertir en muchas compañías cíclicas o en empresas con mucha deuda. Cuando el mercado se gire, estas empresas serán las primeras en caer, y lo harán con mucha más fuerza que el mercado en general.

De nuevo, la gente tiene por costumbre hacer las cosas al revés. Esta clase de acciones suelen tener un buen comportamiento en las últimas fases del ciclo alcista, ya que parecen más baratas que otras acciones (y con razón, porque realmente son trampas). Las compañías cíclicas se ven favorecidas en la última fase del ciclo económico, que se caracteriza por una alta demanda, una baja oferta, un bajo desempleo y un fuerte crecimiento de la economía. Esto hace que los beneficios de negocios como aerolíneas, mineras, bancos, constructoras... se disparen al alza, creando una falsa ilusión de prosperidad. La realidad es que no son beneficios sostenibles a largo plazo, y son empresas mucho más sensibles a la economía en general.

Estas acciones pueden ser una buena inversión cuando ya han bajado mucho en Bolsa y sabemos que la compañía no tiene una deuda excesiva que la haga quebrar o quedar muy perjudicada durante una crisis severa. En este escenario, cotizarán a valores muy atractivos, y después, cuando se pase el miedo, subirán con mucha fuerza.

Al final, no debes preocuparte mucho de cuándo se recuperará la Bolsa. La estadística dice que los mercados bajistas del 20 por ciento o más suelen durar de uno a dos años. Aprovecha ese tiempo para hacer buenas inversiones y para seguir mejorando tus habilidades como inversor, ya que será lo que te dará éxito a largo plazo. No te preocupes tanto de lo que digan los bancos centrales o los presidentes, ni tampoco de los datos de la economía. El mundo cada vez es un lugar mejor, con más riqueza, y esto seguirá siendo así los próximos cincuenta años. Si hubiera un hipotético *game over* del tipo guerra nuclear, te aseguro que dará igual lo que hayas hecho con tu dinero. Pero si un evento tan grave no sucede —y es muy poco probable que suceda—, seguramente la Bolsa siga siendo una excelente alternativa de generación de riqueza a largo plazo.

Si aplicas estos sencillos consejos, seguramente el valor de tu cartera emergerá de cada ciclo bajista hasta un punto superior al que ocupaba cuando se inició la crisis. Así ha sido mi experiencia gestionando True Value durante las cuatro grandes caídas de mercado que hemos vivido en estos diez años de vida del fondo; y, actualmente, cada día pongo todo mi empeño para seguir mejorando y preparándome para lo que venga en el futuro.

13

Cómo detectar las burbujas en Bolsa

Las burbujas en Bolsa son una de las situaciones más peligrosas para el inversor privado. Son las burbujas las que generan el interés del público en general, y las que atraen al mercado a millones de personas que antes ni se habían planteado tocar una acción. En Bolsa se acostumbra a decir que la mejor publicidad son los precios de las acciones que suben rápido y de forma constante. Esto es precisamente lo que sucede con las burbujas.

Mucha gente ve a través de redes sociales, amigos o familiares que están ganando mucho dinero en poco tiempo con las acciones. Esto despierta la curiosidad y la envidia. La envidia es lo que mueve el mundo, y no la codicia, como se podría pensar. Las personas no pueden soportar que los de su alrededor, ya sea conocidos, familiares o amigos, estén ganando dinero fácilmente y ellos no. La codicia no hace que una persona se levante un día y decida aprender todo lo necesario para tener éxito, generando riqueza en las inversiones o mediante emprendimientos. Son pocas las personas que experimentan tales deseos internos producto de la codicia, que, por cierto, se asocia con algo negativo, pero que de forma controlada puede ser una fuente de motivación. Sin embargo, la envidia es un «animal» totalmente diferente, y lleva al ser humano a hacer cosas irracionales. La envidia es un posible motor de inversiones irracionales y en masa, y eso puede hacer que el precio de las acciones de una empresa se multiplique por más de diez en Bolsa en apenas doce meses, cuando ni sus beneficios ni sus ventas han subido más de un 50 por ciento para justificar tales subidas.

En las burbujas se crean narrativas novedosas para justificar la irracionalidad, porque, mientras la música siga sonando, el ser humano necesita algo sobre lo que apoyar su irracionalidad.

Recuerdo que en 2014 ocurrió la burbuja de las impresoras 3D. Se decía que toda la industria tradicional pronto se vería reemplazada por impresoras 3D que fabricarían todo tipo de componentes y productos, y que incluso en nuestra casa podríamos imprimir comida o nuestros propios muebles... Sí, comida y nuestros propios muebles.

Las acciones de compañías como 3D Systems multiplicaron su precio en Bolsa por más de veinte, pero sin apenas haber incrementado sus ventas. (Véase el gráfico 13.1.)

Seguramente, habrá gente que se sumó a esa burbuja y que haya experimentado pérdidas del 70-90 por ciento, dependiendo del punto de entrada; además, en general, en estas burbujas, el público siempre entra en las últimas fases. Si a su vez estos inversores promediaron a la baja en las caídas, su resultado fue mucho peor. Éste es el verdadero riesgo en Bolsa, ya que es muy difícil recuperar ese dinero; no es como una caída de mercado típica debida a una crisis económica.

Gráfico 13.1. Cotización de 3D Systems Corp. (2010-2015)

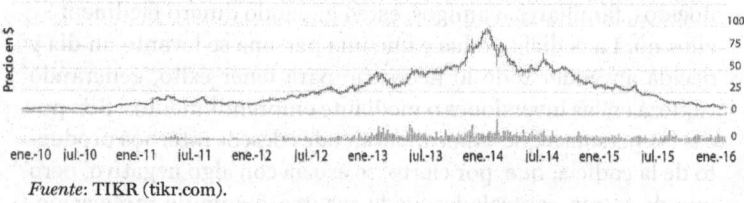

Fuente: TIKR (tikr.com).

Después de estas grandes pérdidas es cuando el público abandona la Bolsa con mucho menos dinero de aquel con el que comenzó, y, además, se encargará de contar a todo el mundo lo peligrosa que es esta actividad. La Bolsa tiene fama de casino porque los mercados seducen a un gran número de personas a especular sin conocimientos, en el peor momento y en acciones totalmente sobrevaloradas.

Cualquier nuevo avance tecnológico siempre se compara con el éxito de internet. De hecho, incluso estando en lo correcto, durante la burbuja tecnológica de la década de 1990, la gran mayoría de las personas que especularon con acciones de internet perdieron hasta la camisa. La gente invierte sin entender de *cash-flow*, balances o apalancamiento operativo. Muchas personas sólo ven el precio de una acción subiendo en vertical en Bolsa, una historia detrás que los seduce, el vecino ganando dinero..., y del resto se encarga la envidia.

Las burbujas en Bolsa siempre suceden en cosas (acciones o sectores) que son difíciles de entender para la mayoría. Es difícil que se produzca una burbuja en las acciones de McDonald's, pues todo el mundo sabe lo que hace la compañía, es fácil ver que no va a crecer mucho a futuro y no tiene ese toque exótico que tan bien queda en las conversaciones bursátiles entre colegas. Sin embargo, tomemos el ejemplo de las criptomonedas. Recientemente leí una encuesta que afirmaba que el 90 por ciento de los inversores en criptomonedas no sabían realmente cómo funcionaban o cómo creaban valor. Estaban poniendo su dinero a ciegas, porque es algo tan complejo que puede dar lugar a muchos escenarios futuros, y por eso ahí la imaginación y la avaricia pueden campar a sus anchas.

Detectar una burbuja es relativamente fácil, la parte difícil es controlar las emociones para no participar en ella. Éstos son los principales factores que tienen en común las burbujas:

1. *Entrada masiva de inversores con poca experiencia*. Esto sucedió, por ejemplo, en todas las acciones de moda y de criptomonedas en 2021. Durante 2020 y 2021 se instauró la narrativa de que estábamos en una nueva era «disruptiva», de empresas en la nube, vehículos eléctricos, energías renovables, turismo espacial y comercio electrónico.

2. *Nuevos métodos «creativos» de valoración.* En todas las burbujas, siempre se dice que estamos frente a un nuevo paradigma en el que no rigen los métodos tradicionales de inversión. Esto debe ser así para mantener la rueda girando, ya que las valoraciones no se sustentan bajo ninguna clase de análisis financiero. Durante la burbuja de 2021 o durante la burbuja de internet, muchas de estas compañías producían pérdidas. Su crecimiento en ventas sólo estaba respaldado por la emisión de nuevas acciones a precios cada vez más altos. Se decía que las empresas debían valorarse por sus ventas, y que ya serían rentables dentro de unos años... Las compañías hipnotizaban a los inversores con diapositivas que mostraban cómo el negocio ganaría mucho dinero en cinco años; porque, al fin y al cabo, a todo el mundo le interesa mantener la burbuja viva.

3. *Aumento de los niveles de fraude.* Allá donde haya dinero fácil, siempre va a haber estafadores. Durante la última burbuja se han llevado a cabo todo tipo de estafas. Hemos tenido la quiebra de FTX, uno de los mayores brókeres de criptomonedas, en la que la mayoría perdió todo su dinero. Ha habido todo tipo de esquemas piramidales que prometían rentabilidades imposibles del 1 por ciento diario o del 30 por ciento mensual... Las excusas para la estafa daban igual; bien fueran acciones, marihuana, criptomonedas o arte, todo valía para que el dinero pasase de unos bolsillos a otros. Durante estos períodos de euforia, la gente se pone una venda en los ojos y participa de estafas verdaderamente absurdas y evidentes.

4. *Aumento del nivel de deuda para invertir.* Cuando la avaricia es máxima, no sólo se invierte el propio dinero, sino que se busca en cualquier sitio. En 2021 era muy habitual que las personas usaran deuda de tarjetas de crédito hasta al 25 por ciento de interés para comprar criptomonedas o acciones, porque esperaban retornos seguros de más del 30 por ciento anual en los próximos años. Esto es algo totalmente irreal. Ni siquiera los mejores inversores

del mundo consiguen mantener a lo largo del tiempo una tasa de más del 30 por ciento anual, pero estos nuevos inversores creían que sí lo podrían conseguir.

5. *Alta concentración en un mismo tipo de inversión.* Es muy habitual ver las mismas carteras en todos los partícipes de las burbujas. Muchos inversores se preguntan: «¿Para qué diversificar en otras acciones si donde está lo interesante es en la burbuja?». Generalmente tienen carteras muy concentradas, de entre tres y seis acciones, y a veces únicamente de una acción; porque, claro, su objetivo es hacerse ricos el año que viene, no dentro de diez años.

6. *Subida muy pronunciada del precio de los activos.* Cualquier subida del precio de forma parabólica o vertical no indica un entorno sano, y especialmente a corto plazo. Las subidas verticales en Bolsa, normalmente, indican euforia. Puede haber acciones que hayan subido en Bolsa con mucha fuerza durante 10-15 años, pero suele haber un buen negocio detrás que sustenta esa revalorización. Sin embargo, resulta difícil justificar subidas de precio del 500 por ciento o del 800 por ciento en doce meses, si es que no estamos en un entorno de burbuja.

7. *La reacción del precio con relación a las noticias de sus fundamentales.* Durante el año 2021, muchas acciones presentaban resultados terribles, pero, aun así, no paraban de subir. Cuando tuvo lugar la salida a Bolsa de Coinbase, uno de los mayores brókeres de criptomonedas, su fundador vendió todas sus acciones. No obstante, el público se apresuraba a comprar esas acciones, pese a que la persona que probablemente mejor conocía la empresa, su fundador, las había vendido. Las acciones de Coinbase cotizaron durante meses en el rango de los 280 dólares de media. Cuando llegó el baño de realidad en 2022, la cotización se derrumbó a menos de 35 dólares a finales de ese año. Esa clase de desconexión entre las noticias sobre los fundamentales y el precio te deberían llamar la atención, ya que normalmente indican irracionalidad. Evita jugar a este juego, o bien, si lo haces, ten mucho cuidado.

Por supuesto, además de las burbujas en Bolsa, hay otras formas de perder dinero en Bolsa de forma permanente y que debes evitar. Doy a continuación unos consejos que le pueden ser de utilidad al inversor principiante y que se está iniciando...

Una forma fácil de acabar perdiendo es invertir muy concentrado en países o regiones inestables, como China, Rusia o ciertos países emergentes. En economías débiles, puede haber grandes cambios estructurales que dejen invalidada una tesis de inversión en cuestión de días. Si se cambian las reglas del juego, o no se respeta la propiedad privada, da igual lo buen analista que sea uno, pues de todas formas se verá perjudicado.

Otra forma sencilla de ver el dinero volar lejos es invertir muy concentrado en empresas cíclicas y muy endeudadas. Estas acciones siempre parecen estar «baratas», pero es porque el mercado sabe el enorme riesgo que conllevan. Si hay una crisis, puede que quiebren o que tengan que emitir nuevas acciones en el peor momento, lo cual también dejará limitado su potencial futuro.

En este punto hay que tener en cuenta lo que yo llamo los *shocks externos*. Éstos son eventos que crean miedo entre los inversores y que provocan fuertes bajadas en la Bolsa a corto plazo, pero que, a largo plazo, no afectan apenas a los fundamentales de muchas acciones. En 2020, la COVID-19 fue un ejemplo claro de *shock* externo. Durante ese período, muchas acciones bajaron más de un 50 por ciento. La COVID-19 era un evento que tenía solución, bien fuera por las vacunas o por la inmunidad común, y no iba a causar que esas empresas ganaran un 50 por ciento menos de forma permanente; a un año vista, quizá ganasen menos dinero, pero, salvo una quiebra en un caso extremo, y si podían superar el período de estrés, el precio de sus acciones debería volver al menos al punto anterior (siempre que no se hayan tenido que endeudar o hayan necesitado emitir nuevas acciones para salir adelante). Exactamente, eso es lo que pasó con muchas acciones durante la COVID-19: bajaron con fuerza, pero después recuperaron todo lo perdido en muy poco tiempo. Fue una oportunidad de compra histórica.

Hemos tenido casos recientes, como el Brexit, en 2016, con

batacazos en las Bolsas europeas de entre el 8 y el 12 por ciento, o la victoria de Donald Trump en las elecciones de Estados Unidos el mismo año, que provocó una caída del mercado del 8 por ciento. Pero los 12-18 meses posteriores a estos eventos serían tremendamente alcistas en Bolsa.

La guerra del Golfo, en 1990-1991, es un caso similar. Provocó una rápida caída del 20 por ciento, que después se recuperó por completo en apenas seis meses. Los eventos del 11-S, en 2001, también se pueden considerar un *shock* externo.

Estas situaciones son precisamente las que más asustan al público en general, pero su significado debería ser completamente el contrario, y, como inversor, debes tener la mente abierta y verlas como fuentes de oportunidad con bajo riesgo.

En general, si analizas acciones según la filosofía que hemos visto en este libro, estarás en el buen camino de cara al futuro. Habrá volatilidad en tu carrera como inversor, pero lo harás bien a largo plazo. Es un método probado a lo largo de cien años de historia por los mejores inversores. Simplemente has de tener la ilusión y la curiosidad de seguir aprendiendo cada día, así como la disciplina de mantenerte firme ante las múltiples tentaciones con las que el mercado intentará seducirte.

14

Consejos y reflexiones finales

En cuanto a los consejos para la inversión, normalmente las personas, incluidos los alumnos de nuestra escuela, suelen tener tres áreas de interés: la primera está relacionada con los brókeres para comprar y vender acciones; la segunda suele referirse al tema de los impuestos; y la tercera es la de cómo dedicarse a la Bolsa profesionalmente, al menos para aquellos que quieren tomarse más en serio esta profesión. Voy a darte mi opinión al respecto en estas tres áreas de interés.

Respecto a los brókeres, hay fundamentalmente dos alternativas. Por un lado, están los brókeres tradicionales de grandes bancos, que son más caros, pero que tienen la ventaja de contar con oficinas físicas a las que acudir, con lo cual la atención al cliente es mejor, aunque, por lo general, tienen menos variedad de acciones o mercados en los que poder invertir. Después están los brókeres online de bajo coste; estos brókeres no tienen oficinas físicas, y uno tiene que aprender a manejar sus plataformas de negociación. La gran ventaja de estos últimos es que son extremadamente baratos, ya que apenas cobran comisiones, o bien son tan bajas como 1 euro por operación. Además, tienen la ventaja de tener mucha variedad de activos para invertir.

Un inconveniente adicional de los brókeres tradicionales es que tienen un coste oculto muy grande, que se llama comisión de custodia o mantenimiento, que suele ser un porcentaje sobre el valor total de tus inversiones. Este coste puede llegar a ser del 1 por ciento anual. Lee bien la letra pequeña y sé consciente de los costes en relación con la atención como cliente que deseas.

Otra pregunta habitual sobre los brókeres tiene que ver con la seguridad. En esto es importante aplicar el sentido común: confía en empresas grandes y reconocidas, que estén reguladas por países importantes, como Estados Unidos, Canadá, Alemania, el Reino Unido..., o bien por áreas de peso, como la Unión Europea. Esta información la podrás encontrar fácilmente en la web del bróker, ya que están obligados a presentarla al inversor. Desconfía de empresas de este tipo que estén en jurisdicciones como Bahamas, las Islas Vírgenes o Gibraltar. Hay jurisdicciones «grises», como Chipre o Malta, que, aun siendo de la Unión Europea, otorgan menos seguridad al inversor.

Mucha gente se pregunta qué pasa si quiebra el bróker. Normalmente, si has elegido un bróker bien regulado, no debería pasar nada, porque tus inversiones están fuera del balance del bróker; esto significa que, si el bróker quiebra como empresa, el regulador de ese país designará a otro bróker para que te facilite la operativa de venta o compra de tus posiciones; por lo que el mayor contratiempo sería no poder operar durante algunas semanas. Si tienes dinero sin invertir en el bróker y su cantidad supera la que garantizan los reguladores (normalmente suele ser de 50.000 a 100.000 euros), quizá sí puedas tener pérdidas en caso de que quiebre. Mi recomendación es que procures tener el dinero invertido, y no en cuentas pasivas a la espera de encontrar inversiones válidas; es decir, no uses al bróker como un medio para acumular grandes cantidades de liquidez. Si necesitas liquidez para invertir más, transfiere el dinero desde tu banco habitual cuando así lo requieras.

Personalmente, casi siempre he trabajado con brókeres online reconocidos y la experiencia ha sido buena.

Respecto a los impuestos, he de decir que es un tema que siempre genera mucho interés. La manera de optimizar el pago fiscal es algo a lo que mucha gente dedica demasiada energía. Desde mi punto de vista, se trata de una decisión secundaria;

lo importante es enfocar nuestra energía y nuestros recursos en lo que realmente importa, que son los rendimientos. La gente inventa todo tipo de fórmulas para ahorrar impuestos; pero, siendo pequeños inversores, no hay mucho que optimizar en ese aspecto. Si te interesa el tema, seguro que hay excelentes libros al respecto.

Si estamos hablando de patrimonios por encima de 2 o 3 millones de euros, hay vehículos de inversión, como los *unit linked*, las sicav, los fondos de inversión, los fondos por compartimentos, los fondos de Luxemburgo y cosas aún más exóticas que pueden reducir la carga impositiva a casi cero. Para esto es mejor buscar la asesoría de un experto. Ten en cuenta que esta clase de estructuras no son gratuitas, suelen tener costes de creación y gastos anuales que pueden rondar entre los 20.000 y 50.000 euros, por lo que el ahorro fiscal se lo pueden llevar los abogados. No es raro que, como se dice popularmente, acabe costando más el collar que el perro. Sé cauteloso si decides emprender alguna de estas alternativas.

Estas estructuras son algo discriminatorio para la mayoría de las personas, ya que, por el simple hecho de no tener mucho dinero, no pueden beneficiarse de estas ventajas. Lo ideal es que cualquiera pudiera aportar una cantidad de dinero a una cuenta exenta de impuestos y que pudiera ser autogestionada para crear riqueza de cara a la jubilación, como sí existen en Estados Unidos, el Reino Unido y otros países.

Si eres un pequeño inversor, debes presentar tus impuestos anualmente, y mi recomendación es siempre la misma: paga a un experto, ya que, por un coste de entre 150 y 500 euros (dependiendo de su operativa), él hará ese trabajo por ti.

Tu tiempo está mejor invertido en buscar una buena inversión con la que vas a ganar más que esos 150-500 euros. Además, te evitarás dolores de cabeza debidos a posibles inspecciones por parte de Hacienda, por no haber rellenado bien los documentos o no haber declarado esto o aquello. Esto te consumirá un tiempo precioso que podrías aprovechar para generar rentabilidad en algo con lo que disfrutas.

Finalmente están las cuestiones relacionadas con aquellas

personas que quieren hacer de la Bolsa su profesión y dedicarse a esta actividad a tiempo completo. Al respecto, mi consejo siempre es el mismo: cultiva tus conocimientos y adquiere habilidades de inversión muy por encima de la media. De esa forma te llegarán todo tipo de oportunidades y tendrás éxito económico y profesional. Hoy en día, gracias a internet, es extremadamente fácil adquirir conocimientos de calidad en cuanto a temas de inversiones; la clave es estar dispuesto a tener disciplina y a trabajar duro para adquirirlos. El no tener mucho capital inicial no debe suponer una barrera, no te debe asustar. Personalmente, yo empecé con poco dinero, pero me preocupé de adquirir conocimientos por los que la gente me podría remunerar actuando yo como analista, gestor de fondos o empresa de inversiones.

Habitualmente, hay gente joven que me pregunta qué carrera debería estudiar para dedicarse a la inversión; y yo creo que no hay una sola respuesta correcta. Así pues, estudia lo que te haga feliz o aquello que te genere curiosidad. Algunos de los mejores inversores han estudiado Filosofía o Arte, otros han estudiado Economía y Administración de Empresas... La universidad te puede otorgar disciplina, nuevas habilidades, conocimientos y otras cosas buenas, pero no existe una carrera que te garantice batir al mercado. Obviamente, si quieres ser cirujano, tienes que ir a una universidad, pues es difícil (si no imposible) aprender a hacer operaciones quirúrgicas y todo lo que eso conlleva en internet; sin embargo, la tecnología ha cambiado las reglas del juego en muchas profesiones. Incluso empresas como Google o Facebook han dejado de requerir un título universitario a sus futuros empleados. Hemos pasado a una nueva era en la que se buscan personas enfocadas en los resultados, independientemente de si tienen un título o no. No recuerdo que ningún inversor de True Value me haya pedido mostrarle mi título universitario para invertir en el fondo. Sin embargo, los primeros inversores de True Value sí se preocuparon de comprobar cuáles eran mis habilidades para la inversión.

La segunda parte de la ecuación para tener éxito como inversor profesional es saber comunicar estos conocimientos para que las demás personas comprendan que son de valor. Warren Buffett ha explicado muchas veces que el único título que tiene enmarcado en su oficina, y del que está orgulloso, es el título que recibió al hacer el curso de Dale Carnegie acerca de *Cómo hablar en público e influir en las personas*. (Los libros de Dale Carnegie son altamente recomendables.) Buffett explica que gracias a ese curso pudo convencer a los primeros inversores de su fondo de inversión (en aquella época se llamaban *partnerships*) para que le confiaran su dinero.

Cultiva tus habilidades de escritura y de comunicación; aprende por qué los seres humanos confían en otras personas, qué los motiva a tomar sus decisiones, cómo hacer que se muestren receptivos a lo que les tienes que aportar u ofrecer.

Incluso si sigues la vía más tradicional para conseguir un trabajo en el sector, te será de utilidad poseer buenas habilidades para la comunicación y la comprensión de la psicología de las personas que decidirán si te dan una oportunidad o no. Normalmente, un título sólo te conseguirá una entrevista; pero, créeme, en algún punto del proceso de selección tendrás que charlar de inversiones con alguien que realmente sabe y que, al cabo de menos de media hora, sabrá tu verdadero nivel de conocimientos y de experiencia. Esto es algo que no podrás fingir, y también es algo que no te da necesariamente un título universitario. La pasión de una persona por la inversión no se puede fingir; o se tiene, o no se tiene.

De nuevo gracias a internet, nunca ha sido tan fácil para las personas dar a conocer sus habilidades para la inversión al exterior. Conozco muchos casos de personas que, gracias a difundir estos conocimientos, han tenido ofertas para lanzar sus propios fondos (como ocurrió en mi caso) o para trabajar como analistas o gestores. Si eres tímido, puedes escribir un blog; si eres menos tímido, puedes hacer un pódcast de forma gratuita; si te aventuras más, puedes abrir un canal de YouTube... Pienso que, hoy en día, dos de las habilidades más valiosas son saber comunicarse correctamente y hacer un buen uso de las redes sociales —incluso si tu profesión no es la inversión financiera.

Hace años, la forma de dedicarse profesionalmente a la Bolsa estaba muy encorsetada y requería una alta inversión económica; además, los ascensos profesionales eran muy lentos. Hoy en día, los tiempos se han acortado, la inversión es muy baja y, para todo aquel que esté dispuesto a trabajar duro, la recompensa profesional y económica es muy elevada.

Acerca de los brókeres, los impuestos y la profesión de inversor se podrían escribir varios libros... En todo caso, si te interesa aprender más en detalle acerca de inversiones, te recomiendo nuestra escuela online (Arte de Invertir), en la que he condensado todos los conocimientos que he acumulado durante estos años como gestor profesional de fondos, en mi empresa True Value. Se celebran sólo dos convocatorias al año, y realizamos una formación muy práctica y directa de casi cien horas, orientada a alumnos que quieren aprender a invertir como profesionales. Mediante nuestras redes sociales en YouTube y Twitter, te mantendré informado de cuándo serán estas formaciones online. Si realmente estás interesado en llevar tu actividad inversora al siguiente nivel, esta escuela es el lugar adecuado.

Quiero darte la enhorabuena por haber llegado hasta aquí. Si tienes la disciplina de haber leído e interiorizado este libro, puedes estar muy satisfecho de ti mismo. Las estadísticas dicen que menos del 10 por ciento de los libros que se venden se acaban leyendo en su totalidad.

Normalmente, la aventura de la Bolsa no es un camino en línea recta; y, si lo emprendes, tendrás altibajos y vivirás momentos en los que nada parecerá funcionar, en los que dudarás de ti mismo y hasta te plantearás abandonar. Esto es habitual dentro del proceso de aprendizaje; la mayoría de los inversores exitosos que conozco han pasado por estas fases en algún momento de sus caminos.

Las películas de Hollywood han descrito esta profesión como una mezcla de adrenalina, acción, giros inesperados, engaños y codicia, pero la realidad es que se parece más al trabajo de un detective. Hay que pasar mucho tiempo investigando, reunir las piezas del puzle y llegar a una conclusión; y, a la vez, hemos de ser flexibles para cuestionarnos nuestras convicciones a lo largo del proceso.

La Bolsa no es una carrera al esprint, sino una carrera de fondo. Te sorprenderás de cuánto eres capaz de mejorar en muy poco tiempo; mirarás seis meses atrás y verás que comprendes mucho mejor cómo funciona la Bolsa. Uno de mis hábitos es dejar constancia por escrito de por qué tomo decisiones de inversión, ya que esto me ayuda a pensar con más claridad, pero, sobre todo, porque, cuando repaso esas notas años después, me doy cuenta de cuánto he ido mejorando.

Espero que los conocimientos de este libro te sean de ayuda en tu carrera como inversor en Bolsa. He escrito el libro que me hubiese gustado leer cuando empecé en el mundo de las inversiones.

Agradecimientos

La realización de este libro no habría sido posible sin el apoyo y colaboración de Alexandra, mi mujer. De igual forma, el proyecto de la escuela de inversión online y el canal de YouTube Arte de Invertir, que llevan el mismo nombre de este libro, han sido fruto del trabajo conjunto que venimos realizando desde 2017. Conozco a pocas personas con su misma ética de trabajo, inteligencia y creatividad. Gracias a esto, hemos llegado a tener más de un millón de seguidores en redes sociales y hemos recibido el reconocimiento de los medios y la industria como la mejor escuela de inversión independiente.

También quiero dar las gracias a Biubo por haberme acompañado todos estos años, en los momentos de alegría y en los momentos difíciles. Él me enseñó muchas cosas importantes de la vida, como son la determinación, centrarnos en lo que realmente importa y aprender a querer de forma incondicional.

De igual forma, quiero agradecer a mi socio José Luis Benito todos los años que hemos pasado juntos al frente del proyecto de True Value - Fondo de Inversión, desde su fundación en 2014. José Luis me ofreció la oportunidad de comenzar en el mundo de la inversión profesional pese a mi juventud y mi falta de experiencia previa en el sector y de una titulación relacionada con esta actividad —una combinación complicada para un sector con muchas barreras de entrada y gente brillante compitiendo en la industria—. Nunca nos imaginamos el éxito que tendría True Value, ya que muy pocos proyectos de inversión fuera de grandes bancos han crecido tanto en tan sólo ocho años. Hemos pasado de empezar con unos cien inversores en los fondos a contar con más de 26.000 inversores en la actualidad, y el patrimonio gestionado ha pasado de 3 millones de euros a más de 300 millones de euros en el año 2022. Asimismo, hemos acumulado rentabilidades superiores al cien por cien en True Value FI.

También quiero agradecer a todo el equipo que hace posible el éxito de True Value Investments por su dedicación, honestidad y profesionalidad: Natalia, Jesús, Carlos, a nuestro equipo de asesoramiento externo y a Miguel, director de la oficina de Renta 4 Banco - Logroño, que apoyó la comercialización desde el principio.

Asimismo, quiero dar las grracias al equipo que ha sido clave para el éxito de la escuela de inversión Arte de Invertir, especialmente a Borja, a quien considero casi mi hermano y un gran inversor; su colaboración ha sido esencial para ofrecer una formación de calidad a nuestros alumnos. Gracias a Iliana y a nuestro asesor Francisco, dos excelentes profesionales que han creído en este proyecto. Gracias al equipo Concordes.

Quiero dar un agradecimiento especial a Álvaro Guzmán, a quién considero mi mentor y referente, así como uno de los mejores inversores de Europa, y no sólo por sus resultados, sino por su nivel de conocimiento y su filosofía ante la vida. Desde que se puso al frente de Bestinver Internacional en 2003 hasta la etapa en su proyecto Azvalor Asset Management, Álvaro ha multiplicado el dinero de los inversores por más de doce veces.

Gracias a mis padres, por haberme apoyado en estos años de trabajo intenso, y no sólo con sus consejos, sino con recursos materiales. Ellos forman parte de los primeros partícipes que confiaron en el proyecto de True Value.

Gracias a la editorial Deusto (Grupo Planeta) y al equipo de Roger Domingo, por haberme propuesto escribir este libro y darme la oportunidad de compartir mis ideas, con el apoyo de un gran referente en el mundo editorial.

Y, finalmente, quiero agradecer a cada una de las personas que con su participación han hecho posible True Value y Arte de Invertir: clientes de True Value, alumnos de nuestra escuela, suscriptores y seguidores de nuestro canal de YouTube y demás redes sociales. Muchas gracias por depositar vuestra confianza en nuestro trabajo y por creer en la inversión de valor a largo plazo.